와인이 이어준 우리

YOU HAD ME AT PET-NAT: A Natural Wine-Soaked Memoir
Copyright ⓒ 2021 by Rachel Signer
All rights reserved.
Korean translation rights arranged with Aevitas Creative Management,
New York through Danny Hong Agency, Seoul.

이 책의 한국어판 저작권은 대니홍 에이전시를 통한
저작권사와의 독점 계약으로 엔프레스에 있습니다.
저작권법에 의해 한국 내에서 보호를 받는 저작물이므로 무단전재와 복제를 금합니다.

You Had Me at Pét-Nat
와인이 이어준 우리

레이첼 시그너 지음

이 책에 나오는 이름, 지명 등 고유명사는 국립국어원 외래어 표기법 규정에 준하여 표기했으나, 일부 대중적으로 굳어진 이름과 명칭은 관용적으로 쓰는 표기를 따랐다.

시몬에게

당시 유럽에서는 포도주를 음식처럼 몸에 좋은 정상적인 식품, 기쁨과 즐거움을 주는 음료로 간주하고 있었다. 포도주를 마신다는 것은 속물근성을 드러내는 태도도 아니었고, 과장되게 멋을 부리는 행동도 아니었으며, 유행을 따르는 취향도 아니었다. 그것은 음식을 먹는 것과 똑같이 자연스러운 일이었으며 내게는 일상적으로 필요한 일이기도 했고, 포도주나 과일주나 맥주를 곁들이지 않고 식사한다는 것은 내게 상상조차 할 수 없는 일이었다.

-어니스트 헤밍웨이 《파리는 날마다 축제》 중

일은 희비극의 시나리오로 풀려나갔다. 한편에는 여자를 천사와 동일시하는 남자가 있었고, 다른 한편에는 사랑을 병과 거의 동일시하는 천사가 있었다.

-알랭 드 보통 《왜 나는 너를 사랑하는가》 중

어니스트 헤밍웨이 《파리는 날마다 축제》 (2012), 이숲 (주순애 옮김)
알랭 드 보통 《왜 나는 너를 사랑하는가》 (2002), 도서출판 청미래 (정영목 옮김)

페라망크 컨트리에서 많은 영감을 받아 이 책의 글을 완성했다.
이 땅의 원래 주인과 이곳을 관리하는 이들, 그들의 조상,
과거와 현재에 경의를 표한다.

차례

	전문	13
One	퇴근주	18
Two	탈출구	43
Three	크베브리 나라에서의 키스	59
Four	목마름	88
Five	로드 트립	124
Six	내추럴 와인	151
Seven	웰컴 투 오즈	188
Eight	일기장	210
Nine	두 번째 라 디브	242

Ten	그린 가메	248
Eleven	페르세포네의 가을	268
Twelve	내추럴 셀렉션 떠어리	285
Thirteen	펏낫과 팬트리	304
Fourteen	돌아온 벨빌에서	334
Fifteen	비의 신을 달래다	358
	에필로그	383
	감사의 말	388
	한국 독자에게	390

전문

2018

 와인을 만들 때는 가장 간단한 작업이라도 고전을 면하지 못할 때가 많다.
 3월 오후의 따뜻한 바람이 부드럽게 살랑거린다. 하늘에는 검정 코카투 앵무새 한 쌍이 지저귀며 와이너리 뒤편 언덕을 배회 중이다. 나는 새로 장만한 남호주산 로씨 방수 부츠를 기분 좋게 신고 포도 껍질 찌꺼기로 가득 찬 숙성통에 포도즙을 옮길 준비를 하고 있다. 도수가 낮은 피케트 와인을 만들기 위해서다. 피케트는 프랑스에서 포도밭 인부들에게 주는 와인으로, 압착이 끝나고 남은 포도 씨와 껍질에 새로 짠 포도즙과 물을 섞어 만든다.
 이렇게 하면 되나? 호스를 한 손에 들고 다리를 한껏 벌려 섰다. 와일드맨은 이 작업을 늘 순식간에 해버려서 어떤 포즈로 해야 잘되는지 확인할 기회가 없었다. 작년에 도멘 모스$^{Domaine\ Mosse}$에서 수확을 도왔는데, 그가 쓰는 방법은 프랑스에서도 보지 못했다. 대부분의 와이너리들은 기계식 펌프를 이용해 갓 짠 즙이나 발효가 끝난 와인을 다른 통으로 옮길 것이다. 전 세계 거의 모든 와이너리에서 이 방식을 이용해 수월하게 할 거다. 그러나 여기는 루시 마고$^{Lucy\ Margaux}$ 와이너리고, 남들과 조금 다른 방식으로 와인을 만드는 곳 아닌가. 펌프 기계는 와일드맨의 사상과 맞지 않아 사용하지 않는다. 기계를 쓰면 와인을 너무 거칠게 대하는 것이라고. 그의 설명은 언제나 이렇게 간결하다.

상체를 수그린 채 호스 입구에 입을 대고 크게 들이마시니 가슴이 금방 조여왔다. 사이퍼닝 정도는 기본 생존 기술 아니었나? 버지니아 걸스카우트 시절에 스모어스만 만들지 말고 좀 배워둘 걸 그랬다. 호스의 높이가 낮아지면 양동이에 즙이 더 잘 흐를까 하고 스쿼트 자세를 해봤더니 배럴 초입에 연한 액체가 고이는 것이 보인다. 나온다! 몸을 더 낮추어 흡입하고, 낮추어 흡입해 와일드맨이 평소 하던 방식을 흉내 내봤다.

"흐ㅇㅇㅇㅇㅇㅇㅇ읍!"

내 폐가 허락하는 최대치의 흡입력을 발휘해보고, 중력의 힘도 빌려보려 했다. 중력이라니, 중력에 대해 아는 게 뭐가 있던가? 대학에서 필수 과목이라 들었던 물리학 수업이 전부다. 그조차 쉽게 가려고 기말 에세이 주제를 스노우보드로 정해 쓴 나인데… 그래도 이 정도 작업은 내 힘으로도 할 수 있지 않나?

몇 년간 와인에 대해 글을 써온 프리랜서 기자이기에 와인이 어떻게 만들어지는지 정도는 알고 있다고 생각했다. 와이너리 초청의 수많은 프레스 트립과 시음회를 높은 참석율로 다닌 덕분이다. 포도 따기, 줄기 제거(혹은 그냥 두기), 발로 밟아 으깨거나 그대로 내버려 둬 탄소 발효가 되게 하기, 포도를 껍질째 두거나 바로 압착하기, 펀치다운 작업, 프리런 즙을 배럴이나 탱크로 옮겨 담기, 포도를 다시 압착하고 압착하고 또 압착하기. 이전 해에 2주간 프랑스 와이너리 경험을 통해 안정적이고 마실만 한 와인을 만들기 위해서는 협업이, 또 기술력이, 그리고 발효에 대한 감이 얼마나 중요한지 알게 됐다. 만드는 게 내추럴 와인이기 때문에 더욱 그렇다. 결함을 해결해주는 첨가물을 아예 사용하지 않고, 보존제는 넣더라도 극소량만 넣는 와인이기에 발효 과정에서 실수가 있으면 수정이 안 된다.

어쩌다 보니 내추럴 와인 만드는 일을 다시 하게 되었는데, 이번엔 좀 상황이 다르다. 와인메이커와 특별한 관계여서도 그렇지만 혼자서 와인을 다섯 배럴이나, 거기에 효모나 당을 첨가하지 않고 만드는 스파클링 와인, 페티영 나튀렐(일명 펫낫)까지 만들기 때문이다. 이건 수확 기간에 잠깐 해 본 와이너리 체험과는 차원이 다르다. 예기치 못한 순간에 내 삶이 되어버렸다. 뉴욕에서 8년간 학생, 기자, 와인 숍 직원으로 쌓은 경험치는 호주에서 내추럴 와인을 만들기 위한 대비책이 아니었다.

호스를 던져 놓고 숨이 찬 상태로 양조장 안에 들어갔다. 와일드맨은 인턴들에게 발효 과정의 냄새를 맡으며 이상 증세를 구분하는 방법을 알려주고 있다.

"삼보이 칩스 냄새가 나는지 봐야 해."

그가 말했다.

"그 냄새가 나면 휘발성 산이 생길 수 있다는 거야."

"그게 뭐지, 삼보이 칩스?"

뉴욕 더 텐 벨스 The Ten Bells 와인 바의 매니저였던 프랑스인 세브가 궁금해하는 우리 대신 물었다.

"비네거 칩스. 한 봉지 사줄게, 그럼 정확히 뭔지 알 거야."

와이너리 정 가운데에 서서 와일드맨이 대답했다.

다른 인턴들은 지난주 수확한 포도가 발효되고 있는 빨간 플라스틱 통 주변을 서성이고 있었다.

"매니큐어나 바나나 냄새도 나나 봐. 그건 아세트산에틸이거든? 그리고 리덕션도 생기지 않나 확인해야 해. 그건 성냥 냄새야."

와일드맨은 라파엘이 근심 가득한 표정으로 보고 있는 숙성통을 향해 걸어갔다. 런던에서 정평 난 소믈리에인 라프는 한 달간 이곳에 와인을 만들러 왔는데, 그런 그가 발효 중인 포도 냄새가 잘못된 것 같다고 했다. 내 사이퍼닝 문제는 신경 쓸 겨를도 없이 그는 발효 중인 포도를 꼼꼼히 확인했다. 와인 양조 용품 매장에서 산 마법 가루의 도움을 받을 게 아니라면 건강하고 올바르게 발효되도록 매의 눈으로 지켜보는 것이 중요하다.

루시 마고 와이너리에서는 이산화황을 일절 사용하지 않기에 발효되고 있는 와인을 극진히 관리하고 보호해야 한다. (이산화황을 아예 안 넣는 것은 내추럴 와인메이킹 중에서도 극단적인 방법에 속한다.) 그렇지 않으면 하룻밤 사이에 돌이킬 수 없이 변할 수도 있다. 그러면 수천 달러의 매출 기회를 잃는 셈이고, 우리가 시간을 들여 작업한 수많은 시간도 보상받지 못한다. 포도를 따는 작업뿐 아니라 와일드맨이 양조할 포도를 구매하는 포도 재배자들이 1년간 정성을 다해 가지치기하고 기른 그 시간까지 수포로 돌아가게 된다. 이산화황을 첨가하는 것은 내추럴 와인을 만드는 데 있어 가장 논란이 되는 요소다. 이산화황이 필요하다고 믿고 첨가하는 것을 선호하는 사람들이 있는 반면, 다른 이들은 이 보존제를 쥐약으로 여기니 말이다.

그러나 이산화황을 아예 넣지 않고 와인을 만들기는 쉬운 일이 아니다. 와일드맨이 전수한 대로 발효 상태일 때 냄새를 열심히 맡으면서 휘발성 산이나 마우지니스와 같은 결함이 생길 가능성을 막아야 한다. 이런 결함은 와인을 마시기 힘들게 하므로 제때 바로잡아야만 한다.

5년 전만 해도 내추럴 와인에 대해서는 들어보지 못했다. 그러다 내 인생의 전환점이 되어줄 일터에서 이 신비로운 주종에 대해 알게 됐다. 오랜 대학원 공부에 지쳐있으면서 나 자신을 소중하게 여길 줄 모르고 끊임없이 사랑을 좇던, 갈 길 잃은 20대 후반의 일이다. 내가 유일하게 확신할 수 있었던 건 글을 쓰고 싶다는 거였을 때고, 그러기 위해 뉴욕 레스토랑에서 웨이터로 일하며 간신히 생활하고 있었다. 그러다 프랑스 로제 펫낫 하나가 내 안의 '와일드 우먼'을 일깨워 새로운 삶을 갈망하게 했다. 그리고 나는 그 삶을 얻는 데 성공했다. 내가 상상했던 방식은 아니지만.

One

퇴근주

2013-2014

"여기요."

말하는 톤만 들어도 알 수 있다. 첼시에 집이 있고, 광고 업계에서 일하며, 뿌리 염색은 매번 제때 하는 사람. 테이블 밑을 보면 7센티미터 루부탱 힐을 신고 있을 것이다. 나는 지나가던 발걸음을 멈추고 본능적으로 앞치마를 매만졌다. 그러고는 감지 않은 머리를 한 채 여자를 향해 고개를 돌렸다.

"버거에 케첩 좀 주실래요? 고마워요."

눈살이 찌푸려졌지만 차분하게 미소 짓는 여자를 향해 포커페이스를 유지했다. 바쁜 브런치 시간에 케첩 요청만 오늘 벌써 15번째. 이 케첩 담은 종지를 갖다주기 위해서는 레스토랑의 복잡한 메인 홀을 가로질러, 안쪽 테이블 공간을 거쳐, 키친에 들락

날락해야 한다.

    버거를 주문하는 브런치 손님들이 케첩을 달라고 할 것은 이미 예견된 바이다. 우리 레스토랑의 버거는 케첩이 아닌 에이올리 소스와 함께 서빙되기 때문이다. 유럽에서처럼 마요네즈를 베이스로 한 이 소스로 곁들이기를 셰프가 바란 이유에서다. 오래전 섬유 공장이었던 건물이 브루클린의 첫 부티크 호텔로 바뀐 상징적인 곳에 레스토랑은 자리 잡고 있다. 인근 동네인 윌리엄스버그 사람들은 우리 레스토랑이 동네에 안 어울리게 혼자 콧대가 높다고 수군거렸지만, 사실 틀린 말은 아니다. 실제로 세련된 맨해튼 사람들이 주 고객층이다. 내 수습 기간에는 레스토랑에 온 다이앤 키튼의 서빙을 담당한 적이 있는데, 정장 바지를 입은 그녀는 다리를 꼰 채 눈을 깜빡이며 "얼음 넣은 카베르네 한 잔"을 주문했다. 그녀에게 추천할 카베르네 소비뇽이 블랜드 된 남프랑스 와인병을 갖고 오다 너무 긴장해 스텝이 꼬여 넘어질 뻔하기도 했는데, 테이스팅을 권하는 나에게 손을 흔들며 거절했다. "괜찮겠죠, 뭐."라며.

    레이나드 웨이터라면 "얼음 넣은 카베르네 한 잔"이라는 말을 비웃었을 것이다. 와인을 마실 줄 아는 사람이라면 절대 그렇게 마시지 않을 테니. 그렇지만 다이앤 키튼이라면 우리 메뉴에 없는 싸구려 롱 아일랜드 아이스티 칵테일을 시켰어도 만들어서 줬을 것이다.

    레이나드는 다른 곳과 달리 브런치에 서빙되는 미모사에 프로세코를 사용하지 않는다. 대신 샴페인의 2차 발효 기법을 사용한 프랑스산 유기농 크레망을 사용한다. 당과 효모, 그리고 발효가 끝난 와인이 커다란 탱크에 섞여 기포를 인위적으로 생성하는 프로세코의 샤르마 방식보다 크레망의 이 2차 발효법은 훨씬 내추럴하기 때문에 더 고급스러운 스파클링 와인으로 여긴다. 레이나드의 와인 리스트는 네다섯 개의 작은 수입사들이 수입하는 프랑스산 내추럴 와인 위주로 구성된다. 이 수입사들은 정기적으로 와이너리를 방문해 생산자들의 정직한 포도 농법과 와인 양조 방식을 직접 보고 와서 와인을 선보인다. 레이나드의 글라스 와인 리스트에 샤르도네는 드물게 있지만, 메를로는 올라와 있지 않다. 오히려 가메나 카베르네 프랑과 같은 품종, 혹은 '뮈스카데'라는 생소한 와인을 주로 소개한다. (뮈스카데는 프랑스 대서양 해안을 따라 자라는 믈롱 드 부르고뉴 품종으로 만든 미네랄이 짙은 화이트 와인이다.) 보르도 샤토나 나파 밸리에서 흔히 맛볼 수 있는 오크향의 진한 와인을 배제하려다 보니 레이나드에는 루아르 지역의 품종과 와인들이 지배적이다. 이곳 와인 디렉터 리 캠벨은 뉴욕의 초대 내추럴 와인 수입사 '루이/드레스너 셀렉션스'의 세일즈 담당 출신인데, 이 수입사는 루아르 내추럴 와인에 치우친 포트폴리오를 지녔으니 그 영향이 없다고 할 순 없다.

케첩 용기를 집으며 키친 안의 요리사들을 힐끔거렸다. 레이나드는 오픈 키친 구조다. 2013년 오픈했을 당시에는 흔하지 않았던 형태로, 셰프들과 웨이터들이 원활하게 소통할 수 있는 것은 물론 손님과 분리된 채 키친에 갇혀있다는 느낌을 없애주어 각광받았다. 이 오픈 키친은 평등을 강조하여 한층 개선된 구조로 여겨졌는데, 덤으로 웨이터들과 요리사들이 오가며 썸을 탈 수 있는 기회까지 주었다. 나 또한 이 부분을 즐겼다.

키친 안에 있는 체트와 아이콘택을 시도하니 그가 윙크로 받아준다. 체트는 최근 나와 썸을 타는 요리사다. 내 볼이 부끄러움에 붉어지니 하루 종일 수란과 계란 후라이를 만드느라 달궈진 그의 양 볼과 세트가 된 것 같다. 우리의 은밀한 신호는 몇 주간 지속되었는데, 서빙할 요리를 픽업하러 갈 때마다 잡담을 하고 키득거려 매니저들에게 경고를 받았다. 그래도 청소년처럼 설레는 이 마음 덕분에 긴 근무 시간을 버틸 수 있었다. 평소 담당인 점심과 브런치 외에 조식도 근무해야 하는 날이면 아침 6시에 일이 시작된다. 그런 날은 이른 새벽 자다 일어난 몰골을 감추기 위해 레드 립스틱을 바르고, 낡은 스웨터에 레깅스를 걸친 뒤 베드 스타이* 아파트를 나선다. 입술에 색을 더했을 뿐인데 볼품없는 모습이 가려지는 기분이다.

케첩을 요청한 여자에게 갖다주고 빈 접시를 치운 뒤, 바 쪽으로 가서 결제를 도왔다. 바에는 붉은 머리의 바텐더 재렛이 있다. 여기서 미모사를 만들거나 카베르네 프랑을 따르지 않을 때 그는 코미디언으로 활동한다. 바에 도착하자 재렛이 팔꿈치로 찌른다. 그의 시선을 따라가 보니 밤색 액체가 든 샷 잔을 들고 있다. 페르넷 브랑카다. 그 강렬한 약초 향을 코로 들이마셨다. 재렛의 다른

---

* 브루클린에 위치한 베드포드-스타이버선트(Bedford – Stuyvesant) 동네의 줄인말.

손에 동일한 샷 잔이 있는 것을 보고 우리는 각자 하나씩 들고 숨죽여 잔을 부딪친 뒤 누가 보기 전에 들이켰다. 주말 브런치 때 흔히 있는 일이다. 그 샷을 마시지 않는다면 귀찮은 브런치 손님들의 끊임없는 요구사항에 폭발할지도 모른다.

마침내 교대 시간이 와 앞치마를 벗어던졌다. 바에 앉아 퇴근주 한 잔, 아니 여러 잔을 할 때가 온 거다. 레스토랑 오너인 앤드류 탈로우는 팜 투 테이블 레스토랑의 개척자와 같은 존재인데, 그는 레이나드 직원들에게 근무 후 바에서 무료로 두 잔의 술을 마실 수 있게 해준다.

"오늘은 무얼 드릴까?"

재렛이 미소 지으며 물었다.

나와 달리 기분이 좋아 보였다. 근무 시간은 비슷한데 나보다 200달러는 더 벌 것이다.

"뭘 물어. 당연히 피에쥬 아 피유$^{\text{Pièges à Filles}}$ 지."

해맑게 답했다.

재렛이 기포 가득한 핑크색 액체를 와인 잔에 따르자 나는 신이 난 채 바라봤다. 이 와인의 이름은 '여자의 덫'으로 해석되는데, 최근 발견한 보물이다. 인터넷으로 검색해봤더니 프랑스 루아르의 와인메이커들이 가메 품종으로 만든 네고시앙 와인이라 한다. 이는 직접 기른 포도로 양조한 것이 아니라 다른 밭에서 포도를 구매한 뒤 와인을 만들었다는 뜻이다. 독특하게도 이 와인을 만드는 듀오는 오직 페티영 나튀렐$^{\text{pétillant naturel}}$, 줄여서 펫낫$^{\text{pét-nat}}$ 만 만든다.

가메 품종은 레스토랑에서 취급하는 올리비에 쿠장Olivier Cousin 와인 덕분에 이미 익숙했다. 프랑스 와인에 대해 박식한 나의 동료 트레버에 의하면, 이 올리비에 쿠장은 포도 품종을 라벨에 기입했다는 이유로 프랑스에서 세금 폭탄을 맞았다고 한다. 내추럴 와인 생산자라 불리는 사람들의 이단아 같은 행동이 흥미로웠지만, 나를 더 끌어당긴 건 와인의 맛이다. 올리비에 쿠장의 가메는 짭짤한 흙에 레몬을 꽉 짜 넣은 것 같은 자극을 주었다. 오래전 엄마의 텃밭에서 채소를 바로 따 먹을 때의 그 맛이 연상됐다. 거칠고, 신선하고, 흙이 묻은 그 상태. 얼마 전, 키친에 있는 체트에게 이 가메 한 잔을 슬쩍 전달했다. 한 시간 동안 달걀만 요리하고 있을 그를 위한 나만의 애정 표현이었다. 그의 윙크를 받기 위해 해고되는 것도 감안하고 했던 무모한 짓이다.

분주했던 아침 시간으로 녹초가 되었다보니 바에 혼자 앉아 펫낫을 홀짝 마시는 게 그저 행복했다. 이런 와인은 레이나드에서 일한 뒤로 빠지게 된 스타일이다. 피에쥬 아 피유의 부드럽고 프루티한 캐릭터는 톡 쏘는 기포와 대조됐다. 몇 분이 채 지나기 전에 이미 글라스의 반을 비웠다. 싸구려 스파클링 와인에서 흔히 느껴지는 텁텁한 끝맛이란 없고 대신 우아하고, 예쁘고, 아로마틱한 맛이 났다. 거기에 안개처럼 뿌옇지만 예쁜 색감 덕에 비주얼적으로도 훌륭했다.

레이나드에서 일을 시작한 지 몇 주가 지났을 때 이곳의 와인 디렉터인 리에게 스태프들은 와인 수업을 받았었다. 권위적이면서도 차분한 열정의 그는 펫낫이 어떻게 1차 발효로 완성되는지를 설명해줬다. 두 번의 발효를 거치는 샴페인과 달리 펫낫은 단일 발효를 한 뒤 병입 상태에서 기포가 생성되게 한다. 거기에 내추럴 와인은 기포가 있던 없던, 필터링을 하지 않는다고 강조했다. 그래서 가끔 뿌얘보일 때가 있는데, 발효 과정에서 생기는 효모 찌꺼기 때문이라 한다. 나에겐 이 탁하고 필터링 안 한 와인의 질감이 오히려 더 좋게 느껴졌다. 포만감을 주듯이, 꼬르륵거리는 배고픈 배도 잠재워주는 기분이었다.

  힘들게 번 돈을 음식 주문하는 데 쓰고 싶지는 않았는데, 다행히 주방에서 준비해주는 스텝 밀이 맛있고 든든했다. 20대 초반에 일했던 다른 레스토랑에서는 꿈도 꾸지 못한 양질의 음식이다. 레이나드는 직원들에게 영양가 있는 식사를 제공하는 데에 중요성을 두었고, 이런 복지 덕분에 나는 꽤 만족하며 다녔다. 레이나드에서의 근무 외엔 종종 맨해튼에서 하는 소설 창작 워크숍에 참석했고 일주일에 네 번은 오후에 아이 돌보는 아르바이트도 했다. 쓰고 있던 소설은 거의 늦은 밤에 썼다. 그렇기에 당시 사적인 교류는 레이나드 근무가 끝나고 마시는 퇴근주 시간에 국한됐다.

  "여기 앉아도 돼?"

  체트의 등장으로 심장이 뛰었다. 키친 안에서 입는 흰색 조리복을 벗고 오래된 아이조드 라코스테 칼라 반팔과 배기한 청바지, 스니커즈 차림으로 서 있다.

  "일찍 끝났네?"

  내가 답했다.

  체트가 어깨를 으쓱하더니 의자를 빼서 앉았다. 나는 얼굴이 붉어지는 게 느껴졌다. 체트만 옆에 있으면 왜 심장이 먼저 반응하는 걸까? 그는 고졸에 시급으로 12.50달러를 받으며 하루 종일 계란 후라이와 샐러드를 만드는 사람이다. "오늘 예쁘네" 외엔 내게 그 어떤 표현도 하지 않는다. 결정적으로 그는 유부남이다. 물론 아내는 그가 뉴욕으로 이사 오기 전에 살던 노스 캐롤라이나 주에 떨어져 산다지만. 그럼에도 체트의 무관심함과 소년처럼 잘생긴 외모, 진저브레드 색의 오렌지 머릿결, 초록 눈, 비꼬는 듯한 미소에 계속해서 끌렸다.

바에서 어색한 몇 마디를 나눴다. 고객이 메뉴에도 없는 스크램블 에그를 요청하고는 이렇게 바꿔달라 저렇게 바꿔달라 했다는 둥 그날 브런치 시간에 있었던 크고 작은 짜증 났던 이야기들이 대부분이다. 얘기를 들어주며 나는 피에쥬 아 피유 한 잔을 더 마셨는데, 한 모금 마실 때마다 몸의 긴장이 풀렸다. 체트는 맥주를 마셨다.

"끝나고 뭐 해?"

내가 즉흥적으로 물었다.

바텐더 재렛이 듣더니 눈살을 찌푸렸다. 그가 우리가 몰래 타는 썸을 엿듣고 있었지만 나는 신경 쓰지 않았다. 숨길 일이라도 되나? 체트는 맥주를 한 모금 마시며 시간을 끌었다. 내가 너무 직설적이었나?

"뭐, 다른 일 있으면 말고."

내가 급하게 수습했다.

"아무것도 안 해."

그가 태연하게 말했다.

그리고는 휴대폰을 꺼내더니 번호를 찍으라고 내게 건넸다. 내가 마지막 번호를 입력할 때쯤 어깨 위에 누가 손을 얹었다.

"휴우우우우. 뭐 마시고 있어?"

쩌렁쩌렁 울리는 목소리가 특징인 고참 웨이터 트레버다. 그는 레이나드의 오픈 멤버이기도 하고, 프랑스 내추럴 와인 바에서 1년 동안 일한 경력이 있다. 와인 리스트에 있는 몇몇 내추럴 와인 생산자들과는 이름을 부르는 막역한 사이일 정도로 잔뼈가 굵다.

트레버가 내보인 보디 랭귀지를 해석하면 나에게만 하는 질문이다. 요식업계에서 흔히 그렇듯 레이나드에서도 직원 간에 무언의 급이 나뉜다. 웨이터들은 조리사들과 섞이지 않으려 한다. 눈치 빠른 체트가 바에 합류한 수셰프와 얘기를 시작했다.

"늘 마시던 거 마셔요."

잔을 가리키며 트레버에게 말했다.

"레 카프리아드 Les Capriades 꺼요."

"펫낫에 있어선 그들을 따라올 자가 없어, 안 그래?"

트레버가 오버스럽게 말하더니 코를 잔에 깊게 박아 향을 들이마셨다.

"침전물을 제거하기 전에 몇 달간 병입 상태에서 숙성시키는데, 그렇게 하니 와인이 정말 우아해지는 것 같아. 나 뭐 괜찮은 거 한 병 주문할까 하는데. 같이 마실래?"

그러겠다고 하니 트레버가 바에 자리를 잡았다. 다른 웨이터들도 합류해 와인 리스트를 함께 살폈다.

"오, 마타싸Matassa 마시자!"

누군가 말했다.

가을에 접어들고 몇 달이 지난 그날 오후, 남아프리카 공화국 국적의 톰 루브Tom Lubbe가 따뜻한 남프랑스 루씨용에 정착해 만든 마타싸 와이너리의 것을 마시기로 의견이 모아졌다. 재렛이 와인을 오픈하자 나는 병의 뒷 라벨을 슬쩍 봤다. 수입사가 루이/드레스너라 쓰여 있는 걸 보니 믿고 마셔도 되는 와인임이 분명했다. 나는 차근차근히 수입사들의 포트폴리오를 익혀가고 있다.

따른 와인은 저녁노을과 같은 강렬한 색이다. 이 와인은 '스킨 콘택트' 혹은 '오렌지' 와인이라 부르는데 화이트 포도 품종의 껍질을 제거하지 않고 오랜 기간 발효시킨 뒤 압착해 만든 것이다. 잔을 코에 대고 향을 들이마시니 금귤, 신선한 복숭아와 조린 복숭아 향이 코안에서 뒤섞였다. 우리는 건배하고 나눠 먹을 감자 튀김을 시키고는 즐겁게 마셨다. 뉴욕 생활 초창기는 무척이나 어려웠다. 대학원 공부를 하며 저널리즘도 따로 배우고, 수많은 아르바이트를 병행해야만 했기 때문이다. 거기에 외로움과 불안증은 불청객처럼 자주 찾아왔다. 뉴욕살이의 힘듦에서 해방되진 않았지만, 레이나드에서 마음 맞는 사람들을 만났고 지금처럼 이 프랑스산 스킨 콘택트 와인을 마시고 있자니 28살 내 인생이 그리 나빠 보이지 않았다.

베드스타이 집으로 돌아와서 시원하게 샤워하고 저녁 약속을 위해 준비했다. 체트는 그랜드 스트리트에 있는 바에 가자고 제안했는데 그 지역은 세련된 북윌리엄스버그 사람들과 자유분방한 남윌리엄스버그 주민들이 섞이는 중간 지점과도 같았다. 청바지와 오래된 터틀넥 스웨터를 입고 빈티지 가죽 재킷을 걸쳤다. 낮술의 취기가 거의 사라졌지만 저녁 공기가 서늘했기에 자전거를 타는 것 대신 5달러를 투자해 지하철 왕복을 택하기로 했다.

책상 위에 쓸쓸하게 놓인 노트북 컴퓨터를 바라봤다. 책상에 앉으면 동네에 새로 오픈한 와인 숍 '베드-바인 와인'이 바로 보인다. 칠레산 카르메네레 와인과 아르헨티나 말벡만 파는, 무인 숍이라 해도 과언이 아닌 기존의 와인 숍들과 달리 누군가와 한참 와인에 대해 이야기하고 추천을 받을 수 있는 유일한 곳이기에 요즘 주민들에게 큰 인기를 얻고 있는 곳이다. 이런 혁신적인 와인 숍이 내 아파트 코앞에 위치해 있다는 사실이 그저 우연은 아닌 것만 같다. 이런 생각을 하는 것 보니 나의 주된 관심사가 와인이 된 것이 분명하다. 트레이더 조스에서 메를로를 박스 와인으로 사 마시던 과거의 내가 보면 얼마나 신기할까?

해 질 녘이 되자 와인 숍 안에 사람들이 북적이는 게 보였다. 집에서 한잔하기 위함일 수도 있고, 친구들과 영화를 보며 배달한 피자와 마실 와인을 고르는 행인들의 계획을 상상해봤다. 매장의 유리문을 통해 매니저인 클라라가 보이는데, 그녀는 와인병 하나를 들고 손님에게 열정적으로 설명하는 중이었다. '15달러 미만' 코너에서 이탈리아산 레드 와인을 사러 갔을 때 그녀와 몇 마디를 주고받았는데, 그때 내게 와인 시음회를 매주 할 예정이니 오라고 했었다. 문득 클라라가 부럽게 느껴졌다. 지식도 풍부

한데다 매장 안에 있는 모든 와인에 권한이 있고 자신 있게 와인을 팔 수 있는 능력까지 갖춘 그녀가.

1킬로미터 채 안 되는 거리의 지하철역으로 갔다.

체트는 바에서 스카치 위스키를 마시고 있었고 나는 도착해 메이커스 마크를 스트레이트로 시켰다. 주변에는 찢어진 청바지에 패딩 입은 사람들이 가득하다. 그들은 대부분 타투와 피어싱이 있고 맥주나 위스키를 마시며 당구 게임 할 차례를 기다리는 중이었다.

몇 년 간 내 인생은 물음표투성이었다. 대학원에서 문화인류학을 공부하기 위해 뉴욕으로 이주했는데, 석사 과정은 곧잘 마무리했지만 박사 학위 장학금을 받을 정도의 실력은 아니었다. 현실을 자각하자 사기가 꺾였고 너무 많은 양의 빚을 떠앉게 됐다. 글쓰는 것이 하나의 열정이 됐지만, 그것만으로는 돈을 벌 수 없음을 깨달았다. 요즘 쓰고 있는 소설의 줄거리를 어쩌다 보니 체트에게 얘기하고 있다. 다행히 그가 관심있게 들어주더니 고개를 끄덕이기까지 했다. 그러고는 자신이 요즘 읽고 있는 책에 관해 이야기했고, 나는 안도의 한숨을 내쉬었다. 책이 우리의 대화 주제가 될 수 있다니! 그 순간부터 술이 물처럼 들어갔다. 체트가 화장실을 가겠다고 일어섰다.

코를 쿵쿵거리며 돌아오는 그에게 참지 못한 내가 망설임 없이, 배시시거리며 말했다.

"나도 좀 줘."

체트가 미소를 짓더니 내 손에 작은 비닐을 쥐어줬다.

벗겨진 타일과 뿌연 거울이 있는 화장실로 간 나는 집 열쇠를 이용해 가루를 소분한 뒤 코로 흡입했다. 바로 느낌이 왔다. 살면서 약을 몇 번만 해봤지, 약쟁이는 아니었다. 그런데 그날 밤은 간절했다. 일도 성공하지 못 하고 돈도 벌지 못한 내 실패들을 생각하며 스스로를 벌주고 싶었다. 심지어 믿을만하지도 않은 유부남, 체트를 원했다.

하얀 담배 연기를 줄줄이 태우고 셀 수 없는 위스키 잔을 비운 뒤 체트와 나는 그의 집으로 가 그다지 인상적이지 않은 하룻밤을 보내고 잠이 들었다. 다음 날 아침 8시 30분에 윌리엄스버그 거리를 지나 무거운 몸을 이끌어 레이나드 출근 카드를 찍고 브런치 준비를 위해 식기 세팅을 시작했다. 전날 입은 옷을 그대로 입은 채, 담배와 술 냄새에 찌든 나를 보며 쯧쯧거리는 매니저들의 시선을 피했다. 자기 파괴적인 전날 밤의 행동들에 취해 그라놀라 볼과 에그 베네딕트를 서빙했고, 케첩을 달라는 요청에 응하고는, 내가 절대 될 수 없어 보이는 부유하고 성공한 사람들에게 내가 제일 좋아하는 펫낫을 따라주었다.

그리고 몇 주 뒤, 그날 보인 행동에 크고 작은 잡음들이 더해져 레이나드에서 해고되고 말았다.

일을 그만두자 깊은 우울감에 빠지고 말았다. 무직인 나의 상태는 물론 인생의 방향을 찾지 못했다는 점, 그리고 바닥을 보이는 통장 잔고까지. 심리 상담을 여러 차례 받은 지 몇 달이 지나고, 이력서를 뽑아 다시 윌리엄스버그를 향해 자전거 페달을 밟았다. 대신 이번에는 레이나드 맞은 편에 위치한 와인 숍 '우바 와인스'를 향해 갔다. 창가에는 수많은 빈 병들이 놓여있다. 마치 '이런 귀한 와인까지 마셨다'라고 자랑처럼 진열해 놓은 느낌이다. 분주한 베드포드 애비뉴 지하철역에서 두 블록 거리에 있는 이 와인 숍은 몇 년간 브루클린에서 내추럴 와인을 살 수 있는 유일한 곳이었다. 나를 어디로 이끌어줄지 모르지만 내추럴 와인이라는 길을 걸어가 보기로 했다. 그리고 이 숍에서 바로 일을 시작할 수 있었다. 소설 쓰는 시간을 벌기 위해 파트 타임으로 일하겠다고 했지만 결국 주 6일을 일하는 것으로 굳혀졌다.

봄에서 초여름으로 접어들자 윌리엄스버그까지 자전거로 가는 것에 익숙해졌다. 숍에서 장시간 서 있어야 하는 것부터 근무 시작과 끝에 와인병을 다시 채우고 정리하는 일, 나보다 와인에 대해 더 많이 아는 고객들을 응대하는 것까지 한층 수월해졌다. 나는 내추럴 와인에 대해 최대한 많은 것을 배우겠다고 다짐했다. 그래서 시간적 여유가 될 때마다 와인에 대한 정보를 찾아보고, 수입사 웹사이트를 외우다시피 하고, 와인 숍 동료들에게 질문을 수시로 했다. 레이나드를 떠나며 느낀 수치심을 이곳에서는 겪지 않기로 다짐했기 때문이다.

금요일마다 같은 상황이 반복된다. 퇴근한 사람들이 몰려오는 저녁 6시부터는 화장실 갈 시간도 없이 바쁘다. 이 동네에는 크리에이티브 분야의 전문가들이 많이 산다. 지금이야 패션모델이나 유럽 관광객, 금수저 젊은이들이 살고 있고 레이나드 같은 고급 레스토랑이 오픈했지만, 입맛이 까다로운 토박이 거주자들 덕분에 지금의 훌륭한 내추럴 와인 구성이 완성됐다고 할 수 있다.

금요일 저녁이 되면 나는 신난 마음으로 매장 안을 활보했고 돈 잘 쓰는 이들 응대에 한껏 들뜨게 되었다. 이들 중 누군가 새로운 것을 시도하고 싶어 하면 알바로 데 라 비냐가 수입하는 스페인 카탈루니아의 떠오르는 와인메이커 부부 파르티다 크레우스Partida Creus 에 대해 알려준다. 그들의 와인에는 암호처럼 알파벳 이니셜이 새겨져 있다.

"알파벳은 와인에 사용된 품종의 이니셜이에요. 와인메이커들은 이탈리아에서 온 건축가 커플인데 카탈루니아에서 버림받은 토착 포도 품종들을 구조해서 사용해요. 이 와인을 예로 들 수 있겠네요. 한때 까바를 만드는 대기업용으로 기르던 수몰이라는 적포도 품종으로 만든 와인이죠."

이런 이야기를 해주면 고객은 궁금해서 반드시 사 간다. 나는 이런 내추럴 와인 생산자들의 반항적이면서 전형을 깨는 에피소드에 관해 이야기 하기를 무척 즐겼다.

매장에는 고가의 고급 와인만 보관하는 냉장고가 두 대 있다. 장인적인 방식으로 만든 부르고뉴 와인부터 RM 샴페인**, 에이

** Récoltant-Manipulant의 준말로 생산자가 직접 재배한 포도로 만든 샴페인을 일컫는다. 포도를 구매해서 샴페인을 만드는 대형 샴페인 브랜드의 Négociant-Manipulant(NM) 방식과 달리 RM 샴페인은 더 높이 평가된다.

징된 바롤로까지. 금요일에 몰려드는 퇴근 손님들이 한바탕 다녀가고 매장 매니저가 퇴근하면 동료들과 이 냉장고로 가 그날 밤 통 크게 마실 고가 와인을 고른다. 이때는 직원 찬스로 공급가에 와인을 사 마실 수 있는 것과 시음회가 곧 일의 연장선상인 이 우바에서의 일이 그 여느 때보다 쏠쏠하게 느껴졌다.

유럽 공연 투어를 하던 중 와인과 사랑에 빠진 기타리스트 출신 동료 J.P.가 먼저 어떤 와인을 마실지 의견을 내본다.

"부르고뉴에서 2010년은 아주 환상적인 해였지. 지금쯤이면 마시기 딱 적당한 때인 것 같은데."

6월의 주말이 시작되는 밤이었고 살짝 부는 찬 공기 때문인지 정말 특별한 와인을 마시고 싶었다. J.P.는 젤 발라 넘긴 머리를 한 손으로 웨이브 타듯 만지는 게 본 로마네에서 양조한 고급스러운 피노 누아를 마실 생각에 들떠 보였다. 그는 버그하운드라는 웹사이트에서 이런 고가의 고급 와인에 대한 정보를 익혔다. 교대 시간이 될 때마다 사이트에서 읽은 내용을 다른 우바 직원들에게, 퇴근주가 든 와인 잔을 우아하게 스월링하며 강의하곤 했다.

라벨의 클래식한 프랑스어 글자들을 눈여겨봤다. 무슨 말인지 모르지만 궁금하긴 했다.

"뭐 그건 훌륭하지, 근데 이거 마셔봤어?"

영국 시골에서 온 금발의 찰리가 말했다.

그의 손에 든 와인병 라벨에는 여인의 그림이 그려져 있고 2004년산 '레 페르골레 토르테 Le Pergole Torte'라고 써있다. 이건 이탈리아의 유니콘 와인이다. 가격은 수백 달러일 것이고. 사실 우리는 가격을 별로 신경 쓰지 않는다. 무엇보다 우리 같은 아무개들이 구하기도 어려운 귀한 와인을 접할 수 있다는 기회에 취해있었다.

나는 몸의 무게중심을 반대쪽으로 옮기고는 두 동료에게 뭐라고 말할지 고민했다. 내가 열심히 따라잡으려 해도 그들은 이미 나보다 훨씬 방대한 와인 지식이 있기 때문에 조심스러웠다.

"난 화이트 마시고 싶은데. 이건 어때?"

디디에 다그노$^{Didier\ Dagueneau}$의 소비뇽 블랑을 가리키며 말했다. 이 와인은 컬트 와인으로 아주 귀하고 컬렉터스 아이템인 최상위 프랑스 와인이다.

내 와인이 선택되어 우리는 다그노 병을 오픈했다. J.P.는 디캔터에 먼저 따라놓은 뒤 각자의 잔에 덜어주었다. 우리는 잔을 스월링한 뒤 찰랑거리는 액체에 코를 갖다 댔다. 이 와인은 분명 강렬한 아로마가 느껴진다고 했는데 축축한 동굴이 연상됐다. 부식된 벽으로 가득한 인적없는 그런 동굴 말이다. 향이 뭔가 잘못됐다. J.P.와 찰리를 바라보자 그들도 와인을 즐기지 않음을 알 수 있다.

"부쇼네네."

찰리가 퉁명스럽게 말했다.

나는 실망감에 어깨가 축 처졌다. 코르크에 생기는 문제로 전체 와인의 10% 정도에 일어나는 부쇼네 상태의 이 와인을 다시 병에 부었다. 한껏 부풀어 올랐던 분위기가 금세 가라앉았다.

J.P.가 다시 냉장고로 향했다. 고급스러운 와인이 들어있는 냉장고 말고 데일리로 마시는 와인이 보관된 냉장고로. 그 안을 뒤지더니 굉장히 다른 스타일의 소비뇽 블랑을 땄다. 루아르의 띠에리 퓌즐라 Thierry Puzelat 와인으로 레이나드 시절에 알게 된 생산자다. 동료들은 처음 오픈한 와인보다 100달러나 저렴한 이 화이트 와인이 불만인 것 같지만 나는 오히려 신이 났다. (부쇼네인 와인은 수입사에게 돌려보내 환불받을 것이다.) 신났던 이유는 제아무리 고급 컬트 와인에 요즘 눈을 떴을지라도, 너무 비싼 와인에 하루 번 돈을 다 쓰는 상황을 면했다는 점과 사실 내가 가장 좋아하는 와인은 심플하고 단아한 내추럴 와인이기 때문이다. 우바 사장이 20년 된 부르고뉴와 바롤로 와인을 블라인드 테이스팅해 보라고 따라줄 때면 맞추는 시늉이라도 하기 위해 빈티지와 생산자를 대본다. 하지만 내가 가장 선호하는 스타일은 가볍게 마실 수 있는 프랑스산 와인의 톡 쏘는 산미와 어렸을 적 가족과 간 캠핑 여행의 숲이 연상되는 것이다.

첫 잔을 비우니 에너지가 올라가는 게 느껴졌다. 그러고는 냉장고 속 와인을 살피고 있는 고객에게 다가갔다.

"오늘은 어떤 스타일의 와인을 찾으세요?"

운이 좋다면 그 고객이 애초에 사려던 저렴한 와인 대신 유기농 포도를 갖고 와인메이커가 직접 손으로 만든 와인을 사게 해서, 입맛을 평생 바꿔놓고 싶다고 생각했다.

여름이 끝나가자 소설 초안을 완성했고 5일 근무로 변경된 우바 와인 숍에서는 두각을 보이게 됐다. 어느 날 밤엔 매장 사장과 한잔을 하러 갔는데 나는 2009년산 샤블리의 빈티지를 블라인드로 정확하게 맞췄다. 일과 중에 꽤 부지런히 와인을 시음하고 전문 서적을 읽었고, 쉬는 날에는 집 건너편 와인 숍에서 일하는 클라라 주최의 시음회에 격주로 참석한 결과다. 클라라의 시음회는 내 베드스타이 집에서 그리 멀지 않은 그녀의 집에서 이뤄졌다.

나는 우바에서 제일 유능한 영업 사원으로 등극했다. 보졸레와 부르고뉴의 크뤼(아펠라시옹으로 구분되는 언덕)쯤은 외웠고 몇몇 유명 생산자의 이력을 수월하게 읊을 수 있을 정도가 됐다. 가끔 오는 와인 전문가 손님도 큰 힘 들이지 않고 응대할 수 있게 되었으며, 고가 와인이 있는 냉장고로 안내해 에이징 잘 된 네비올로나 빈티지 RM 샴페인을 고르는 것을 도왔다.

이제 더 이상 지적 자극을 갈망하지 않게 되자 자연스레 새로운 관심거리를 찾게 됐다. 그것은 바로 J.P.였다. 몇 개월 사이 근무 시간이 종종 겹쳐 밉상 손님을 욕하거나 '테루아'의 정의에 대해 한참 토론하며 유독 사이가 가까워졌다. 8월 말에 J.P.는 매장의 매니저로 승진했다. 숍에 들일 와인을 직접 주문할 수 있는 권한이 주어지는 직위였다. 그는 기뻐 보였지만 나와 단둘이 있을 때는 음악 커리어의 끝을 암시하는 게 아니냐며 걱정하기도 했다.

J.P.와 나는 최소 일주일에 한 번 술을 마시러 갔다. 수많은 가메와 피노 와인 잔을 사이에 두고 그는 종종 나에게 연인 문제를 털어놓았다. 사귀는 여자친구와 오랜 기간 동거를 하고 있었는데 그해 여름 초에 만난 귀여운 프랑스 여자와 몇 번 잠자리를 같이

했다. 그 순간은 황홀했지만 결국 죄책감에 시달렸다고 했다.

"그래서 헤어지기로 했어."

어느 8월 말, 퇴근주 한 잔 할 때 J.P.가 내게 털어놓았다.

나는 시칠리아에서 '팔멘토'라는 전통 콘크리트 기계로 와인을 압착하는 호주 여성이 운영하는 와이너리, 비노 디 안나$^{Vino\ di\ Anna}$의 네로 다볼라 와인이 든 잔을 스월링하며 그의 말을 들었다. 코키지 프리로 마실 수 있는 근처 바에 이 와인을 들고 가 마시고 있었다. (바텐더에게 반드시 한 잔은 주는 것이 조건이다.) 잘 익은 딸기가 활활 타는 인센스로 향기롭게 감싸져 있는 맛이다.

"너 같은 사람을 만나면 얼마나 좋을까."

J.P.가 말을 이었다.

"이렇게 와인 얘기가 통하고 말이야."

그는 갑작스레 흘러나온 진심인 것처럼 말했지만 의도한 고백인 게 분명했다. 나는 고개를 끄덕이고 신호를 이해하지 못한 척 계속 와인을 마셨다.

마음 가는 대로 행동하면 안 되는 걸 알았기 때문이다. 내 삶의 유일한 즐거움인 와인 숍에서의 일이, 매니저와의 원나잇으로 끝나버리는 게 싫었다. 그럼에도 그에게 자석처럼 이끌렸다. 와인에 그 누구보다 해박했고, 키는 어찌나 큰지, 그리고 매장에서 와인 시음을 할 때 내 말이 마음에 들면 내 허리를 감싸며 가볍게 압력을 넣는 것까지. 어리고 외로웠던 나는 다른 동료들이 J.P.를 미심쩍어한다는 내면의 소리를 차단했다.

"이러면 되겠다."

그가 정적을 깨며 말했다.

"매장에 다시 가서 와인을 한 병 더 챙겨 찰리를 만나러 가면 어때? 데이비드 장 셰프랑 일하는 사람의 파티에서 디제잉 한다던데, 찰리가 우리를 들여보내 주지 않을까?"

우바를 향해 네 블럭을 걷자 피부에 닿는 따뜻한 바람이 편안하게 느껴졌다. 나보다 30센티미터는 더 큰 J.P.가 루즈한 끈 소매 원피스를 입고 있는 나를 힐끔거리는 게 느껴졌다. 특히 가슴 부위를. 그가 자신의 전 연애가 끝났음을 내게 귀띔해준 게 떠올랐다. 브루클린의 뜨거운 여름 더위 때문인가, 이성적인 생각 따위는 욕망을 이기지 못했다.

J.P.는 매장 셔터를 반쯤 올려 안으로 들어갈 수 있게 했다. 셀러로 향하는 낡고 삐걱거리는 계단을 하나의 불에 의존한 채 조심스럽게 내려갔다.

우바의 셀러는 보물 창고 같다. 먼지가 켜켜이 쌓인 70년대산 와인들은 존재를 잊은 채 놓여있다. 우리는 방치된 채 선반에 놓인 뜯어진 와인 박스들을 뒤적이기 시작했고, 각자 찾은 와인들을 제안했다.

"보졸레가 당겨?"

"살짝만. 오스트리아 거 마셔본 적 있어?"

"즈바이겔트면 좋지. 난 근데 화이트 부르고뉴가 나을듯."

"오 그거 좋다. 우리가 마지막으로 슈냉 마신 게 언제였지?"

그러다 얼굴이 맞닿자 그대로 멈췄다. 나는 몸이 살짝 떨리더니 팔에 닭살이 돋는 게 느껴졌다. J.P.가 다가와 키스를 했다. 나는 팔로 그의 목을 감싸 애정을 이어갔다. 그가 멈추더니 미안하다는 듯이 무언가를 우물거렸다. 분명 '이러면 안 되는데…'와 같은 말이었을 거다. 그럼에도 우리는 계속하고 말았다.

J.P.의 손이 내 몸을 위아래로 훑고는 키스를 멈추지 않은 채, 나를 들어 올려 박스 더미 위에 앉혔다. 내 밑에서 박스들이 흔들렸지만 그가 내 몸을 굳게 지탱했다. 이내 그의 바지는 발목까지 내려갔고 나의 속옷도 바닥에 떨어졌다. 썸을 탄 몇 주간 억눌렸던 게 마침내 터져 나왔다. 우리가 그간 마신 모든 부르고뉴 와인은 마치 최음제와도 같았다. 피노 누아의 플로럴한 향은 내 피를 뜨겁게 했고 J.P.의 놀라운 와인 지식은 내 서혜부를 욕망으로 간지럽혔다. 그도 같은 마음이었던 게 분명했다.

나를 엎드리게 하려다 뭐가 잘 안되는지 버벅거리는 와중에 갑자기 와장창 박살 나는 소리가 났다. 우리는 놀라 소스라쳤다. 와인 박스 서너 개가 바닥에 떨어져 와인병들이 산산조각이 나 있다. 제대로 보니 핑크색 액체였다.

"휴, 다행이다."

J.P.가 안도의 한숨을 쉬며 말했다.

"샤토 페이라솔Château Peyrassol 이네."

중저가 로제 와인이었다. 우리는 이 상황에 웃음을 터뜨리고 깨진 병을 치운 뒤 셀러에서 최대한 빨리 나왔다.

그러고 얼마 뒤 우바에서의 근무를 견딜 수 없게 됐다. J.P.가 우리의 은밀한 일을 동료들에게 퍼트린 게 분명했다. 어느 날

J.P.가 일과 중 내게 샤블리를 잔에 따라주는 걸 본 창고 정리 아르바이트생이 나를 보며 음흉한 미소를 지었으니, 말 다 했다. J.P.가 매장의 매니저로서 많은 결정권을 갖고 일하게 되자 그와 대화 나누는 것이 더 어색하고 부자연스러워졌다. 나는 그와의 일이 내가 원해서 일어난 일이고, 내 윗사람이던 그도 딱히 잘못한 게 없다고 믿기로 했다.

대신에 와인을 커리어로 삼을 수 있는 나의 다음 스텝에 집중하기로 했다. 언젠가는 우바를 떠나 새로운 곳에서 일해야 할 테니 말이다. 전 매니저가 시급을 50센트 올려줬어도 여전히 터무니없이 낮은 월급이었고 일의 양은 너무 많았다. 거기에 J.P.의 행동이 슬슬 거슬렸다. 그 당시 나는 〈푸드 리퍼블릭〉이라는 온라인 매체에 글을 쓰고 있었는데 반응이 좋았다. 대부분 와인메이커에 대한 글을 쓰고 유명 와인 지역과 품종을 알려주는 와인 입문 글도 포함됐다. 원고료는 박했지만 성취감이 꽤 높았다.

9월초의 어느 날 아침, 내가 쓴 소설이 에이전시에 보내볼 수준인지 책상에 앉아 다시 읽고 있을 때, 이메일 하나가 도착했다. 〈푸드 리퍼블릭〉 사이트의 편집자가 몇 주 뒤 부르고뉴에 있을 프레스 트립에 갈 수 있는지 문의하는 것이었다. 갈 수 있냐고? 그 어떤 이메일보다 빨리 답했다. 그리고 날아갈듯한 마음으로 자전거에 올라 윌리엄스버그로 향했다. 프랑스로 돌아갈 기회가 생기다니! 대학교 때 교환학생으로 파리에 있던 친구를 보러 딱 한 번 가봤는데, 꼭 다시 가고 싶었다. 이제는 기자 신분으로, 남의 돈으로 가게 되다니 꿈만 같았다.

저녁 6시에 모든 게 확정됐다. 너무 신나 어쩔줄을 몰랐다.

J.P.는 물론 아무나 붙잡고 자랑하고 나니 휴가를 신청해야함을 깨달았다. 그는 못마땅해하긴 했지만, 그래도 허락해줬다.

부르고뉴로의 여정과 뒤에 붙인 파리에서의 일주일은 앞으로 내 커리어로 삼고 싶은 와인 기자, 와인 작가의 꿈을 굳건하게 해줬다.

여러 세대를 거쳐 셀러에 보관되어 곰팡이가 자라고 있는 최고가 와인병들이 쌓여있는 유명 와이너리들을 방문했다. 그런데 와이너리 투어보다 파리에서 보낸 며칠이 내가 내추럴 와인을 사랑할 수밖에 없음을 깨닫게 했다. 샤블리 지역에서 기차를 타고 파리에 도착했을 때는 몇 주간 무한대로 먹은 푸아그라와 치즈 때문에 배탈이 나서 지인의 소파에 병든 닭처럼 누워 신세를 지어야 했다. 프랑스 탄산수인 바두아를 몇 병째 들이켠 다음 화창한 파리의 9월 날씨를 만끽하러 나갔다. 과하게 비싼 패션 브랜드 매장과 매력적인 카페를 탐험하기 위해 마레 지구로 먼저 향했다.

젖살이 엉덩이에도 있고, 물 담뱃대로 옷장이 가득하던 스무 살 대학생의 내가 경험한 파리보다 지금이 훨씬 더 환대받는 기분이었다. 그때는 봉주르 한마디도 제대로 못 하던 때다. 현지인들은 눈길도 안 줬다. 그로부터 몇 년 뒤 뉴욕 대학원에서 인류학을 전공했을 때 마침내 불어 수업을 들었다. 세네갈의 탈식민주의를 연구했기에 필요했다. 이제 불어 능력이 향상된 덕분에 파리가 조금 더 친절해진 것 같았다.

파리를 떠나기 전, 사튠Saturne이라는 레스토랑에서 제대로 된 식사를 하고 가기로 했다. 이곳은 내추럴 와인만 취급하는 곳으로 유명하다. 음식은 대단한 맛과 질감의 소용돌이였으며, 와인은 장-프랑수아 갸느바Jean-François Ganevat 의 샤르도네부터 휘발성 산 가득한 프랭크 코넬리센Frank Cornelissen 의 에트나산 레드 와인까지, 너무 아름다워 부르고뉴에서 맛본 귀족적인 피노 누아들을 잊을 뻔했다. 사튠에서 마신 내추럴 와인은 쉽게 넘어가는 '글루글루' 와인들이 아니었다. 오히려 묵직한 질감에, 맛과 향이 풍성했으며 완벽히 내추럴한 방식으로 만든 와인이었다.

뉴욕으로 돌아오는 비행기 안에서 14일간의 황홀한 미각 여행을 하나하나 되짚어봤다. 부르고뉴의 셀러들은 놀라웠지만 파리의 악바리 근성과 노력하지 않은 쿨함, 그리고 그곳의 내추럴 와인 씬이 나를 더 끌어당겼다. 와인 기자로서의 커리어를 이어나가기 위해서는 컨벤셔널 와인을 배제할 수 없다는 걸 알고 있었다. 그렇지만 오로지 포도로만 양조한 내추럴 와인에 나의 마음을 빼앗겼다. 언제 다시 파리에 올 수 있을까 생각했다. 멋스러운 내추럴 와인 바와 매장, 레스토랑이 즐비한 히피스러운 센강 우안에. 그러고는 다짐했다. 언젠가는 파리에서 글을 쓰며 살기 위해 꼭 돌아가겠다고.

Two

탈출구

2017

아직 쌀쌀한 3월의 아침이기에 브루클린을 자전거로 목적 없이 달리는 것은 이상적이지 않다. 하지만 나는 시린 옆구리를 해결하려는 의지로 가득 찼다. 지우고 싶은 과거와 자격지심은 '희망'으로 극복할 수 있겠다는, 순진하면서 긍정적인 생각마저 들었다. 지금 이 차가운 바람 따위는 나를 막을 수 없다.

집을 나서기 전 코트와 스카프로 꽁꽁 싸맸다. 그러다 스카프를 풀고 화장실로 가 브라이트닝 크림을 눈 밑에 발랐다. 또 블러셔와 마스카라를 더하곤 룸메이트의 시머링 립글로스까지 빌려 입술에 칠했다. 거울 속 업그레이드된 내 모습을 바라봤다.

거리로 나왔을 때는 머리 위로 지나는 고속도로 소리가 웡웡댔다. 오래된 크루저 자전거에 몸을 싣고 자주 가는 동네 세탁소,

베이커리와 커피숍을 지나 달렸다. 그 커피숍은 평소 글 쓰는 데 많은 시간을 보내는 곳이다 보니 이때 오후에 마감 임박한 글을 쓰러 와야겠다는 생각이 저절로 들었다. 요즘 나는 푸드 웹사이트 〈이터〉에 매달 칼럼을 기고하고 있는데 한 편에 하나의 와인 품종에 관해 쓰고 있다. 에반의 아파트가 있는 메트로폴리탄 애비뉴에 접어들자 그의 생각으로 머리가 가득 찼다.

그와 프랑스에서 만나고 몇 주가 지났다. 내가 보낸 몇 개의 문자엔 답이 없었고 질척거리는 느낌을 주기 싫어 연락하고 싶어도 자제하는 중이다. 우연을 가장한 만남을 만드는 수밖에.

"에반, 너네 동네 카페에 왔더니 네 생각이 났어."

별일 아니라는 듯이 말하는 상상을 했다.

그러면 그가 커피 마시러 집에 들르라고 할 거고, 일전의 뜨거웠던 밤이 떠올라 불꽃이 다시 타오를 거다. 그리고 그의 집에서 함께 저녁을 요리해 먹을 거고, 거기에 곁들일 와인을 사러 나갔다 오겠지?

우중충한 보도블록 위를 달리자니 앙제에서 있었던 그날이 떠올랐다. 유명한 '살롱 데 뱅 드 루아르'에 참석했을 때 인생을 다 가진 기분이었다. 매년 프랑스의 북서쪽에서 열리는 이 와인 페어는 최고의 내추럴 와인 생산자들이 최근 빈티지를 선보이는 자리다.

'살롱'은 와인메이커가 자신이 만든 와인을 직접 따라주는 시음회를 말하는데, 내추럴 와인을 선보이는 살롱 중에 가장 유명한 것은 매년 2월 첫 주말에 열리는 '라 디브 부떼이', 줄여서 '라

디브'다. 우바에 근무하던 시절, 모두가 두 손 모아 얘기하는 라 디브가 무척 궁금했다. 와인 기자로 커리어를 쌓자 유럽, 미국, 남 아공 등에 가는 프레스 트립에 초청됐다. 하지만 컨벤셔널 와이 너리를 방문해야 하는 이런 출장은 그 지역의 협회에서 스폰서 비용을 대는 것이었기에, 만나야 하는 생산자만 의무적으로 만났 다. 그러니 이런 대형 와인 협회와 담을 쌓고 사는 내추럴 와인 생 산자들은 아예 만날 기회가 없었다.

그러던 중 〈이터〉에 기고한 칼럼을 읽은 필이 어느 날 내게 연락했다. 그는 내추럴 와인 수입사 '제니 앤 프랑수아(줄여서 J&F)'의 영업 담당과 함께 곧 라 디브와 다른 살롱에 갈 예정인 데, 함께 가자는 것이다. 이보다 신나는 제안은 없었다. J&F는 루 아르 지역에 연고가 깊은데, 전에 가 본 출장에서도 느꼈듯이 루 아르는 폭넓은 내추럴 와인 양조 문화가 있는 지역이다. 거의 10 년간 J&F의 제니 레프쿠르는 전형적인 틀을 깨는 내추럴 와인 생 산자들의 와인을 수입해 왔다. 이 생산자들은 배양 효모를 넣거 나 알코올 도수를 인위적으로 높이기 위한 당을 첨가하는 일을 관행처럼 하는 프랑스 와인 업계를 비판했다.

내추럴 와인 생산자들은 와이너리를 방문하는 관광객을 위해 치즈를 잘라 내오는 젊은 직원 따위 없다. 이미 한물간 귀족 시대 의 '샤토'에서 와인을 만들지도 않는다. 그들은 오히려 손으로 모 든 작업을 하며 심플한 삶을 추구한다. 이전 세대의 전통을 유지 하고 자연을 존중하며 말이다. 물론 가끔은 서리 피해를 입어 자 연에게 호되게 당하기도 하지만 그들은 조부모가 만들던 방식으로 와인을 만들고 있다. 이 방식은 참담했던 제1차와 2차 세계대전 이후 프랑스가 와인 생산량을 늘리겠다는 목표 하나로 땅에 화학 물질을 잔뜩 넣던 때와는 확연히 다르다.

"라 디브 갈 거야? 난 J&F 사람들이랑 가."

화요 프랑스어 반에서 만난 에반에게 내가 말했다.

그의 반응은 뜨거웠다. 당연히 살롱에 갈 거고, 거기서 보자고. 기대된다고.

내추럴 와인 애호가가 아니라면 살롱에 참석하는 게 이렇게나 신나는 일인지 이해하지 못할 수 있다. 어두컴컴하고 히터조차 안 나오는 석회석 동굴 안에서, 두꺼운 코트와 모자로 중무장한 채 잔 하나를 들고 쌀쌀맞은 유럽인들 틈에 장시간 서 있어야 하는 살롱을.

그러나 내추럴 와인에 빠져 와인메이커들을 만날 날을 대비해 프랑스어를 배웠고, 그들의 언어로 언제부터 암포라를 사용했는지, 단일 포도밭에서 자라는 피노 누아를 언제 또 병입할 예정이냐고 묻고 싶은 사람이라면 얘기가 다르다. 이 힘겹지만 대서사와도 같은 살롱에서의 이삼일이 올겨울, 혹은 한 해를 통틀어 가장 행복한 날들로 꼽힐 테니.

20년도 더 된 라 디브의 시작은 카베르네 프랑으로 유명한 소뮈르 지역의 무명 와인메이커 몇십 명이 모여 진행한 작은 시음회에 불과했다. 이제는 며칠에 걸쳐 진행하고 모스크바, 도쿄와 캘리포니아에서 오는 소믈리에와 수입사가 참석하는 국제적인 대형 시음 행사로 진화했다. 규모가 어찌나 커졌는지 어둑어둑한 조명의 동굴 안에서 프랑스 와인메이커뿐만 아니라 체코의 밀란 네스타레츠Milan Nestarec, 시칠리아의 아리안나 오키핀티Arianna Occhipinti 와 북로마의 레 코스테Le Coste 와 같은 다국적 와인메이커들도 자신의 와인을 선보인다. 심지어 라 디브 근처에 번외 시음장도 생겼다. 이는 새내기 내추럴 와인 생산자까지 모두 수용할 수 없어 라 디브 주최 측이 고안해 낸 대안이다.

살롱이 열리는 주간의 하일라이트는 뭐니 뭐니 해도 국제적인 내추럴 와인계 유명인들과 함께 파티를 즐기는 것이다. 라 디브 부떼이는 뉴욕의 멧 갈라와도 같다. 물론 멧 갈라와 달리 정식 초대장도 없고, 의상 테마는 농부복이고, 파파라치라고는 시음하는 와인병 사진을 찍고 인스타그램에 올리는 나 같은 미국인 정도가 되겠다.

시음 행사가 끝나면 소믈리에와 수입사들, 워너비 와인메이커들과 나같은 기자들은 본격적으로 와인을 마시는 자리에 참석해야 했는데 이런 강행군에 나와 내 일행들은 지쳐갔다. 그렇다고 호텔로 돌아가 잠든다면 엄청난 기회를 놓칠 거라는 걸 알았다. 밤 9시쯤 우리는 앙제에서 가장 유명한 두 내추럴 와인 업장이 마주 보고 있는 골목으로 갔다. 차가 다닐 수 없는 작은 길에는 사람들이 무리를 지어 서 있었다. 겨울의 찬 공기도 개의치 않은 채, 서로의 양 볼에 키스를 하며 인사를 나누고 매그넘 병에서 와인을 따랐다.

살롱 경험이 있는 필이 쉐 레미Chez Remy 비스트로에 예약을 미리 해두었다. 이곳은 어마어마한 와인 리스트로 유명하다. 미각의 쾌락이 가장 아름답게 꽃 피는 곳으로 다음날 소화불량과 숙취가 있을 게 뻔하지만 이날만큼은 원 없이 즐기기로 했다. 자정이 되자 코스 중 치즈 플레이트가 서빙됐고 와인으로 한껏 들뜬 기분이던 그때, 그토록 보고 싶던 에반이 비스트로로 들어왔다. 큰 키로 단번에 시선을 끌었다. 곱슬머리에 강아지 같은 눈을 하고 나를 무장 해제시키는 미소를 띤 채.

지난가을, 에반과 나는 브루클린의 야간 프랑스어 수업에서 만난 후부터 수개월간 썸을 탔다. 수업 전부터 아는 사이긴 했다. 그는 자신의 아버지가 운영하는 맨해튼의 와인 숍에서 일했다. 규모 있는 내추럴 와인 시음 행사가 있던 어느 날, 에반은 자기 집에서 애프터파티를 열었다. 그는 매그넘 병에 든 보졸레를 아낌없이 따랐고, 그가 나를 마음에 들어 한다고 누군가를 통해 전해 들었다. 그 말에 기대가 생길 수밖에 없었다.

견과류의 고소함이 있는 농축된 사바냥 품종 와인의 맛을 음미하며 에반이 비스트로에 들어오는 모습을 지켜봤다. 그가 친분이 있는 와인메이커들과 인사를 나누고 있는 걸 바라보다 취기에 용기가 생겨 그에게 먼저 다가갔다.

"어머, 이게 누구야?!"

홀리기로 작정한 미소를 지으며 말했다.

"레이첼—"

저음의 목소리는 피곤함이 묻어있지만, 그래도 섹시했다. 그가 나를 위아래로 훑더니 위팔을 붙잡고 양 볼에 키스했다.

시음회 때 가장 좋았던 와인을 그에게 물으며 몇 분 동안 와인 이야기가 지속됐다. 그러다 나는 참지 못하고 그에게 입을 맞췄다. 그때 느낀 케미는 아주 뜨거웠다. 재빨리 식사 비용 중 내 몫을 일행에게 건네고 먼저 간다고 인사를 했다. 그리고 에반을 데리고 호텔로 돌아갔다.

그날 밤은 흥분되면서도 기분이 이상했다. 내내 무언가가 결여된 기분이었는데, 그게 뭔지 알 수가 없었다. 신뢰가 기본이 되는 진지한 연애를 해본 적이 없어서, 아니면 에반에 대한 믿음이 없어서 그랬던 건지 알 수 없다. 어쩌면 서로에 대한 마음의 정도가 다르다는 것을 부인해서일지도 모른다. 에반은 관계 후 바로 떠났고 나는 다음 날 아침 희미한 기억만 간직한 채 일어났다.

라 디브의 둘째 날이 되어 다시 배럴에서 배럴로 다니며 가장 흥미로운 생산자의 와인을 찾아다니면서 에반에 대한 들뜬 설렘에 사로잡혀 있었다.

브루클린에서 자전거 페달을 밟으며 코너를 도니 그때의 설렘이 다시 느껴졌다. 싱글 오리진 커피를 서빙하는 미용실을 지나 와인 바 더 포 호스맨The Four Horsemen이 보였다. (작년 연말정산을 위해 지출 내역을 확인하니 더 포 호스맨에서만 수백 달러를 쓴 걸 알고 당분간 가지 않기로 굳게 다짐했다.) 에반의 아파트 앞에 자전거를 세웠다. 왜 문자에 답을 하지 않는 걸까? 답 정도는 해야 하는 사이 아닌가? 그가 아픈 걸 수도 있다는 생각이 들었다. 뉴욕에선 갑자기 무슨 일이 일어나는 게 부지기수니까.

헬멧에 눌린 머리를 쓸어 넘겼다. 마치 다시 고등학생이 되어 짝사랑하는 남학생에게 졸업 파티에 같이 가겠느냐고 묻기 전의 떨리는 마음 같았다. 우리는 진짜 케미가 좋지 않았나? 프랑스어 수업 때 어찌나 서로에게 추파를 던졌는지. 그리고 프랑스에서의 밤 또한 열정 가득했던 것으로 기억한다.

제대로 된 연애를 한 지 3년이 지났고, 에반과 정말 잘해보고 싶은 마음이었다.

그의 집 문을 두들겼다. 어떤 여자가 졸린 눈을 비비며 문을 열었다. 파티 때 본 에반의 룸메이트다.

"이 근처에 볼일이 있어 왔는데, 혹시 에반이 집에 있나 해서."

최대한 쿨한 척했다.

여자는 어리둥절한 표정을 짓더니 찡그리기까지 했다. 배가 꼬일 것만 같았다.

"아―"

나를 살짝 알아보겠다는 듯 말했다.

"에반은 요즘 여기 없어. 여자친구네 집에서 주로 지내거든. 그의 전화번호… 줄까?"

답을 대충 얼버무리고 떨리는 손으로 헬멧의 버클을 조였다. '여자친구'라는 단어가 내 머릿속에서 울렸다. 집 말고 다른 어디로든 향해야만 했다. 집에 가면 글을 써야하는데, 이 상태로 어떻게 와인에 관한 기사를 쓰겠는가? 내 스스로가 바보같이 느껴지다 곰곰이 생각해보니 이건 그냥 내 레파토리다. 싱글이 아닌 사람을 좋아한 게 이번이 처음이 아니지 않나? 체트 때도 그랬고,

J.P.도. 나는 왜 자꾸 이러는 걸까? 에반이 여자친구가 있다는 걸 몰랐을 때도 함께 있을 때 그의 진심이 느껴지지 않은 건 사실이었다.

나는 결국 남을 탓하고 싶은 마음에 뉴욕이 문제라고 결론 내렸다. 이 도시에 적응하고 당당해지려 할 때마다 또다시 자존심 상하는 낮은 급여의 일을 던져주고, 별 볼 일 없으면서 비싸기만 한 아파트 월세를 내기 위해 아등바등하고, 남자에게 마음을 다치는 일만 겪게 하는 뉴욕.

그 무렵 나는 일에도 별다른 성과를 이뤄내지 못했다. 심지어 6개월 치 원고료를 안 주려는 대형 미디어사와 이메일로 싸우고 있던 때다. 고작 2천300달러라 그들에게는 껌값이었을 텐데. 하지만 그때 내 통장 잔고는 그 원고료만큼도 안 되었고 월세 낼 때가 돌아왔다. 새 신발도 사고 외식도 하고 싶었다. 이미 연달아 집에서 넷플릭스를 보며 스파게티를 저녁 삼아 이 좁은 아파트에 갇혀 있었기에, 우울해지기 전에 외출이 시급했다.

지난 1년간 매주 어느 젊은 정신과 의사의 부시윅 홈 오피스로 자전거를 타고 갔다. 자크 라캉에 빠진 그는 나를 소파에 눕게 하고 어릴 적 받은 상처를 얘기해보라 하며 시간당 50달러를 받았다. 상담받으며 내가 내린 결론은 하나였다.

'이 도시를 떠나야 한다.'

뉴욕과는 여기까지. 마음의 결정은 내렸지만, 그래서 어떻게 해야 할지 갈피를 잡지 못했다.

겨울이 지나고 봄이 되었을 때, 슬픔은 분노로 바뀌었다. 스스로에 대한 분노도 있었고, 2016년 대선 결과를 향하기도 했고, 대부분은 뉴욕에게 화났다. 24살 때 순진한 마음으로 이주한 이곳은 여전히 나를 저버리기만 했다. 또 나를 화나게 한 것은 내 마음을 짓밟은 남자들. 거기에 나를 우습게 본 미디어 산업까지. 나처럼 매달 전전긍긍하며 사는 사람에게 페이도 제대로 안 해주는 기업들. 유명 와인 잡지들이 종종 내게 기사를 의뢰했지만, 내가 내추럴 와인에 관해 쓴다는 이유로 그 어디도 나를 실력 있게 봐주지 않았다. 그들은 내추럴 와인이 제대로 된 와인도, 대중이 원하는 와인도 아니라고 업신여겼다. 틈새시장에나 어울리는 특별하지 않은 와인, 유기농에 연연하는 괴짜들을 위한 와인이라 여겼다. 그들에게 진짜 와인은 사회적 지위와 부로 직결됐다. 그건 미디어를 쥐락펴락하는 재력가들이 심고 싶어 하는 와인의 이미지였을 것이다.

이 모든 것은 내가 썸이라고 생각했던, 심지어 원나잇을 해버린 남자에게 여자친구가 있다는 사실을 알고는 아예 나락으로 떨어졌다. 에반에게 그의 바람을 알고 있다는 뉘앙스의 문자를 보냈다. 한참 뒤에 온 그의 답은 얼버무리는 듯했고 또 무심했다.

'누구랑잔게 오랜만이라했지, 싱글이라고한적은없는데. 상처받았다면 먄.'

단어를 제대로 쓸 예의조차 갖추지 않은 그의 문자는 내가 이미 수개월간 느꼈던 것에 종지부를 찍어줬다. 이제 정말 뉴욕을, 미국을 떠날 때가 온 거다.

20대의 앞자리가 곧 바뀌려 했기에 조바심이 났다. 과연 내게 진심을 다할 남자를 만날 수 있을까? 인생의 단맛과 쓴맛을 모두 나눌 사람이 있길 바랐다. 조금 더 솔직하자면 월세도 반반씩 하는, 현실적인 부분에서도 많은 걸 나눌 사람을. 그리고 나는 언젠가 가족을 이루고 싶었다. 여행하는 걸 좋아하니 아이는 한 명 정도만 낳고. 이런 생각을 하다 보니 뉴욕의 거대함과 끊이지 않는 온라인 데이트의 굴레, 수많은 예쁜 여자들의 존재가 나를 더 멀리 밀어내는 듯했다.

"내가 고작 바텐더라고 내 커리어가 중요하지 않다잖아."

가바가 칵테일 잔의 얇은 빨대를 저으며 말했다.

에반 욕을 하려고 연락했는데 가바 또한 힘든 시간을 보내고 있었다. 우리는 집 근처 바에서 각자 맨해튼 칵테일을 취향껏 마시고 있다. 나는 체리를, 가바는 오렌지 조각을 올려서. 가바와 나는 겹치는 친구들 덕분에 수년간 알고 지낸 사이고, 같은 요식업계에서 일한다는 공통점이 있다. 그녀는 전문 믹솔로지스트이자 와인 애호가로, 현재 브루클린의 핫한 내추럴 와인 명소 쥰^{June}에서 일한다.

"그래서 지는 해커면서, 누가 누구에게 커리어 타령이래?"

내가 받아치니 가바가 어깨를 으쓱하며 말했다.

"나보다 돈을 세 배는 더 벌어."

그러면서 이 남자친구라는 자는 둘의 공동 생활비의 절반도 못 내겠다고 했단다. 다음 술을 주문하자 내가 아닌 가바가 더 위로가 필요함을 깨달았다. 에반은 나쁜 놈이지만 잊어버리면 그만이다. 반면 가바의 동거인이기도 한 남자친구는 그녀를 수시로 깎아내리고 있다.

"우리 집에 갈래?"

술을 원샷하며 말했다.

건드리면 울기 직전의 그녀라 집으로 데리고 가기로 했다. 도착해서 우리는 화장실 창문을 열고 욕조에 앉아 담배를 피웠다.

가바의 볼에 마스카라 자국이 번져있다. 능력 있고 똑똑한 이 친구가 왜 이런 말도 안 되는 상황을 겪어야 하는 걸까? 같은 질문을 스스로에게 해야 할 정도로 내 코가 석 자라, 다시 한번 뉴욕을 떠야겠다는 결심을 되뇌었다.

"그가 봐도 네 인생이 훨씬 좋아 보이는 거뿐이야."

가바에게 말했다.

시끄러운 고속도로를 향해, 열린 창문의 틈 사이로 담배 연기를 내뿜고 집에 남아있던 오레곤 피노를 마셨다.

"넌 심지어 프랑스 여권이 있잖아. 도대체 왜 아직도 여기 사는 거야?"

몇 년 전 가바는 미국 시민권이 필요한 프랑스 동료를 도왔고 역으로 가바는 프랑스에서 합법적으로 살고 일할 수 있는 권한이 주어졌다. 대부분의 미국인은 꿈도 못 꾸는 특권이다. 가바는 면봉으로 눈 주변을 정리했다. 물밀듯 밀려온 감정을 낱낱이 드러낸 게 부끄러워진 모양이다. 평소 강인함 그 자체인 그녀이기에 남자 한 명이 자신을 이렇게 무너뜨릴 수 있다는 것이 용납이 안

된 것 같다. 우리 둘이 이런 친밀한 시간을 보낸 것은 처음이다. 보통 칵테일을 세련되게 만들고 있거나 술을 마시고 있는 상황에서만 봤으니까. 가바와 나는 동시에 프랑스에 머문 적이 한두 번 있었는데 그녀는 프랑스어를 꽤 구사하고 그곳에서도 완벽한 패션 감각을 자랑했다.

"내가 너라면 당장 파리로 이사해서 거기서 일을 구하겠어."

내가 말했다.

"나도 따라갈게. 거기서 룸메이트로 살자."

"그래."

처음엔 시큰둥하게 답하더니 이내 톤을 높였다.

"그러자. 뉴욕에서 정말 너무 오래 살았어."

담배꽁초를 변기에 던지고 다짐했다. 이 도시의 늪에 더 빠지기 전에 탈출하겠노라고.

프랑스가 마냥 좋기만 한 곳은 아님을 알고 있다. 샤를리 에브도와 바타클랑 등 프랑스를 뒤흔든 테러 범죄도 여러 건 발생했고 마린 르 펜의 지지율이 오르는 것도 그렇다. 그럼에도 포도가 종교인 나에게 프랑스는 정신적 안식처와도 같다. 거기에 파리는 수많은 문학 거장이 머문 도시다. 어니스트 헤밍웨이부터 메이비스 갤런트, 거트루드 스타인, 제임스 볼드윈까지, 많은 북미 작가에게 그랬듯이 파리는 지적 자유를 상징하는 곳이다. 생활하는데 불편하지 않을 정도로 프랑스어를 배워 놓았고, 살기 시작하면 금세 유창해질 것이라 믿었다.

프랑스에 1년간 살 수 있게 해주는 비자를 받기 위해 준비했다. 그러려면 이미 살 집이 마련돼 있어야 했는데, 아직 파리에 도착도 안 한 상태에서는 불가능한 일이다. 그럼 차라리 비자가 나올 때까지 유럽에 불법으로 체류하는 수밖에… 뜻대로 되는 게 없어 답답하던 때라 더 이상 합법적이고 상식적인 것이 통하지 않았다. 새 출발을 위해서라면 무엇이든 할 기세였다.

뉴욕 룸메이트에게 방을 뺀다고 알리고 개인 물품을 중고로 내놓았다. 오래된 크루저 자전거부터 이케아 침대 프레임과 책상까지. 몇 개는 고속도로 아래 길거리에 버렸다. 대학원 때 사용했던 책과 다년간 소설을 쓰려한 흔적들은 상자에 담아뒀다. 유독 애착이 갔기 때문에 한 친구에게 잘 보관해달라고 부탁했다.

가바는 몇 개월 뒤 파리에 합류하기로 약속했다. 따사로운 5월의 어느 날, 아직 임자를 만나지 못한 크루저 자전거를 마지막으로 끌고 가바가 있는 브루클린의 준으로 향했다. 가는 길에 내가 이 거리와 매일 보던 장면들이 그리워질까 하는 생각이 들었다. 브루클린의 상징과도 같은 브라운스톤 건물 앞의 계단에 앉아 이야기를 나누는 사람들의 모습, 네이비 야드와 윌리엄스버그 다리의 인더스트리얼한 아름다움, 오후에 모카나 라떼류를 시키는 손님들에게 잔뜩 찌푸리는 바리스타들이 있는 카페들, 스파게티 소스와 오렌지를 사던 트레이더 조스 등. 그러다 베이커리와 약국 정면에 붙은 고풍스러운 간판처럼 파리에 대해 사랑하는 소소한 것들을 떠올리기 시작하니 서서히 뉴욕에 대한 추억을 내려놓을 수 있었다.

대리석 상판이 있는 쥰의 바에 들어서자 퇴근한 사람들로 이미 분위기가 달아오르고 있다. 가바는 작은 후프 귀고리를 반짝거리며, 튼 입술로 활짝 웃고 다가왔다. 내가 주문을 하기도 전에 그뤼너 벨트리너 품종의 오스트리아 내추럴 와인 한 잔을 따라줬다. 풍성한 레몬 과실 향이 입 안을 감돌았다. 우리는 곧 파리에서의 생활에 관해 이야기했다.

"내가 외국에 바를 오픈하면 여기 쥰 사장이 투자할 마음이 있대."

가바가 조용히 속삭였다.

그 가능성을 상상하니 입꼬리가 절로 올라갔다. 파리의 11구 혹은 10구에 미국인들이 운영하는 와인 바라니… 파리에 사는 수많은 외국인을 자석처럼 끌어들일 거고 밤늦게까지 매그넘 병을 펑펑 딴 뒤 오토바이를 타고 귀가하는 상상을 했다. 또 주말에는 샹파뉴 지역으로 여행을 떠나고.

"그럴 수 있으면 정말 최고겠다."

내가 말했다.

"지내다 보면 내가 워킹 비자를 받을 수 있겠지? 그때까지는 내가 컨설턴트로 너의 바 오픈을 돕는다고 할까?"

그럭저럭 말이 되는 것 같았다. 가바와 나는 여러 번의 여행으로 프랑스를 어느 정도는 알고 있다고 생각했다. 물론 타지에서 와인 바를 연다는 것은 쉽지 않겠지만 뉴욕을 떠나 새로운 시작을 하는데 분명 길잡이가 되어줄 것이다.

내가 가메와 바게트의 세상에 본격적으로 스며들기 전에 약속한 출장이 하나 있었다. 조지아라는 나라(미국의 조지아주 말고)로 8일간 내추럴 와인 관련 트립을 하는 건이었다. 내가 단 한 번도 가본 적 없는, 또 갈 계획도 없던 곳이었는데 조지아 내추럴 와인을 수입하는 사람의 초청으로 동행하게 됐다. 이 출장의 멤버는 소믈리에, 수입사 직원과 와인메이커들이라 했고 우리는 세계에서 가장 오래된 와인 문화를 지닌 이 유라시아 나라에서 모이기로 했다. 지난 한 해 동안 있었던 뉴욕에서의 아픔과 실망을 만회해줄 여행처럼 여겨져 나는 살짝 들떠있었다.

아는 소믈리에가 안 팔리던 크루저 자전거를 중고로 사가자 드디어 파리로 이사 갈 준비가 됐다. 이스탄불을 경유해 트빌리시로 향하는 긴 비행에 올랐다. 조지아 출장이 끝나면 바로 프랑스로 향할 것이고, 아직 계획을 세우지는 못했지만 피곤했던 뉴욕에서의 삶보다는 훨씬 나을 것이라 확신했다. 프랑스에서의 삶은 새롭고, 자유롭고, 내추럴 와인에 흠뻑 젖어있을 테니.

Three

크베브리 나라에서의 키스

휴대폰 알람이 울리자 반사적으로 버튼으로 누르기 위해 팔을 뻗었다. 여기가 어디인지 비몽사몽으로 되새겨 봤다. 뻣뻣한 침구가 느껴지니 호텔 침대 위인 게 확실해졌다. 서서히 기억이 돌아왔다. 길었던 비행에서 내려 호텔 방을 찾아 침대에 눕기 전 간신히 양치한 기억. 눈을 뜨니 방 안 뷰에 초점이 맞춰졌고 창문의 나무 프레임과 평범한 인테리어, 그리고 바닥에 열린 채 놓인 트렁크가 눈에 들어왔다. 비행기에서 입은 옷들은 대충 벗어 던져 수북이 쌓여있다. 침대에 앉아 창밖 뷰를 바라봤다. 호텔 아래로 낮은 건물들의 붉은 옥상 바닥이 눈에 들어왔고, 구불구불한 도로는 마치 미로 같았다. 더 멀리에는 무성한 나무 언덕과 옛 성의 모습이 보였다. 내 눈에 트빌리시는 고풍스러운 중세 시대 마을로 보였다. 머물게 된 호텔 위치가 트빌리시 내에서도 고대 도심 쪽이어서 더 그래 보였을 수도 있다.

이스탄불에서 경유할 비행기가 연착되어 잠을 3시간밖에 자지 못한 데다 시차로 인해 스트레스가 증폭됐다. 커피 한 잔이 절실했다.

복도를 가로질러 조식 룸으로 들어서자 일찍 일어난 사람들이 잘 차려진 상 앞에 앉아 이미 아침 식사를 하고 있다. 직원이 다가와 내가 앉은 테이블을 세팅했다. 볶은 채소와 신선한 화이트 치즈, 병아리처럼 샛노란 스크램블 에그, 갓 구운 빵까지. 커피부터 마시고 허겁지겁 음식을 먹었다. 반면 옆 테이블 사람들은 숙면을 잘 취했는지 여유롭고 즐겁게 대화를 나누고 있다. 미국에서 온 게 아님이 분명했다. 영어 억양을 정확하게 파악할 수 없어 궁금한 나머지 그들 중 한 명에게 눈을 돌렸다. 꾀죄죄한 흑백 수염에 성긴 금발 머리카락이 머리 위에 붕 떠 있다. 마치 새 둥지처럼.

궁금증이 부끄러움을 이기는 나이기에 그의 쪽으로 몸을 기울였다.

"저기요."

내가 말을 걸었다.

"어디서들 오셨어요?"

수염 있는 남자가 미소를 띠며 파란 눈을 예의 있게 깜빡였다.

"우리는 호주에서 와인을 만들어요."

"어떤 와인이죠?"

"저는 루시 마고 와인을, 이 사람은 톰 쇼브룩Tom Shobbrook 이에요."

그가 간결하게 답했다.

"아, 네."

그들은 대화를 이어갔고 나는 커피를 더 따라 마셨다. 설렘을 감추는 동안 심장 박동이 빨라졌다. 나는 지금 내추럴 와인 스타들을 옆에 두고 있었다.

이 불가사의한 루시 마고 와인을 두 번 마셔봤다. 한번은 오레곤주 포틀랜드에서 와인메이커 친구 집에서다. 그는 한 번도 본 적 없는 와인을 부엌에서 꺼내 보였는데, 라벨은 패브릭인가 착각하게 만드는 독특한 종이였고 그 위에 어린아이가 손으로 그린 것 같은 일러스트가 새겨져 있었다.

"이거 진짜 구하기 어려웠어."

그가 뿌연 핑크 와인을 따르며 말했다.

한 모금 마시고 바로 동공이 커졌다.

"이건… 내가 마셔본 와인 중에 가장 내추럴한데?"

내추럴하다는 것 말고는 어떻게 표현해야 할지 몰랐다. 날 것과 같은 순수함이 든 처음 느껴보는 맛이었다. 이산화황이 전혀 들어가지 않아서인지는, 훨씬 더 생기 넘치는 와인이었다. 이산화황은 와인 내 효모와 박테리아를 없애는 역할을 하기 때문에 와인을 더 안정적으로 만들어준다고 알려졌다. 몇 모금 더 마시자 약간의 휘발성 산이 느껴졌다. 클래식한 와인계에서는 휘발성 산을 결함으로 보지만 나는 오히려 이 부분이 좋았다. 수많은 내추럴 와인 애호가가 그러하듯, 억압받지 않은 와인의 살아있는 맛을 좋아하는 것이기에 작은 결함쯤은 눈감아 줄 수 있다. 내추럴 와인의 가장 큰 매력은 예측할 수 없다는 것이니. 반면 컨벤셔널 방식의 와인은 안정시키고 필터링하고 방부제를 넣기에 결함이 없을지언정, 내겐 그저 진부한 맛에 불과했다.

그래서 그때 마신 루시 마고 피노 그리는 나를 감동시키는 대단한 에너지가 있었다. 일반적인 호주 와인과 달리 알코올 도수가 상당히 낮아 한 병을 금방 비웠다.

그로 몇 달 뒤인 2016년 말, 론 지역으로 갔던 프레스 트립이 끝나고 파리에 며칠 머물 때다. 일 때문에 가족과 함께 파리로 이사 온 미국인 친구네 집에서 지내던 어느 날 오후, 파리의 셰프들과 와인 업계 친구들과 함께 레 자를로^{Les Arlots} 식당에 모였다. 일행 중에는 같은 론 지역 출장에 동참했던 가바도 있었다. 메인 코스가 나올 즈음 이미 펫낫과 화이트 와인 한 병을 각각 비운 상태였다. 대화는 술술 흘렀고 와인을 더 마실 분위기였다.

레 자를로의 시그니처 메뉴인 홈메이드 소시지와 그레이비가 뿌려진 매시드 포테이토가 나오기 직전에, 레스토랑 오너인 트리스텅이 모습을 보였다. 레드 와인 다섯 병을 깍지에 껴서 들고 와 고르게 했다. 많은 프렌치 비스트로가 그렇듯, 레 자를로에는 와인 리스트가 따로 없다. 대신 와인 추천하는 사람을 신뢰하면 된다. 병을 따기 전 와인에 대한 모든 정보를 알지 못하더라도 시도할 마음가짐만 있다면 문제없다. 트리스텅은 와이너리와 산지에 대해 몇 마디만 언급하고는 가격도 알려주지 않고 추천했다. 그가 다른 테이블도 챙겨야 했기 때문에 마음이 급해 보여 빨리 골라야 하는 상황이었다.

　소믈리에인 일행이 가장 튀어 보이는 병을 골랐다. 손으로 그린 듯한 라벨을 보고 바로 알아봤다. 여전히 별다른 정보를 얻지 못한 루시 마고 와인이었다. 레 자를로에서 본 루시 마고 병에는 '비노 로쏘Vino Rosso'라고만 써 있었다. 잔이 채워졌고 우리는 들뜬 마음으로 건배했다. 한 모금 마시자, 주변의 대화가 음소거 됐다. 내가 마신 잔 속 와인의 복합미 넘치는 세계와 입 안에서 진화하는 맛에 집중했다. 와인은 정말 훌륭했다. 신선한 숙성 과일의 맛에 산미가 더해져 잔을 비우자마자 또 마시고 싶었다. 그날 많은 양의 프랑스 와인을 마셨지만 내 마음을 사로잡은 것은 이 호주 와인이었다. 몇 주간 루시 마고 와인이 머리에 맴돌았다. 가벼운 산미와 농축된 질감이 얼마나 조화를 이뤘는지, 풍미 있는 맛이 과실 노트와 어떻게 하모니를 이뤘는지…

　그로부터 몇 년 뒤인 5월의 어느 아침, 조지아에서 그 와인을 만든 생산자와 한자리에 있다. 톰 쇼브룩도 익히 잘 아는 이름인데 그의 시라즈는 꽤나 유명하다. (호주 사람들은 시라 품종을 시라즈라 부른다.) 그의 이름을 알게 해준 스킨 콘택트 화이트 와인을 뉴욕에서 마셔봤다.

　다른 일행들이 덜 깬 모습을 한 채 조식 룸으로 들어와 커피로 정신을 깨웠다. 우리는 곧 이동할 차량으로 안내받았다. 두 대의 버스 중 나는 호주 와인메이커들과 같은 버스에 탑승했다. 사람들은 잠긴 목소리로 조용히 인사를 나눴다. 아직 모든 게 평화로워 보였지만 왠지 이 여정이 상당히 와일드해질 것이라고 직감했다.

그간 참석했던 모든 프레스 트립은 전형적인 와인 전문 기자들과 함께했다. 주로 연륜 있는 백인 남자 기자들이었는데 어느 보르도 빈티지가 더 좋은지, 부르고뉴의 어떤 와이너리 와인이 드디어 제값을 하기 시작했는지만 내내 떠들어댔다. 이들 말고 블로거들도 참석하는데 이미 안정적인 직업이 있고 취미로 블로그를 하는 것이기 때문에 이런 출장은 공짜 여행처럼 즐기러 올 뿐이다. 남이 내는 여행을 즐기고 집으로 돌아가 글만 쓰면 되니.

반면 이 조지아 출장의 멤버는 오클랜드의 내추럴 와인 바 운영자, 바르셀로나, 베를린, 뉴욕에 내추럴 와인을 수입하는 수입업자, 오레곤, 호주, 이탈리아에서 와인을 만드는 와인메이커들로 구성됐다. 기자는 나를 포함해 두 명밖에 없다. 나 말고 다른 한 명은 내추럴 와인에 관해 글 쓰는 것을 직업으로 삼은 유일한 사람, 솔직하고 거침없기로 유명한 앨리스 파이어링이다. 조지아의 동쪽에 위치한 이메레티로 향하는 두 시간을 견디기 위해 버스 안에서 최대한 편하게 자리 잡았다.

"첫 행선지는 크베브리 메이커인 잘리코네입니다."

우리의 호스트인 존 워더맨 John Wurdeman 이 알려줬다.

우리 중 몇 명이 누군지 안다는 듯 고개를 끄덕였다. 내추럴 와인 애호가라면 이 전통적인 점토 숙성통인 크베브리의 이름을 한 번쯤은 들어봤을 거다. (크베브리의 첫 'ㅂ'은 부드럽게 발음해야 한다.) 근 10년간 유럽의 몇몇 와인메이커들이 이 크베브리 숙성통을 사용해 알려지기 시작했지만, 크베브리는 기원전 6,000년 전부터 조지아에서 사용하던 와인 생산 방식이자 문화이다. 일행 대부분이 크베브리의 이국적인 분위기에 이끌려 이번 조지아 출장에 응했을 정도다. 우리에게 익숙했던 숙성통은 나무나 콘크리트, 스테인리스 스틸로 만든 것이 대부분이었는데 점토로 만든 것을 접하는 것은 처음이기 때문이다.

버스 앞쪽에 선 존은 다크서클이 유독 진해 보였고 머리는 포니테일로 묶었다. 미국인인 그는 파인 아트 예술가이던 시절 조지아로 와 서쪽에 정착했는데 현재 '페전트 티어스 Pheasant's Tears'라는 이름으로 와인을 만들고 있다. 서양과 조지아 양쪽에 발을 담고 있어 조지아의 글로벌 홍보대사 역할을 톡톡히 해내고 있다. 런던이나 파리에서 열리는 와인 페어에 조지아 와인을 들고 참석하는 것은 물론 우리 같은 외국인들을 조지아로 초청하면서 말이다.

존은 머리를 뒤로 넘기면서 기독교도가 얼마나 조지아에 영향력이 있는지를 설명해줬다.

"이곳에서는 손님을 '신이 보낸 선물'이라고 생각해요."

그렇기 때문에 우리가 들르는 곳마다 많은 양의 음식과 와인으로 환대받을 것이라 알려줬다.

"그러니 마음의 준비를 단단히 해요."

어딜 가나 '타마다'라 불리는 건배사 마스터가 '수프라'라는 만찬에서 건배사를 할 것이라 했다. 현대적인 건물들을 지나 푸른 언덕만 보이는 비포장도로에 접어들자 존은 그 유명한 '차차'도 있을 것이라 했다. 차차는 포도로 만든 홈메이드 브랜디로 도수가 상당히 높고 조지아인들이 무척 좋아하는 술이다.

"특히 차차 마실 때 조심해요! 한 방에 훅 갈 수 있어요."

그 말을 듣자 앨리스와 몇몇이 "고마워, 존!"이라 외쳤고, 그는 만족스러운 미소를 지으며 자리에 앉았다.

보수 작업이 시급해 보이는 도로로 버스가 진입했다. 눈앞에 보이는 광경이 시골로 바뀌자 나는 뒤를 돌아 버스 안의 일행들을 살피기 시작했다. 토스카나 해안의 섬에서 가족이 와인을 만든다는 이국적이고 아름다운 레드 립의 이탈리아 여성이 보였다. 또 키가 크고 사근사근한 알렉스는 내가 가장 좋아하는 브루클린 바의 와인 리스트 책임자로 그와는 이미 구면이다. 톰 쇼브룩이 호주 억양으로 신나서 이야기를 나누는 사람은 픽시 컷의 질, 미니아폴리스에서 와인 컨설턴트로 일한다. 내 앞에는 앨리스와 존이 대화를 나누고 있다. 앨리스가 워낙 조지아에 자주 왔기 때문에 둘은 이미 친분이 두터워 보였다. 그리고 내 바로 뒤에는 루시 마고 와인메이커가 앉아 있다.

파리에서 강렬한 인상의 루시 마고 와인을 마신 뒤 온라인에서 열심히 검색해봤지만 별다른 정보를 찾지 못했다. SNS를 통해 몇 가지 알게 된 바로는 그의 별명이 '와일드맨'이라는 것. 광기 있는 과학자와도 같은 그의 머리 때문에 생긴 별명일 텐데, 오늘은 그나마 좀 정돈된 느낌이다. 거기에 그는 바 위에 올라가 즉흥적으로 시를 낭독하는 것을 좋아한다니 정말 특이한 것 같았다. 그리고 또 그의 별명은 그가 남호주에서 만드는 극강으로 내추럴하고 야생적인(와일드) 와인을 빗대어 생겼을 것이다.

루시 마고 웹사이트에 가보면 바이오다이내믹 농법을 적용한다고 나와 있다. 주변에 좀 알아보니 와일드맨의 포도밭은 그의 소유가 아니라 했다. 네고시앙 방식으로 와인을 만드는데, 남이 재배한 포도를 사 오는 것과 달리 그는 포도밭 소유주와 합의해 포도를 직접 기르고 수확한 포도 값을 낸 뒤 와인을 만드는 것이다. 그런 이유에서인지 루시 마고 와인은 유기농 혹은 바이오다이내믹 인증을 달고 있지 않다. 그다지 놀랄 일도 아니다. 내추럴 와인 생산자들의 대다수가 자신이 만드는 와인의 포도밭을 직접 소유하지 않는다. 그리고 상당수가 복잡한 서류 작업과 비용을 지불해야 하는 인증 절차를 무의미하게 생각한다. 그럼에도 그의 웹사이트에 바이오다이내믹임을 언급했다는 것이 의미 있어 보였다. 이는 흥미로운 농법임이 분명했다.

"질문 하나 해도 돼요?"

어깨너머 내가 내뱉었다.

와일드맨은 쓸쓸하게 창밖을 내다보고 있었는데 천천히 내게 고개를 돌리고는 답했다.

"그럼요."

"포도밭에 바이오다이내믹 농법을 적용한다고 들었어요. 그게 당신에게 어떤 의미이고 어떻게 접근하는지 궁금해요."

이 질문은 와인메이커를 만날 때마다 종종 하곤 한다. 오스트리아의 박식한 강신론자 루돌프 슈타이너가 1920년대에 탄생시킨 이 바이오다이내믹 농법에 대해 와인메이커들은 저마다의 철학이 있기에, 나는 그들 각각의 생각이 궁금했다.

금세 와일드맨의 눈빛이 반짝이는 것이 보였다. 내가 한 질문이 마음에 들었던 게 분명하다.

"모든 것은 우주에서부터 시작해요."

그가 이해하기 어렵게 말했다.

달이 어떻다고 덧붙이고는 "슈타이너가 농업에 대해 하려고 한 바"를 진정으로 이해하는 사람은 극소수라고 말하더니, 결국 술과 관련이 없다고 했다.

술과 관련이 없다고? 더 알고 싶어졌다. 바이오다이내믹 농법이 와인 양조와 연결된다고 생각했기 때문이다.

와일드맨은 고개를 저었다.

"바이오다이내믹은 도덕적이고 건강하게 사는 것에 대한 더 넓은 의미의 철학이에요. 단순히 와인을 만드는 방식이 아니고요."

그의 억양에 마치 빨려 들어갈 것만 같았다. 그레이엄 그린 소설 속에서 교육을 잘 받았지만 그렇다고 너무 콧대 높지 않은, 지금이 아닌 옛날 시대에나 나올 것 같은 캐릭터의 억양이었다.

"호주의 바이오다이내믹 단체와 함께 활동하곤 했는데, 너무 자본주의적으로 바뀌어서 빠졌어요."

그가 기운 없이 말했다.

그리고 다시 미소를 짓더니 "당신은요?"라며, 내추럴 와인을 마시며 내가 한 경험에 관해 물었다.

와일드맨에게 내 이야기를 하기 시작했다. 프리랜서 와인 기자인 것과 몇 주 뒤 파리로 이주한다는 것을.

"유럽 최고의 내추럴 와인들이 파리에 다 모여있죠. 코펜하겐을 제외하면요."

그가 답했다.

그때 버스가 속도를 줄였다. 우리가 대화를 나누고 한 시간 정도 지났을 때다. 존이 크베브리 메이커의 스튜디오에 도착했다고 알렸다. 창문 밖을 보니 풀밭에 거대한 점토 숙성통들이 여기저기 누워있는 것이 보였다. 규모가 꽤 큰 헛간과 직사각형 가마도 눈에 들어왔다. 그 뒤에는 시냇물이 흐르는 작은 산이 있다.

40대 후반의 건장해 보이는 잘리코는 자신의 스튜디오로 안내해주었다. 잘리코가 조지아어로 하는 말은 존이 통역해줬다. 잘리코는 1,000리터 용량의 달걀 모양 점토 숙성통을 만드는 기법을 보여줬다. 점토를 한 겹 한 겹 수작업으로 더하기 때문에 하나를 완성하는데 수개월이 걸린다고 한다. 우리는 1,200도에 크베브리를 굽는 벽돌로 된 가마 안을 머리까지 넣고 들여다봤다. 여기서 구워진 크베브리는 그 다음 밀랍 처리가 된다. 잘리코가 시냇물 넘어 보이는 신록의 언덕을 가리켰다. 그곳에서 그는 이 거대하고 우아한 숙성통을 만드는 데 사용하는 부드러운 미색 진흙을 공수해 온다. 공기가 깨끗하면서도 축축하게 느껴졌다. 밀려오는 피곤함이 무색하게, 눈 앞에 보이는 황홀한 광경에 눈을 뗄 수가 없었다.

여기서 만들어진 크베브리는 조지아 전역으로 보내진다. 조지아 와인의 최근 인기 덕에 몇 개는 북이탈리아나 프랑스의 와이너리로 운송될 것이다. 크베브리는 땅속에 묻어 스킨 콘택트 화이트 와인이나 레드 와인을 만드는 데 사용될 것이다.

크베브리 사용은 가장 오래된 와인 양조 기법이다. 이산화황 없이 와인이 발효될 수 있는 최적의 시원한 환경을 제공해준다는 것이 알려진 뒤 크베브리에 대한 수요가 늘어나고 있다. 요즘 와인메이커들은 다양한 기술에 의존할 수 있는 편리한 환경에서 와인을 만든다. 역삼투압 기계부터 온도를 알아서 조절해주는 스테인리스 스틸 탱크, 또 컴퓨터가 조절해주는 발효 기계, 하이 스피드 필터링 기기까지. 그럼에도 수작업으로 만든 이 점토 숙성통을 선호하는 생산자들 역시 여전히 있다. 옛것이 곧 트렌드가 된 셈이다.

아칠 구니아바Archil Guniava 의 양조장 앞에는 꽥꽥거리는 닭들이 먼지 날리며 정신없이 뛰어다녔다. 50대의 아칠은 깔끔하고 겸손한 사람으로 보이는데 진한 눈가 주름 때문인지 눈이 유독 선해 보였다. 폴로 티셔츠와 청바지를 입은 그가 우리에게 손을 흔들었다. 닭들과 부딪히지 않도록 요리조리 피해 그의 양조 공간에 들어갔다. (닭 중 한 마리는 아마 우리의 점심으로 준비되고 있을 것이다.) 양조장 안은 정리가 잘 되어있었다. 안이 어두워서 자갈 바닥에는 묻힌 크베브리를 덮은 유리 뚜껑만이 간신히 보였다.

아칠은 무릎을 꿇고 뚜껑 하나를 열었다. 그러고는 커다란 국자로 크베브리 안의 오렌지빛 와인을 펐다. 이 와인을 우리는 각자의 잔에 받아 시음했다.

아칠이 말을 하고 존이 통역했다.

"여기 있는 크베브리 중 몇 개는 아칠의 할아버지 때 사용하던 거예요. 이 공간에서는 수년간 내추럴 와인만 만들었고요. 구소련 시대에는 대용량 와인이 아니면 판매가 불법이었죠. 이를 지키지 않았다는 이유로 수많은 사람이 감옥에 갔기에 아칠은 7-8년 전부터 비로소 자신이 만든 와인을 병입할 수 있었어요. 그가 사용하는 양조법은 '이메레티안 방식'이라 불리는데, 줄기 없이 포도의 15%만 껍질째 발효하는 방법이에요."

뉴욕에서 조지아 와인을 시음해 본 경험이 있음에도 아칠이 알려주는 품종 이름을 기억하는 게 쉽지 않았다. 그는 더 최근 빈티지를 맛보게 해주려고 다시 땅에 묻은 크베브리에서 와인을 폈다. 조지아에서 가장 흔한 포도 품종 4개는 익숙했다. 화이트 품종인 르카치텔리, 므츠바네, 촐리코리와 거의 검은색을 띄는 레드 품종의 사페라비. 구소련이 통치하며 농업까지 통제한 70년 동안, 조지아에서 상업적으로 만들 수 있게 허락한 품종이 이 네 가지여서다. 하지만 아칠은 조지아에만 존재하는 수백 가지의 토착 품종들로 와인을 만든다. 그중 내가 메모한 품종은 '크라쿠나'와 '치츠카'로, 들리는 대로 적어봤다. 앞으로 남은 여정 동안 더 많은 정보를 얻을 수 있음에 기대가 부풀었다. 첫날은 이 정도로 충분했다.

아칠의 20살 딸 니노는 이미 가족의 와인 양조에 일손을 보태고 있다. 그녀 또한 우리 옆에 서서 같이 시음 중이었다. 아버지처럼 청바지를 입은 그녀는 밝은색으로 염색한 머리에 진지한 표정이었다. 나중에 알게 된 사실인데 니노는 벌써 홀로 와인을 만들기 시작했다. 아직은 소규모지만 점점 더 커질 조지아의 여성 와인메이커 모임의 일원으로서 말이다.

바닥에서 와인을 퍼 올리는 아칠의 모습이 꽤나 인상적이었다.

"크베브리 안은 어떻게 닦는 거지?"

이 출장에 초대받을 수 있게 도와준 뉴욕 수입업자 크리스 테렐에게 내가 속삭여 물었다.

크리스는 턱으로 벽의 한 면을 가리켰는데 거기에는 긴 막대에 달린 커다란 말린 나뭇잎 부케가 천장에 매달려 있었다. 이런 구식 와이너리는 본 적이 없다. 그나마 있는 기기는 바스켓 프레스 정도인데, 양조장 안에는 전기를 사용하는 그 어떤 기계도 없다. 그럼에도 전기 없이 양조하는 시스템은 완벽해 보였다. 땅속에 묻은 점토 크베브리는 자연스럽게 선선한 환경을 만들어주어 발효와 숙성이 가장 이상적이게 느린 속도로 진행되게 해준다. 오크통처럼 숙성통의 향이 와인에 스며드는 일도 없다. 이 방식은 가장 순수한 와인 양조법이다.

나는 처음 접한 크라쿠나라는 품종의 화이트 와인을 한 모금 마시고 맛을 음미하고 있었다. 4개월간 포도의 껍질을 제거하지 않고 발효한 와인이다. 레나드에서 마타싸 와인을 맛본 후부터 스킨 콘택트 와인에 점점 빠지게 됐다. 일반적인 화이트 와인은 포도의 즙만 추출하도록 바로 압착하는 것과 달리 스킨 콘택트 와인은 껍질을 제거하지 않고 상당 기간 그대로 두는 양조 방식이다. '앰버 와인' 혹은 '오렌지 와인'이라고도 불리는 이 와인은 조지아의 전통 와인 양조법인데 두 명의 선구자 덕분에 보편화되었다. 바로 이탈리아 북부 프리울리 지역의 스탄코 라디콘

Stanko Radikon 과 요스코 그라브너Joško Gravner 인데, 그들은 오랜 기간 스킨 콘택트 방식을 연마한 것으로 유명한 생산자들이다. 프리울리 지역에는 피노 그리지오를 껍질과 함께 발효하는 전통적인 '라마토' 방식이 있었기에 가능했다. 그러나 스킨 콘택트 와인이 구시대적이고 고급스럽지 못하다 여겨진 1990년대 후반에는 이 두 와인메이커 모두 자신의 와인을 이해시키는데 꽤나 힘겹고 외로운 싸움을 해야 했다. 이 방식을 고집하던 와중에 그라브너는 한 수 더 떴다. 조지아의 크베브리에 대해 알게 된 뒤 수년간 크베브리를 공수해 왔다. 그러다 오직 크베브리에만 와인을 숙성시켜 다른 와인과 차별화를 뒀다.

이 작은 와이너리의 문 사이로 햇빛이 들어오는 걸 바라보다 와일드맨과 그의 벗 톰 쇼브룩이 서 있는 곳으로 시선이 갔다. 둘은 떼려야 뗄 수 없는 사이 같았다. 와일드맨은 일본어가 써있는 낡은 티셔츠와 청바지에 부츠를 신은 채 손에는 펜과 수첩을 들고 있었다. 집중해서 듣고 있던 톰은 안경을 낀 채 부분적으로 희끗한 머리를 번으로 올려 묶었다. 나처럼 그들도 조지아에 처음 방문하고 이곳 풍경에 매료된 것 같았다.

그날의 시음을 마치자 이미 점심시간이 한참 지나 있었다. 니노와 아칠이 와이너리 바로 옆집으로 따라 들어오라 했고 집 안에는 아칠의 부인이 우렁찬 조지아어로 무언가를 말하고 있다. 그녀가 우리 일행 15명을 데리고 간 곳은 첫 조지아식 수프라를 경험하게 될 긴 테이블이 있는 곳이다. 요리가 하나씩 나왔다. 배에서 이미 꼬르륵 소리가 나던 차라 나는 '카치푸리'라는 이름의 튀긴 치즈 빵을 허겁지겁 먹었다. 빵은 부드러웠지만 끝부분이 그을려 가볍게 탄 맛과 바삭함이 조화를 이루었다. 거기에 톡 쏘는 산미의 치즈는 무척이나 맛있었다. 치즈 빵은 물론 서빙된 모든 음식을 직접 만든 게 분명했다. 우리 테이블에는 야생화 볶음, 구운 고기와 크리미한 홈메이드 치즈의 빈 접시가 높이 쌓여갔다. 우리는 오렌지 와인이 든 잔을 부딪치며 조지아어로 건배인 '가우마르조스'를 연거푸 외쳤다. 와일드맨을 다시 한번 힐끔 쳐다봤는데 꽤나 잘생겨 보였다. 그의 눈에는 흥미로운 반짝임이 있었다.

식사는 앞서 예고된 대로 다량으로 제공됐고, 건배사를 진하게 한 뒤 마침내 차차가 등장했다. 우리는 이미 흥건히 마신 상태였다. 낮에 크베브리 테이스팅을 할 때는 전문가답게 삼키지 않고 뱉었지만 식사 때는 아니었다. 심지어 전날 우리는 잠을 잘 못 잔데다 여전히 시차 적응이 안된 몸 상태였다. 그렇다고 차차를 거절하는 건 예의가 아닌 것에 암묵적으로 동의했다. 모두 몇 개의 샷 잔을 받아 마신 것을 본 아칠과 그의 가족은 빈 플라스틱병에 차차를 가득 담아 우리에게 선물로 줬다. 버스에서 마시라고 두 개씩이나.

다음 행선지로 향하는 한 시간 동안 톰과 우리의 호스트 존은 버스 앞쪽에서 계속 대화를 나누며 차차를 나눠마셨다. 근처에 앉은 와일드맨은 마침내 몸이 풀린 것 같았다.

"한 잔 더 할래요?"

그가 신사적인 미소와 함께 의자 넘어 플라스틱병을 건넸다. 병에 입을 대고 한 모금 마시고는 빨간 입술의 이탈리아 와인메이커 아이린에게 넘겼다. 그녀도 한 모금 마신 뒤 브루클린 바 와인 디렉터 알렉스에게 토스했다. 그 강렬한 브랜디 덕분에 어색함은 사라지고 우리는 허심탄회하게 얘기하기 시작했다.

라마즈 니콜라드제Ramaz Nikoladze 의 집에 도착했을 때 해가 저물고 있었다. 그는 몸집이 크고 단단한 사람이다. 대부분의 내추럴 와인 생산자들이 그러하듯 그는 방문객인 우리에게 먼저 포도밭부터 보여주겠다 했다. 밭을 보기 전에는 그의 와인을 이해하기 어려울 것이라고. 우리는 발목까지 올라온 풀과 꽃 틈에 서 있었다. 몸통과 가지가 두꺼운 포도나무는 지탱해주는 조형물 없이 정말 야생의 모습 그대로였다. 라마즈는 15년 전에 이 포도나무들을 심었는데 포도밭을 따로 관리한 적이 없다고 했다. 자연의 순리대로 자라도록 아예 내버려 뒀다고. 그 순간 우리는 그 포도밭에 특별한 에너지가 있음을 인지했다. 공기 중에 무언가 느껴졌는데 말로 표현할 수 없었다. 라마즈의 와인을 맛보면 이 느낌이 그대로 날 것이라는 믿음이 생겼다.

"앤톤."

톰이 와일드맨을 본명으로 불렀다.

"이 식물은 뭘 위한 거지?"

그는 땅에서 푸른 뭉텅이를 들어 올렸다.

와일드맨은 모두가 자신에게 주목하자 민망해하며 답했다.

"속새의 한 종류야. 쇠뜨기라고도 부르지."

라마즈가 맞다고 끄덕였다. 와일드맨은 바이오다이내믹 농법을 쓰는 사람들은 이 식물을 쐐기풀과 서양톱풀과 섞어 특별한 티를 만든 뒤 포도밭에 뿌린다고 조용히 덧붙였다. 그러면 흰곰팡이를 자연적으로 방지할 수 있다고. 해가 저물자 라마즈의 집 계단을 올라 나무 테라스로 안내받았다. 그곳에는 저녁을 위한 긴 테이블이 세팅되어 있었다.

"점심에 카치푸리를 좀 덜 먹을 걸 그랬어요."

라마즈가 따라주는 화이트 와인을 잔에 받으며 와일드맨에게 말했다.

이 와인병의 라벨에는 조지아어가 아름다운 글씨체로 쓰여있었다.

와일드맨이 동의하는 듯 끄덕이더니 라마즈가 따라 준 와인을 원샷했다. 나는 웃음을 터트렸다. 이런 특별한 곳에서 마시는 와인을 저리 무례하게 들이켜다니.

"시차 적응하려면 내추럴 와인이 정답이죠. 아예 왕창 마셔서 몸이 시차를 이겨내게 해야 해요."

그는 어깨를 으쓱이고는 말을 더했다.

"그리고 우리가 먹은 그… 당신이 아까 말한 이름의 그 치즈빵의 느끼함도 잡아주겠죠."

식사를 위해 그와 마주 앉게 되자 너무 많은 생각을 하지 말자고 스스로 다짐했다. 일행 중 두 명이 테이블에 앉지 않고 서 있었다. 발코니 끝에서 담배를 피우는 존과 마시지도 않는 와인 잔을 들고 여기저기 불안하게 왔다 갔다 하는 톰이었다. 라마즈의 어머니와 여자 형제들이 음식이 든 커다란 접시들을 들고 왔다. 그런데 나는 톰의 안절부절못함이 신경 쓰여 식사를 시작하지 못하고 있었다. 다른 사람들도 나와 비슷하게 느낀 게 보였다. 목소리 톤이 높아진 것만 봐도 우리 모두 꽤 취한 상태인 게 분명했지만 톰은 그 이상으로 불안해 보였다. 어색하게 선 채 몸을 계속 휘청거리고 있다. 그의 뒤에는 존이 저 멀리 숲을 향해 담배 연기를 내뿜고 있다.

"당신 친구 괜찮은 거예요?"

감자 로스트를 접시에 덜고 있는 와일드맨에게 내가 물었다.

나는 와인을 한 모금 마셨고 맛이 어떤지 분석하지는 않기로 했다. 따로 노트에 뭘 적기엔 너무 어두웠고 하루가 길고 피곤한 데다 잠도 모자라 머리가 제대로 돌아가지 않았으므로 '기자 모드'를 끄기로 했다.

혼잣말을 중얼거리며 안경을 통해 뚫어져라 어딘가를 바라보는 톰을 와일드맨이 고개를 돌려 유심히 바라봤다.

"토미요? 뭐 괜찮은 것 같은데… 토미, 괜찮아?"

톰이 테이블 쪽으로 달려왔다.

"여기 지금 아무도 즐거워하지 않는 것 같애. 여러분들 즐거워요?"

그러고는 목소리를 한껏 높여 큰 소리를 냈다.

"여기 누구 즐기는 사람 있냐고요?"

테이블 끝에 앉은 바르셀로나와 프랑스 일행이 톰의 주사에

낄낄거리기 시작했다. 반면 뉴욕에서 온 커플은 톰이 자꾸 근처에서 휘청거리는 것이 불편해 보였다. 라마즈와 그의 가족이 구운 생선 요리를 들고나오자 와일드맨은 음식에 눈이 갔고, 톰의 행동을 더 이상 신경 쓰지 않았다.

그런데 톰은 멈추지 않았다.

"당신들 아무도, 아무도 즐기고 있지 않아. 특히 너네 뉴요커들! 맨날 휴대폰만 하고 있고."

이제는 소리를 지르는 수준이라 모두가 주목했다. 라마즈 가족은 당혹스러워하며 서빙을 멈췄다.

톰의 호통 소리는 그 뒤로 3~4분간 더 이어졌는데 레파토리는 같았다. 아무도 즐기지 않으며 호스트에게 예의를 지키지 않는다, 우린 휴대폰 중독자다, 특히 뉴요커들. 어쩌면 톰은 우리가 하루 종일, 매 순간 휴대폰으로 사진 찍는 게 못마땅했을 수도 있다. 나 또한 아이폰으로도 찍고 몇 번은 디지털카메라를 꺼내기도 했는데, 바이스 미디어 그룹의 식음 전문 웹사이트 〈먼치스〉에 기고할 기사를 위한 것이라 나름의 이유가 있었다.

"당신 친구 좀 말려봐요!"

뉴욕 커플 중 한 명이 와일드맨에게 청했다.

그는 포크를 내려놓고 부드럽게 말했다.

"토미, 와서 좀 먹지 그래? 저기 네 자리 있어."

톰이 테이블 끝의 빈 의자를 응시했지만 움직이지 않았다.

오히려 감정에 복받쳐 목소리가 갈라지며 소리를 쳤다.

"우리가 지금 어디 있는지 알기나 해?!"

"그러는 당신은 우리가 지금 어딨는지 알기나 해요?"

누군가가 비꼬듯 답했다.

톰은 눈을 깜빡이고 배에 힘을 준 채 비틀거리며 외쳤다.

"우 리 는 라 마 즈 의 집 에 있 지!"

사람들이 웃기 시작했다. 와일드맨은 마침내 일어나서 톰에게 갔다. 톰이 자기 자리로 향했는데 갑자기 공기를 뚫고 나무가 쩍 갈라지는 소리가 나더니, 와인 작가 앨리스가 "존!"이라고 외치는 소리가 들렸다.

우리의 키 큰 호스트 존이 담배를 다 피우고 난간에 너무 힘을 실어 기대는 바람에 3미터 아래로 떨어진 것이다.

결국 저녁 식사는 갑작스럽게 마무리됐고 앨리스는 택시를 불러 존을 데리고 병원에 갔다. 톰이 방금 일어난 일을 믿을 수 없다는 듯이 놀란 표정으로 물 한 잔을 받아 마셨다.

'모두가 즐기기만 했구만.'

나는 속으로 생각했지만 톰이 왜 그랬는지는 이해할 것 같다. 우리를 맞이해준 가족의 베풂과 겸손함에 감정이 복받쳤는데 화답할 수 있는 게 없어 속상했던 것이다.

어쩌면 그는 같은 와인메이커였기 때문에 우리와 느끼는 게 달랐을 수 있다. 하지만 아량을 베푸는 것이야말로 내추럴 와인의 일부분이 아닌가? 수년간의 노력으로 만든 와인을 한 잔만 맛볼 수 있어도 그 또한 선물일 테니 말이다.

다음 날 아침 몇 바늘 꿰매야 했던 존은 병원에서 퇴원했고 톰은 일행 한 명 한 명에게 정중히 사과했다. 와일드맨은 버스를 탄 내내 톰을 놀려댔다. 오히려 망신살이를 한 친구 덕에 와일드맨의 기분은 아이처럼 신나 보였다. 우리는 차차는 정중히 사양하고 훌륭한 조지아 와인을 시음하는 데 집중할 것을 만장일치로 결정했다.

그 뒤로 며칠간 이어진 와인메이커 가족과의 만남에 마음이 사로잡혔지만, 와일드맨에게 자꾸 관심 갖는 나 자신 역시 발견했다. 멀리 있는 생산자를 방문하기 위해 버스에서 보내는 시간이 길어질 때면 그는 내게 때론 유치하고, 때론 야한 농담을 던져 나를 웃게 했다. 나는 루아르에서 만난 내추럴 와인 생산자들 이야기를 들려줬고 그는 한두 번 가본 쥐라 지역 얘기를 해줬다. 우리는 각각의 와이너리에서 무얼 시음했는지 공유하고 각자 다르게 느낀 점을 취조하듯 물었다. 그는 내 의견을 존중하는 듯했다. 그런데 진지하거나 웃긴 순간들 사이에 그의 유독 생각에 잠긴, 혹은 화가 난 듯한 표정을 발견하곤 했다.

한 주의 중반에 접어들었을 즈음, 버스 안에 모두가 잠이 들었을 때 와일드맨과 나는 각자의 삶에 관해 이야기하기 시작했다. 루시 마고 농장의 시작에 대해 더 알고 싶었다.

"농장은 포도나무를 심기 위해 작은 땅을 사면서 시작됐어요. 그리고 확장해 함께 집을 샀고… 뭐 이제는 나 혼자지만."

슬픔이 가득한 목소리로 그가 말했다.

와일드맨의 부인은 갑작스럽게 그를 떠났다. 우리가 만나기 몇 개월 전 그녀는 이혼을 요구했다고 한다. 한 해 중 와인을 양조하는 가장 바쁜 시기에 벌어진 일로 그는 아직까지 그 충격에서 헤어 나오지 못하는 듯했다.

"얼마 동안 결혼해 있었어요?"

내가 물었다.

"15년요."

그는 조용히 답했다.

나는 결혼을 할 뻔한 적도 없고, 유년 시절 부모님의 이혼으로 정서적 타격을 입어 와일드맨의 상황을 공감하는 데는 한계가 있었다. 그럼에도 그의 외로움이 눈에 훤히 보였다. 그의 딸은 기숙사 학교에서 생활했고 그는 외딴 농장에 혼자 지내고 있는 듯했다. 그리고 이제야 이혼의 상처가 아물기 시작하는 것 같았다.

이런 심오한 대화도 잠시, 우리는 서로에게 애정 표현을 감추지 않았다. 팔이 살짝 스치거나, 서로에게 미소 짓거나, 누가 더 범생인지 각자의 시음 노트를 염탐하며 둘만 아는 얘기를 쌓아갔다. 버스 안에서는 딱 붙어 앉았는데 마치 고등학교 수학여행 때 짝사랑하는 이와 나란히 앉은 기분이었다. 혹은 성인들을 위한 여름 캠프, TV 리얼리티 데이팅 프로그램의 내추럴 와인 편의 한 장면이거나. 하루하루가 지나자 와일드맨과의 케미가 걷잡을 수 없었다. 일행들이 늘 붙어 있는 우리를 보며 서로 눈빛을 교환하거나 짜증 낼 정도였다.

하지만 이 여정은 끝나가고 있었고, 와일드맨과 나는 손 한 번 잡지 않은 플래토닉한 관계였다. 점심시간에 와인 마시는 그를 바라보며 생각했다. 속 깊게 질문하는 방식이나 시음 표현력이 어찌나 멋있는지, 그리고 우리가 요 며칠 사이 얼마나 가까워졌는지를. 이대로 헤어지는 건 안 됐다. 어떤 액션을 취하지 않는다면 평생 '그때 둘 사이에 무슨 일이 일어났으면 어땠을까?'라고 후회할 것이 뻔했다.

조지아에서의 마지막 밤이 되었을 때 우리는 존이 운영하는 레스토랑에 모였다. 그곳은 페전트 티어스 와이너리에서 그리 멀지 않은 작은 마을에 있다. 다이닝 룸 자체가 벽돌로 되었고 아치형 길을 따라가자 위빙된 러그가 가득있는 라운지가 드러났다. 이때쯤 우리는 모두 친해진 상태였기에 수프라를 위해 테이블에 앉자마자 석조 건물 사이로 쩌렁쩌렁하게 떠드는 목소리가 울려퍼졌다. 특별한 식사가 시작되기 전 존의 부인 케토와 그녀의 친구들이 조지아 전통 노래를 불러주었다.

우리는 페전트 티어스의 화이트, 스킨 콘택트, 레드 와인을 골고루 나눠 마시고 뜨거운 양고기 스튜와 카치푸리를 마음껏 먹었다. 수백 년 전에 먹을법한 만찬처럼 느껴졌다. 톰은 사람들이 덜 즐긴다던지, 휴대폰만 사용한다는 등의 컴플레인을 더 이상 하지 않았다. 조지아라는 나라와 이곳의 환대는 우리가 달고 온 각종 불안과 걱정거리를 말끔히 씻어준 기분이었다. 우리는 각자가 살고 있는 나라의 내추럴 와인 애호가를 대표해 조지아에 와있고 이 8일 동안 거의 모두가 둘도 없는 친한 친구가 되었다.

저녁 식사가 끝나자 파티는 절정에 다다랐다. 존이 종이봉투로 감싼 조지아 올드 빈 와인들을 블라인드 테이스팅하자 했고 우리는 그의 셀러에 빙 둘러섰다. 일주일간 접하게 된 치누리, 알라다스투리와 키시 품종들을 단번에 알아차릴 정도는 아니었지만, 그래도 재미 삼아 맞춰봤다.

와일드맨에게 다가가서 어깨를 가볍게 쳤다. 그는 바르셀로나 수입업자와 이야기를 하던 중 오렌지핑크색 와인이 든 잔을 스월링하며 뒤를 돌아 나를 쳐다봤다.

"뭐 마셔요? 맛 좀 봐도 돼요?"

나는 물었다.

"아, 이건 내가 만든 엉터리 와인인데."

그가 눈을 깜빡이며 말했다.

와일드맨은 여행 가방에 넣어온 루시 마고 피노 그리 와인을 내게 따라주었다.

가끔 보이는 그의 무관심함은 이번 일정 내내 나를 주춤하게 했다.

"고마워요. 엄청 맛있어 보여요."

눈을 뚫어져라 쳐다보며 내가 말하니 그는 부담스럽다는 듯이 내 눈을 피했다.

이 사람에게는 더 노골적으로 얘기를 해야 알아들을 것 같았다.

"지금이 별 구경하기에 딱인 것 같아요. 같이 보러 갈래요?"

유혹하듯 미소 지으며 물었다.

어찌나 뻔한 작업 멘트인지… 하지만 이 방법이 아니라면 와일드맨과 단둘이 있는 건 불가능해 보였다. 그는 미동 없이 영혼 없는 미소만 짓고 있었다.

"아, 그럴까요? 금방 따라갈게요."

그가 웅얼거리더니 바르셀로나 수입업자와 대화를 다시 이어갔다.

회색 돌로 만들어진 테라스로 터덜터덜 걸어 나갔다. 무릎을 안은 채 땅에 앉아서는 저쪽의 취한 일행들이 담배를 피우며 각자의 이야기에 웃고 잔을 계속해서 비우는 모습을 지켜봤다. 사람들이 이렇게 과하게 마시는 게 놀랍지 않았다. 내추럴 와인은 대부분 도수가 낮고 마시기 가벼운 데다 보존제가 없어 끊임없이 들어간다. 이런 모임에서는 내가 얼마나 마시는지 모를 정도다. 모두가 조지아에서의 마지막 밤을 즐기려 하는 게 보였고 밤하늘의 별은 유독 더 반짝였다. 집에서 가장 멀리 떨어진 외국 땅의 하늘 아래 있다는 것이 좋으면서도, 곧 시작될 파리에서의 삶을 떠올려봤다. 몇 주 뒤면 파리 아파트의 커다란 창문을 열어 발코니에 서서 굴뚝이 있는 붉은 지붕들을 내려다볼 것이다. 숨을 깊게 들이마시고는 새로 시작될 삶의 설렘을 느끼려 했다.

그러나 현실은 파리에 이런 상상 속의 멋진 아파트가 아직 없다는 것이다. 우선 도시 변두리에 별 특징 없는 숙소를 에어비앤비로 연이어 잡아놓은 게 전부였다. 통장에는 2천 달러 정도 있을 것이다. 최근에 마무리한 일에 인보이스를 다 보냈고, 원고료를 미납한 그 미디어사에게는 강하게 말했으니 조만간 입금되기를 바랄 뿐이다. 이전 프랑스 출장 때 알게 된 파리 지인들과 뉴욕 출신 사람들을 몇몇 알고 있다. 몇 개월 뒤 가바만 파리에 오면 완벽했다. 가바가 조금 더 빨리 파리에 올 수 있고 우리가 아는 뉴욕

인맥을 다 끌어모아서 투자받을 수 있다면 1년 안에 파리에 내추럴 와인 바를 열 수 있을 것 같았다. 아직 부동산 거품이 덜한 10구에 자리 나온 곳을 찾아보는 상상을 했다. 바의 상판은 대리석으로 만들고 사람들이 주문한 샤퀴테리와 치즈를 그 위에 올려둘 것이다. 프랑스 와인이 주를 이루는 멋진 와인 리스트에 이탈리아 와인도 조금, 그리고 나의 최근 관심사인 루시 마고 와인도 리스트에 올릴 것이다.

"아직 여기 있네요!"

말소리에 놀라 위를 올려다봤다. 내 이상한 짝사랑이 내게 미소 지으며 서 있었다. 그도 놀란 듯했다. 여기 얼마나 앉아있었지? 와일드맨의 헝클어진 머리에 시선이 갔다. 얼마나 매만지지 않았으면 이마에 왕관처럼 동그랗게 모양 잡혀 있다. 그의 눈은 강렬한 파란색으로 투명해 보일 정도다. 특별히 키가 크거나 몸이 좋은 것도 아니다. 다년간 수집한 전형적인 '잘생긴 남자상'에 부합하는 게 하나도 없었다. 거기에 우리는 나이 차이가 10여 년은 날 텐데 내가 감당할 수 있는 차이인지 모르겠다. 하지만 그는 나를 웃길 줄 알고 매력적이고 멋진 데다, 대단한 내추럴 와인을 만든다.

그중 가장 큰 문제는 와일드맨이 최근에 이혼했다는 것과 호주에 산다는 것이다. 그 말인즉슨 오늘 밤 무슨 일이 일어나든 간에 당분간 그를 다시 볼 일은 없을 것이라는 거다.

"여기 좀 앉아요."

내가 말했다.

와일드맨이 꽤 가깝게 몸을 숙여 앉았고 그의 온기가 느껴질 정도였다. 그가 목을 가다듬었다.

"내 엉터리 와인 어땠어요?"

나는 스스로를 깎아내리는 그의 발언에 미소를 짓고는 아직 잔에 남아있는 피노 그리를 끝냈다.

"정말 훌륭해요, 뭐가 엉터리라는 건지 모르겠어요."

그 후 30초간 우리가 경험한 이번 여정에 관해 얘기하고 있자니, 나는 더 이상 참을 수가 없었다.

"내게 키스할래요?"

그는 몸이 굳은 채 눈을 깜빡이더니 숨을 크게 내쉬고 몸을 뒤로 젖혔다.

"그러지 않는 게 좋겠어요."

가슴이 내려앉는 느낌이었다. 이 말에 어떻게 반응해야 하지? 일어서서 떠나려는 순간 그의 목소리에서 느낀 감정을 이해했다. 이 남자는 최근에 큰 상처를 입은 사람이다.

"이해…해요."

마침내 말하고는 거절당해도 쿨한 척, 자신감 넘치는 척, 미소 지으려 애썼다. 이제 정말 일어나려 몸을 움직였다.

그런데 그가 내 팔을 잡았다.

"내가 무슨 소리를 한 거지? 이리 와요."

그와의 키스는 따뜻했고 오래 지속됐다. 마치 아주 오랫동안 알고 지낸 사람과의 키스 같았다. 딱 한 번만 경험하는, 불꽃이 타는 듯한 둘만의 첫 키스였다. 키스를 멈췄을 때 톰이 와일드맨을 부르는 소리가 들렸다. 둘은 몇 시간 뒤 호주로 돌아가는 비행기를 타야 했고, 트빌리시 공항으로 갈 택시가 도착한 것이다.

우리는 부드럽게 인사를 했고 와일드맨은 일어나 커다란 검정색 배낭을 멨다. 그리고 나를 조용히, 한참 쳐다보고는 돌아서서 떠났다. 그가 톰에게 가는 것이 보였고 둘은 곧 출발했다.

나는 그 자리에 조금 더 머물러 별을 바라봤다. 아직 그의 입술이 느껴졌다. 와일드맨을 다시는 만나지 못한다는 데 와인 한 상자를 걸 수 있었다. 그렇다고 해도 나는 이 키스를 영원히 기억할 것이다.

Four

목마름

    2주 뒤 트렁크 두 개를 손에 들고 파리에 도착했다. 얇은 여름 원피스와 청바지, 그리고 퀘벡 작가 메이비스 갤런트의 《파리 이야기》와 10년도 더 된 헤밍웨이의 《파리는 날마다 축제》를 포함한 몇 가지 책 외에는 챙겨온 게 없다. 말 그대로 나는 뉴욕에 모든 걸 두고 왔다. 친구들과 멘토, 개인 물품 등등. 뉴욕과 연결된 끈을 잘라내 자유를 얻었고, 이제 늘 꿈꿔왔던 삶을 시작하면 됐다. 그리고 이 다짐은 트렁크를 이고 지고 3층까지 올라가야 했던 20구의 에어비앤비 계단에서 이를 악물고 되뇌어야만 했다. 숙소 위치가 파리 우안과 어찌나 동떨어졌는지, 외곽 순환도로를 타는 시끄러운 차들의 소리가 계속 울려댔다. 화장실은 다른 숙박객들과 공용으로 사용해야 했다. 지하에는 곰팡이 냄새가 진동하는 작은 부엌이 있었는데, 사용하기에 겁이 났다.

  방 자체는 깨끗했다. 트렁크에서 옷가지를 꺼낸 뒤 일기장과 펜을 책상에 올려두었다. 다행히 책상은 창문 앞에 위치해 있어 앉으면 조용한 거리가 눈에 들어왔다. 이 방은 잠만 자기 위함이니 크게 신경 쓰지 않기로 했다. 내가 그렇게 꿈꾸던 파리에 도착하지 않았나? 살아있는 박물관이자 놀이터와도 같은 이 도시에 있다는 것만으로 이 비루한 임시 숙소 정도는 받아들일 수 있다.

  아침마다 작은 타박에서 우유 넣은 카페 크렘을 모닝커피로 마셨다. 타박은 복권을 들고 티비 앞에 둘러앉은 동네 주민들로 가득한 아지트와 같은 곳이다. 분위기 전환을 하고 싶은 날엔 길 건너 카페로 갔다. 야외의 청백 라탄 의자에 앉아 모조 대리석 테이블에 에스프레소를 올려놓고 파리지엔느 기분을 내봤다. 카페의 주인은 알제리아에서 온 아비스트인데, 낙태 수술을 했다는 이유로 가족과 친척, 친구들에게 제명돼 파리에 도망치듯이 온 사람이다.

  타박이든 카페든 커피값은 2유로면 됐고, 내게 영어로 말 거는 사람이 없어 내가 미국인임을 잠시나마 잊을 수 있었다.

  몇 년에 걸쳐 파리에 사는 사람들과 친분을 쌓았다. 우바 시절에는 루이라는 프랑스인 고객과 친해졌다. 직업이 와인 영업 사원인 그는 매주 일요일 우바에 와서 포커 게임 때 마실 와인을 추천해 달라고 했다. 그 후 내가 출장으로 프랑스를 왔다 갔다 하고 있을 때, 그는 파리로 돌아와 이 도시의 가장 오래되고 아이코닉한 내추럴 와인 바 르 베르 볼레 Le Verre Volé 에서 일하기 시작했다.

그와 파리에서 만났을 때 나를 오토바이에 태워 도시를 구경시켜 줬다. 센강이 한눈에 보이는 아랍 세계 연구소의 옥상에도 데리고 가줬다.

그리고 샘과의 만남도 있었다. 그는 뉴욕타임스에 '어디서든 36시간 보내기' 칼럼을 쓰는 여행 칼럼니스트라 대부분 파리에서 시간을 보내지만, 브루클린에도 집이 있다. 우리는 OK큐피드라는 데이팅 앱을 통해 만났는데, 파리에서 몇 번 데이트를 한 뒤 간간히 연락하는 사이가 됐다.

이제 내가 파리로 아예 이사를 와버려서인가, 두 남자에게 연락하는 게 괜히 꺼려졌다. 왜 그런지 정확히는 모르겠다. 조지아를 떠나고 며칠 뒤 와일드맨에게서 전화가 왔다. 그는 마지막 밤 우리가 나눈 키스가 정말 특별했고 여행의 하이라이트였다고 했다. 그 통화가 내 마음에 불을 지폈다. 그래서인지 싱글인 채 파리에 와있는데도 누군가를 만나고 싶다는 생각이 전혀 들지 않았다.

한편 새로운 친구를 사귀기 위해서 와인이나 음식 관련 행사에 혼자 참석하기 시작했다. 미국, 영국, 호주에서 온 사람들과 차츰 친분을 다졌다. 그들 중 몇 명은 유명 레스토랑이나 베이커리에 일하기 위해 파리에 왔다 했고, 또 몇 명은 글을 쓰기 위해, 아니면 파리에서의 새로운 모험을 하기 위해 왔다. 파리에 온 지 일주일이 되지도 않았는데 동네 카페에서 말고는 프랑스어를 쓸 일이 없었다. 불친절한 파리지앵을 대면할 일도 아직 없었지만, 바쁘게 지내고 있는 도시 생활에 신이 났다.

"아, 위^{oui}, 크넬과 생선 요리 주문할게요."

숙소에서 도보로 10분 거리에 있는 심플하고 작은 비스트로에서 웨이터에게 말했다.

파리에서 점심은 주로 두 코스로 먹는데, 나는 여름 햇살을 받으며 야외에서 먹는 걸 즐겼다. 거기에 내추럴 와인이 없을 경우엔 항상 블론드 맥주 한 잔을 곁들였다. 평소 델리 샌드위치나 샐러드로 점심을 때우던 나의 미국식 점심 패턴에 비해 파리에서 최대 18유로에 누리는 점심은 만찬과도 같았다.

프랑스인들이 사는 방식은 참으로 인간적이다. 매장이나 베이커리에 들어가면 진정성 있게 "봉주르 마담"이라고 인사를 먼저 건네준다. 가끔은 바게트와 톰므 치즈 한 덩어리를 사고 르 베르 볼레에서 가메 한 병을 픽업한 뒤 뷔뜨-쇼몽 공원까지 가서 나 홀로 피크닉을 즐기기도 했다. 주변에는 연인과 가족 단위로 로제 와인을 마시며 햇살을 즐기는 사람들로 가득했다. 나도 언젠가는 미래의 파트너와 우리가 낳은 아이와 함께 세계에서 가장 아름다운 도시의 이 공원에 앉아있고 싶었다. 미래의 그는 나처럼 글을 쓰는 사람일까? 아니면 와인 업계 종사자? 아예 예상치 못하게, 건축가? 톰므 치즈와 바게트를 물고 레드 와인을 머금자 입 안에서 시고 톡 쏘고 프루티한 맛들이 완벽한 조화를 이뤘다. 한 입, 한 모금을 마시며 나의 공허한 외로움이 든든하게 채워지길 바랐다.

일 년 중 낮과 밤의 길이가 같아지는 춘분으로 인해 밤 9시까지 해가 떠 있고 도시의 루프탑에 흐릿한 빛이 비친 뒤 엄청난 폭염이 시작됐다. 일주일 이상 지속된 이 더위로 생산적인 일을 할 수 없어 와인만 들이키게 됐다. 그때쯤엔 이미 저녁 루틴이 생겼을 때다. 화요일이든 토요일이든, 어느 날이든 매번 같았다.

저녁 7시쯤 지갑과 휴대폰, 좀 전에 바른 붉은 오렌지빛 매트 립스틱과 담배가 든 작은 백을 하나 들고 건물을 나선다. 길에 서서 담배에 불을 데자 따뜻한 공기와 해 질 녘의 빛이 나를 맞이한다. 휴대폰을 손에 쥐고 그날 밤 가려는 내추럴 와인 바를 향해 걸어간다. 지하철을 탈 수도 있지만 걸으면서 오래된 건물이나 귀여운 비스트로는 물론 지나가는 사람들을 구경하는 재미가 더 좋다.

어느 이른 저녁, 아페로* 시간에 샘을 라 뷔베트 La Buvette 에서 만나기로 했다. 이곳은 흰콩 요리로 유명한 좁은 내추럴 와인 바인데, 이 콩 요리는 전 세계 바에서 따라 할 정도로 아주 인기다. 이곳의 주인은 까칠한 파리지엔느로 외국인 손님을 퉁명스럽게 바라보며 와인 설명을 성의 없게 툭툭 내뱉는 게 특기다. 라 뷔베트의 손님 중 80%가 외국인인 걸 생각하면 꽤나 당당한 애티튜드다.

집에서 나와 라 뷔베트로 향하는 내내 기분이 묘했다. 샘이 별로여서는 아니다. 그와의 데이트는 늘 즐거웠는데 두 가지 거슬리는 게 있다. 하나는 그가 내추럴 와인을 아예 이해하지 못한다는 것이다. 매번 설명해줘야 하는 것도 한계가 있다.

"유기농 인증이 붙은 진짜 싼 메를로 한 병을 찾았어. 그럼 내

---

* 프랑스에서 저녁 식사 전 가볍게 한잔하는 시간.

추럴인 거야?"

어디서부터 설명해야 할까. 그건 포도 농사만 유기농으로 했다는 거고 양조 과정에서는 알 수 없는 방식으로 만들었을 거야, 라고? 거기에 '진짜 싼 메를로'보다 저렴한 표현이 또 있을까?

물론 뉴욕 썸남들과의 경험상 내추럴 와인 취향이 같다고 해서 연인으로서 합격은 아니지만, 그것보다 더 깨는 건 곧 40대가 될 샘이 싱글인 걸 너무 즐긴다는 것이다. 몇 번 데이트해 본 결과 즐거웠지만 그저 그런 캐주얼한 데이트였다. 한 번도 서로의 친구와 같이 만나거나 여행을 가자고 하거나 낮에 만난 적이 없다. 이런 데이트 패턴이 바뀔 것 같지 않았다.

거기에 나 스스로 싱글처럼 느껴지지 않는다는 것도 한몫했다. 와일드맨과의 키스 이후 줄곧 그랬다.

상모르 거리를 진입해 라 뷔베트 근처임을 알려주는 정육점을 발견하니 내가 샘을 만나는 진짜 이유를 깨달았다. 그가 와일드맨을 잊게 해줄 수 있는지 시험해보기 위해서다. 그 요상한 호주 와인메이커가 지구 반대편에서 내 생각을 조정하는 데 성공했나 보다. 그가 버스에서 한 19금 농담에 배꼽 빠지게 웃었던 순간이 계속 떠올랐고 와인을 시음하며 보였던 지적인 모습도 눈앞에 아른거렸다.

라 뷔베트는 기포가 있는 핑크 와인을 마시는 관광객과 파리에 사는 외국인들로 가득 차 있었는데, 그들은 벽 선반에 진열된 와인병들을 신기해하며 보고 있었다. 화이트 와인을 싫어하는 샘은 이미 레드로 한 잔 마시고 있었다. 나는 화이트 와인이 다 똑같은 맛은 아니라고 그의 생각을 바꾸려 노력했지만 결국 포기했다. 나를 보고 그가 일어서자 우리는 양 볼 키스로 인사를 했다. 내게 와인을 권하지 않는 걸 보고 직접 바 쪽으로 가 소시송을 자르고 있는 주인장 카미유를 찾았다.

내가 프랑스어로 말을 걸자 유창한 영어를 하는 그녀가 내게 다행히 프랑스어로 답했다. 아로마틱한 화이트 와인 한 잔을 따라줬고 나는 흰콩 요리를 주문했다.

자리에 앉아 샘에게 물었다.

"소설 쓰는 거 어떻게 돼가고 있어?"

지난번 바에서 몇 분 거리인 그의 집에 갔을 때, 작업 중인 원고에 대한 포스트잇으로 벽이 가득 차있던 게 기억났다.

그는 잘 돼가고 있다고 했고 직전에 송고한 '36시간 보내기' 칼럼이 마라케시 편임을 알려줬다.

"네 잡지는? 첫 호가 언제 나온다고?"

"아직 작업 중이야."

내가 답했다.

오후 내내 〈테르〉 잡지 기사들을 편집하고 있었다. 〈테르〉는 내가 뉴욕에서 두 명의 친구와 창간하기로 한 잡지다. 테르(프랑스어로 '땅')로 이름을 짓자는 의견은 내가 냈는데, 프랑스어에 대한 나의 애정이 들어간 것은 물론 우리 셋의 공통 관심사가 지속가능성이고, 모든 식재료와 음료의 출발점이 '땅'인 것에 의미를 두었다.

"매년 실험적인 와인을 만드는 오레곤 와인메이커에 대한 글을 쓰고 있어. 실험적이다 보니 가끔 결함이 있는 와인이 나오지만, 그는 컨벤셔널 양조법이 아니더라도 와인을 잘 만들 수 있다고 증명하기 위해 계속 실험 중이래."

내가 설명했다.

샘이 눈을 부릅뜨고 내 얘기에 반박하기 시작하자, '우리는 만나기만 하면 늘 이렇게 티격태격했지?'라고 생각하며 긴장을 놓았다. 두 번째 글라스 와인을 마시자 즐거워지기 시작했다. 그렇다고 샘을 내 다음 약속에 데려갈지는 모르겠다. 친구의 미국인 친구를 만나기로 했는데, 음악 쪽 일을 한다는 그가 파리에 들른다고 해서 잠깐 만나기로 했다. 파리에서 지낸 지 몇 주가 되자 '파리에 들르는' 외국인은 참 많고 그들과 만나는 게 얼마나 흔한 일인지 알게 됐다.

"한 잔 더 할까?"

탄닌으로 물든 입술을 한 채 샘이 나를 향해 씨익 웃었다. 그는 참 친절하고 의지할 만한 사람이다. 그런데 그와의 데이트가 어떨지 훤히 보였다. 우리는 스쿠터에 올라 그의 집으로 가 하룻밤을 보낼 거다. 다음 날 아침 그는 아보카도 반 개를 발사믹 식초와 먹을 것이고 나는 창문을 열어 담배를 피울 거다. 그리고 다음번 만날 때까지의 굿바이 인사를 하겠지.

"미안, 사실 저녁 약속이 있어."

내가 답했다.

샘은 자기도 늦은 밤 약속이 있다고 했다. 남아있는 와인을 조용히 끝내며 주변 사람들의 말에 귀를 기울여보니 이곳에는 단한 명도 프랑스어를 하는 사람이 없음을 깨달았다.

    나는 파리에 산 5개월 동안 에펠탑이나 샹젤리제와 같은 관광 명소에는 가지 않았다. 대신 탐구와 관찰로 '내추럴 와인 부족'을 연구하는 인류학자인 척했다. 내가 만난 그들은 세계 곳곳에서 온 다양한 배경의 사람들이었다.

    프랑스의 시골은 19세기에서 시간이 멈춘 느낌이지만, 반대로 파리는 다채롭고 국제적인 포용력을 자랑한다. 특히 10구를 거닐어보면 얼마나 많은 다인종 젊은이가 카페에 무리 지어 있는지 확인할 수 있다. 파리에서 산다는 건 어떤 것인지, 길거리나 시장에서 쉽게 확인할 수 있다. 프랑스 여자는 남편이나 다른 남성을 위해 차려입거나 꾸미지 않는다는 유명한 말이 있다. 남을 위해서가 아닌 오직 스스로를 위해, 그리고 거리에 나갔을 때 자신을 보게 되는 타인을 생각해 신경 쓰는 것이라고.

    파리에 도착한 지 한 달도 채 안 됐지만, 나는 이미 파리지엔느가 되어가는 듯했다. 토요일 아침 동네 시장에 가기 전 의상을 신경 써서 입었다. 그렇다고 과해 보이진 않도록 노력했다. 만나는 사람들에게는 봉주르로 인사를 건네고 떠날 때는 메르시, 본 주르네로 인사를 하며 떠났다. 카페 야외 자리에 앉아서 웨이터 부르는 신호도 터득했다. 처음엔 '언젠가는 주문받으러 오겠지' 하고 하염없이 기다린 적도 있다. 바게트를 사려면 매일 점심 전 혹은 늦은 오후여야 함을 터득했고 바게트를 사서 집에 걸어가는 길에 끝부분을 뜯어먹곤 했다.

파리 삶의 소소한 즐거움에 만족했지만, 이곳에서 일을 하고 있지 않아 현지인들을 제대로 만날 기회가 없었다. 새로운 친구를 사귀는 건 쉽지 않았다. 루이만 해도 그렇다. 내가 파리에 출장으로 왔을 때는 르 베르 볼레에서 밤늦게 진행했던 블라인드 테이스팅에도 불러주고 친구와의 저녁 식사에도 초대해주었다. 그런 그가 지금은 와인 바에서 너무 바빠 연락도 잘 안되고 만나주지도 않았다. 뉴욕에서 외로운 것보다 더 최악은 파리에서 외로운 것이다. 파리에서는 나 빼고 모두가 공원에서 피크닉을 하고 벨빌의 오래된 바에서 싸구려 맥주를 마시면서 인생을 즐기는 것처럼 보여 상대적 박탈감이 더 크게 느껴졌다. 그러나 시간이 해결해줄 거라 생각하며 인내심을 갖고 기다리기로 했다. 파리에서 나고 자란 파리지앵들은 단번에 친해지기 어렵기로 유명하니까.

결국 외국인만 주구장창 만났다. 와인 바에서 알게 된 로마 출신 엘리사는 영화감독 자크 타티의 누벨바그 연구소에서 일하기 위해 파리에 왔다고 했다. 또 호주에서 식음과 관광산업 전문가였던 니콜라는 이제 파리의 유명 레스토랑이자 베이커리에서 일하고 있다. 그녀는 톰과 와일드맨을 비롯해 다른 남호주 와인메이커들과 친분이 있었다. 뉴욕에서 온 프리랜서 기자 제이미와는 내추럴 와인에 대한 남다른 관심을 공유했다. 뉴욕에 아직 남아있는 가바는 쥰에서의 일을 그만두고 이탈리안 레스토랑에서 일을 시작했다. 파리로 오기 전 사용하던 가구를 어찌 처분해야 할지, 또 키우던 강아지는 누구에게 맡길지 방법을 찾고 있었다. 우리 둘이 파리에서 와인 바를 호기롭게 열 수 있다고 자신하는 날이 있는가 하면, 또 어떤 날은 과연 이곳에서 우리가 잘 해낼 자본과 자신감이 있을지 두려움에 사로잡히기도 했다.

그사이 와일드맨은 자신의 호주 생활을 사진과 동영상으로 보내주며 애정 공세를 이어갔다. 내겐 생소한 세상이었다. 풍경 사진만 봐도 처음 들어보는 새소리가 귀에 들리는 것 같았고, 포도밭을 둘러 핀 노란 꽃이 경이로워 보였다. 인스타그램으로 그를 종종 스토킹하곤 했는데 그가 에스프레소 기계 앞에서 커피를 내리는 사진을 한참 들여다봤다. 배경에는 바와 오픈 키친이 보였는데 '가게'라고 부르는 그의 레스토랑임을 깨달았다. 내가 상상했던 것보다 훨씬 세련된 공간이다. 커피 사진 속 와일드맨은 조지아에서 한 번도 보지 못한 행복한 표정을 짓고 있었다. 사진이 포스팅된 날짜를 보니 그게 이해가 됐다. 부인이 떠나기 전의 사진이다. 둘 사이 무슨 일이 있었는지 알지는 못했지만, 니콜라가 살짝 귀띔해줬다. 와일드맨이 와이너리 일에만 몰두한 탓일까, 둘의 관계는 수년간 고장 나 있었다고.

와일드맨의 호주 생활을 사진으로 보면 볼수록 내가 방문하기에 나쁘지 않겠다는 생각이 들었다. 새로운 모험이 될 수 있을 것 같았다. 하지만 지금은 아니다. 파리에서의 생활에 적응해야만 했으니.

라 뷔베트에서 샘과 헤어진 뒤 음악 하는 친구의 친구를 만나러 오 듀 자미^{Aux Deux Amis}로 갔다. 한 번도 만난 적 없는 이 친구의 친구가 메시지를 보냈으려나 하고 밖에 서서 휴대폰을 만지작거렸다. 테라스를 힐끔 보니 파리 패션 위크 때문에 온 사람들로 장악됐다. 그들은 최신 A.P.C. 부츠를 신고 레오파드 재킷을 걸치고 있다. 화장을 과하게 한 여자들은 머리에 하이라이트까지 넣었고 남자들은 두꺼운 데님 코트를 입고 있었다. 나는 작년 〈보그〉 잡지에 기고한 기사에서 오 듀 자미를 내가 가장 좋아하는 비스트로 중 한 군데로 소개한 적이 있었는데, 이 패셔니스타들이 내 기사를 보고 다 여기로 몰린 거라고 믿고 싶었다.

소개팅도 아닌 그 남자가 바에 도착했다. 내 또래거나 조금 더 어려 보이는 그는 루즈한 코튼 셔츠를 입고 이틀쯤 면도하지 않은 수염이 나 있었다. 우리는 파리식으로 양 볼에 키스하며 인사를 나눴다. 그는 음악 교육 일을 하고 있고 컨퍼런스에 참석하기 위해 파리에 왔다고 했다.

"파리로 이주하게 된 계기가 있나요? 엄청 큰 결심인데요?"

"파리에 꼭 한번 살아보고 싶었어요. 전 프랑스어에 아주 푹 빠져있거든요."

이 말을 하면서 오늘만 두 번의 영어 데이트를 하고 있는 스스로에게 웃음이 났다.

"무엇보다 내추럴 와인에 대해 글을 쓰고 싶어서 왔어요."

그는 내가 하는 말을 이해할까?

"내추럴 와인 좋아해요?"

그의 표정이 밝아졌다.

"완전요! 이곳에 꼭 와보고 싶었는데, 레이첼이 여기 오자 해서 다행이라 생각했어요."

나는 안도의 한숨을 쉬고 와인 리스트를 훑었다.

"여기엔 자주 오겠어요?"

그가 물으면서 카운터에 놓인 블루치즈 휠을 바라봤다. 이곳은 매일 밤 바뀌는 글라스 와인 종류가 네임펜으로 거울에 적혀 있다.

"너무 자주 와서 문제죠."

내가 답했다.

천장에 달린 튜브 모양의 노출된 조명 때문에 오 듀 자미의 내부는 늘 노랗게 물들어 있다. 조명의 빛은 식사하는 사람들이 앉아있는 테이블에 지그재그 모양으로 반사됐다. 내부 인파 때문에 우리는 양쪽에서 치였다. 한 쪽에는 '안티 와인 소셜 클럽'이 새겨진 티셔츠를 입은 남자가, 반대편에는 파리에 모델이 되기 위해 왔는지 키가 너무 큰 여자들이 우리를 밀어댔다. 그들은 타이트한 원피스를 입고 바에 유혹하듯이 기대 바텐더의 시선을 끌었다. 주문조차 하기 힘든 이 상황에 짜증내며 계속 손을 흔들었더니 드디어 여성 바텐더가 보고 우리 쪽으로 왔다.

해 질 녘에서 깜깜한 밤이 되었을 때 우리는 와인을 마시기 시작했다.

"이거 너무 맛있는데요?"

그가 잔을 들여다보며 물었다.

"뭐에요?"

나는 반사적으로 잔을 스월링했다. 잔을 돌리는 것을 너무 많이 했더니 요즘 틱처럼 나도 모르게 하는 습관이 됐다.

"로모랑탕 품종이에요. 루아르에서 나는 귀한 토착 포도로 만든 건데 이제는 아마 6헥타르만 남아있는 희귀한 화이트 품종이 됐어요."

그러고는 이 와인을 만든 쿠르투아Courtois 가족을 만난 일화를 꺼냈다. 5개월 전 필과 제니&프랑수아의 대니얼과 갔던 그 출장 때의 일이다.

더위 때문인지 한 병을 순식간에 끝냈다.

"이번엔 가벼운 레드를 마셔볼래요? 가메나 카프?"

내가 제안했다.

내추럴 와인 애호가에게 '가벼운 레드'는 좋아하는 결정체를 의미한다. 살짝 후추 맛이 나면서 신선하고, 차갑게 마셔도 되고, 도수가 낮지만 화이트 와인보다 풍미와 복합미가 훨씬 깊은 와인.

바에 서서 먹기 위해 버섯 샐러드와 빵, 생선 리예트를 안주로 시켰다. 주문한 음식이 나왔을 즈음에는 이미 가벼운 레드 와인을 마시기 시작했다. 나는 할 수 있는 프랑스어를 다 끌어모아 내가 가장 좋아하는 컬트 와인메이커인 오렐리앙 르포르Aurélien Lefort의 와인을 주문하는 데 성공했다. 르포르는 프랑스 중부에 위치한 오베르뉴 지역에서 이산화황을 일절 넣지 않은, 열 배럴 미만의 극소량으로 와인을 생산한다. 이 환상적인 가메 와인에서 느껴지는 에너지에 놀라 계속 탄성을 질렀다. 나의 일행도 다행히 동의하는 눈치였다. 인스타그램용으로 와인병 사진을 몇 장 찍었다.

우리가 나눈 대화의 기억이 희미해져 갔다. 음악과 와인 얘기였는지, 같은 언어로 했어도 서로가 하는 말을 이해하긴 했는지.

상관없었다. 우리는 파리에서 살아있음을 느끼고 있었으니까.

아침 8시가 되기 전, 방 안으로 들어오는 햇살에 잠이 깼다. 눈썹 주변에 땀이 찼고 머리를 두들기는 두통이 느껴졌다. 이불 위에 옷을 한 톨도 걸치고 있지 않았다. 바닥에는 전날 밤 입은 옷가지와 가방이 흩어져있다. 지갑에서 계산한 영수증을 찾아 얼마를 썼는지 확인했다. 금액을 보자 피가 거꾸로 솟았다.

숙취가 절정에 다다르자 어젯밤 음악학자와 오 듀 자미 테라스에서 키스를 나눈 기억이 났다. 와인을 그렇게 진탕 마셨으니 그럴 만도 하다. 다행히 그 이상으로 일이 나진 않았다.

휴대폰을 확인하니 와일드맨에게서 새로운 메시지가 와있다. 그는 비니를 쓴 채 포도밭에서 가지치기 도구를 흔들며 미소 지은 셀카를 보냈다. 사진과 함께 다음의 메시지가 첨부됐다.

"마이 러브, 이곳은 정말 아름다운 겨울날이에요!!!"

공기 좋은 자연에 있는 그가 사랑스러워 보였다. 반면 나는 새로운 삶을 시작한답시고 술을 고주망태가 되도록 마신 것이 부끄러웠다.

잠이나 더 잘까? 물? 커피? 이부펜 두통약? 이 고된 하루를 버티게 해줄 것들이었다. 거기에 아침부터 느껴지는 폭염 날씨는 나를 더 힘들게 했다.

어제와 같은 밤은 즐기고 싶어 마신 건지 아니면 아무 생각 없이 들이마신 건지 헷갈렸다. SNS에 내가 얼마나 내추럴 와인을 잘 알고 쿨한 사람인지 자랑하기 위해서였을까? 파리가 주는 영광스러운 기회들을 즐기는 것이었을까? 아니면 뉴욕과의 이별에서 헤어 나오지 못해 성급하게 삶의 의미를 찾으려 애쓰는 행동이었을까? 먼저 찬 사람이라고 이별 후 안 힘들다는 법이 없지 않나? 내추럴 와인을 그렇게 마시는 이유가 거침없이 즐거운 하루하루를 보내는 사람으로 비치고 싶어서겠지만 사실 인정하기 싫은 현실에서 도피하려고 와인을 과하게 마신 걸 스스로 알고 있다. 아직 아무것도 이루지 못한 삶이라는 사실에.

물론 다양한 인쇄 매체와 온라인 사이트에 글을 기고하고 있었다. 내 힘으로 만드는 독립 잡지도 준비 중이었고, 차츰차츰 프랑스어 실력도 늘어 가는 중이었다. 그저 스스로에 대한 실망감을 회피하고 싶었다.

이런 감정에서 벗어나기 위해 몸을 바쁘게 움직였다. 오후쯤 숙취가 잦아들자 카페로 가 글을 쓰고 편집 작업을 했다. 곧 탄생할 〈테르〉 잡지의 첫 호가 근사하게 작업 되고 있었고 미국 전역의 친구들과 지인들이 에세이를 기고해주었다. 런던에 패션 회사를 낸 여성 셰프와의 인터뷰가 있고, 브루클린의 커피 전문가에 대한 이야기도 있다. 이 잡지는 내추럴 와인 외에 더 광범위한 주제를 다뤘지만, 남부르고뉴의 흥미로운 와인메이커 줄리앙 기요 Julien Guillot 에 대한 피처 기사는 내가 직접 쓰고 있다. 프랑스에서 가장 오래된 유기농 포도밭에서 수확한 가메, 샤르도네, 피노 누아 블렌드의 기요 와인을 처음 마셨을 때 나는 단번에 이끌렸다.

공식적으로 쓰는 글들은 내추럴 와인을 주제로 하지만 개인적으로는 파리를 다른 차원에서 이해해보고 싶었다. 항상 일기를 써온 나는 파리에서 발견한 크고 작은 일들을 일기로 적어냈다. 반 고흐가 살았던 거리에 있는 표지판부터 시리아 난민들이 도시의 북쪽 외각 고속도로 아래에 자리 잡은 것, 그리고 수많은 파리지앵을 사망에 이르게 한 바타클랑의 '폐쇄' 팻말까지.

    어니스트 헤밍웨이는 그의 첫 부인 해들리와 함께 20대 초반에 파리로 이주했다. 이곳에서 그는 다수의 단편 소설과 《태양은 다시 떠오른다》가 될 첫 장편소설을 쓰기 시작했다. 그는 그 시절 도시에 퍼져있는 재즈, 성적 개방과 예술 문화에 젖어 들어 살았다. 헤밍웨이 부부는 파리에서 보헤미언적인 삶을 살았고 불규칙한 소득에도 아낌없이 돈을 썼다. 그가 돈을 버는 날이면 둘은 버릇처럼 샴페인을 마시고 도박을 했다. 헤밍웨이는 파리의 카페 문화와 음식, 특히 프랑스의 와인을 즐겼기에 가난해도 부족함이 없다고 느꼈다. 《파리는 날마다 축제》에 헤밍웨이는 보헤미안적인 파리 삶의 본질에 대해 아래와 같이 썼다. 그때는 '광란의 시대'라 불리는 황금기라 했다.

> 그래도 당시 우리는 스스로 가난하다고 생각한 적이 없었다. 그런 사실을 인정하지 않았던 것이다. 우리는 다른 사람들보다 우월하다고 스스로 자부했으며, 부자들을 경멸하고 불신했다. 몸을 따뜻하게 하려고 속옷 대신 스웨터를 입는 것이 내게는 전혀 이상하게 여겨지지 않았다. 그런 것을 이상하게 생각하는 사람들은 부자들 뿐이라고 생각했다. 우

리는 값싼 음식으로 잘 먹고, 값싼 술로 잘 마셨으며, 둘이서 따뜻하게 잘 잤고, 서로 사랑하고 있었다."

거의 한 세기가 지나 그가 우아하고 감당할만하다고 표현한 이 파리의 라이프스타일이, 이제는 비싼 네오비스트로와 와인 바로 바뀌어 3층에 위치한 내 허름한 아파트를 나설 때마다 지갑에서 돈을 뜯기는 기분이었다.

"봉주르, 마담 시녜?"

프랑스 사람들은 '시그너' 발음을 프랑스식으로 바꿔 부르곤 했는데 그게 더 듣기 좋았다.

"배달이 왔어요."

수화기 너머 목소리가 말했다.

"아…"

물 한 잔을 마시기 위해 몸을 이리저리 움직이며 답했다.

전날 밤 라 까브 아 미쉘La Cave à Michel에서 마신 수많은 가메가 전두엽을 두들기는 느낌이었다. 속이 빈 채로 너무 많이 마신 것 같다. 아니다, 집에 오는 길에 케밥을 사 먹었던가? 뭐가 됐든 속이 쓰렸다.

"배달이요?"

** 어니스트 헤밍웨이《파리는 날마다 축제》(2012), 이숲 (주순애 옮김)

받을 거라곤 아무것도 없었다.

"네, 마담. 내려오시겠어요?"

궁금함에 창문으로 가 밑을 내다봤다. 동시에 미지근한 바두아 탄산수를 쭉 들이켰다. 한 남자가 거대한 꽃다발을 든 채 스쿠터 옆에 서 있다. 가스가 차 부푼 배 때문인지 데님 반바지가 안 잠겨 표정이 일그러졌다. 그 위에 티셔츠를 입고는 한 손으론 머리를 부여잡고 다른 손으로는 계단 난간을 붙잡으며 내려갔다. 배달부는 한 번도 보지 못한 핑크 톤의 장미와 작약이 가득한 꽃다발을 건네줬다. 정말 커다란 다발이었다. 집으로 갖고 들어와 책상 위에 올려뒀다. 그러고는 다시 나가서 맛없는 커피 한 잔을 들이켜고, 꽃집에서 화병을 하나 사서 돌아왔다.

꽃을 화병에 꽂자 숙취가 서서히 사라지는 것 같았다. 돌아가지 않는 머리로 남자에게 꽃다발을 받았던 적이 언제였는지 기억을 더듬었다. 아니, 남자한테 꽃을 받은 적이 있기는 했나? 영화에서나 봤지, '나 같은 여자에겐 일어나지 않는 일'로 치부했다. 나 같은 여자란, 브루클린 고속도로 아래의 낙후된 아파트나 파리 외곽 순환도로 옆에 있는 집 월세만 낼 수 있는 여자를 생각한 거다. 지적인 열정을 위해 다 버리고 새 출발을 할 수 있는 그런 여자. 물론 광란의 밤을 보내는 건 변하지 않는 여자. 사랑받지 못한 채 거트루드 스타인처럼 노년을 책에 파묻혀 헤진 흔들의자에 사는 것이 내 운명이라 생각하는… 거트루드는 남자가 필요 없었으니까. 오히려 남자들이 그녀의 지지와 인정을 갈구했다.

그런데 갑자기 어느 호주 남자가 원나잇만 할 운명의 나를, 남성 호르몬 없이 혼자 외딴섬을 만들어 살 나를, 그리고 텅 비고 하얀 내 방을, 거대하고 아로마틱한 핑크색 장미와 작약 꽃다발로 훤히 밝혀줬다.

잔인했던 폭염이 서서히 물러서자 방안은 꽃향기로 가득했다. 꽃이 절정으로 피었을 때 나는 그 강렬한 꽃내음에 정신이 들었고, 와일드맨의 예상치 못한 등장과 둘 사이의 거리에 감정이 복받쳐 눈물이 터지고 말았다. 파리에서 나의 유일한 벗은 이 꽃다발뿐이라 생각했다. 매일 아침 나는 활짝 핀 화사한 작약을 쓰다듬으며 아름다운 자태를 감상했다.

그 후로 와일드맨과 나는 이틀에 한 번씩 통화했다. 각자 일상의 크고 작은 일들을 시시콜콜하게 얘기했다. 그가 사는 바스켓 레인지라는 작은 동네가 어디 있는지 지도에서 찾아봤다. 호주맨 남쪽에, 해안에서 멀지 않은 곳, 아들레이드라는 도시 옆에 있었다. 그가 보내준 영상을 재생해보니 그는 마농 팜Manon Farm 와이너리의 팀과 모니크를 도와주고 있다. 몇 달 동안 묻어뒀던 거름든 쇠뿔을 파내고 물로 희석해 밭에 뿌릴 것이라 했다. 이것이 바로 바이오다이내믹 농법의 자연 제초제다. 이 영상이 로맨틱하다고 생각하는 사람은 나밖에 없을 것이다. 또 영상 속에는 호주의 이국적인 새소리도 들렸다.

호주의 겨울 숲과 포도밭을 보고 있자니 파리의 카페와 조약돌 거리에서 순간 이동한 기분이 들었다. 파리 생활에 집중해야 할 것만 같은데 남반구 나라의 생중계에 중독되는 것만 같았다. 와일드맨은 시도 때도 없이 전화했다. 몇 번은 받지 않았는데 그러면 받을 때까지 했다. 결국 받으면 불안한 목소리로 미안해했다. 가끔은 그의 대화법에서 간절함이 느껴졌다. 살짝 떨리는 그의 목소리에서는 솔직함이 느껴져 오히려 좋기도 했지만, 그의 감정 표출이 과하다 싶을 때는 그가 최근 겪은 이별 때문이라고 이해하려 노력했다.

꽃을 받은 날 와일드맨이 마음에 드냐고 전화했을 때(마음에 드냐니, 당연하지!), 도시의 폭염과 내 외로움에 대해 늘어놓는 대신 벨빌에서 6주간 전대할 수 있는 아파트를 찾았다는 희소식을 알렸다.

"나도 전할 좋은 소식이 있어."

그가 말했다.

"곧 파리로 가. 가서 데이트도 할 거고. 아, 제대로 물어야지. 우리 데이트하러 가지 않을래?"

웃음소리가 새 나가지 않도록 입을 어깨로 틀어막았다. 얼굴이 붉어진 와일드맨을 상상했다. 우리의 매우 독특한 관계를 종합해볼 때 그의 질문은 나를 그저 웃게 했다. 조지아에서 처음 만나 버스 뒷자리에서 독한 홈메이드 브랜디를 들이키면서 사내들끼리나 할 농담을 주고받으며 이 모든 게 시작됐다. 그러니 갑자기 데이트를 가겠냐는 신사적인 질문을 받았을 때 웃음이 나올 수밖에 없었다.

"물론이죠."

내가 답했다.

유럽에서의 계획을 그가 브리핑해줬다. 먼저 파리를 들른 뒤

에딘버러에 갈 것이고 연이어 런던, 슬로베니아, 이탈리아와 스페인에 들를 것이라 했다. 그러고는 마지막에 원하면 동행해도 된다고 슬쩍 흘리는 것이었다.

"아… 제안 고마워요."

일단 답을 피했다. 내 기본 천성이 즉흥적이고 자유롭지만, 그런 여정에 끼는 게 맞을지 확실치 않았다.

한편 와일드맨이 파리에 오면 비싼 호텔에 머물 것이 마음에 걸렸다. 내추럴 와인 생산자들이 거액의 수익을 내지 않는다는 걸 수 년간 기자로서 그들의 삶을 지켜보며 파악했다.

"파리 왔을 때 저랑 지낼래요?"

앞뒤 생각 안 하고 일단 물었는데 내뱉음과 동시에 후회했다. 그는 아무 말도 하지 않았다.

"아니 그러니까. 아직 머물 곳을 찾은 게 아니라면…."

내가 정신없이 수습했다.

그 말을 하기 전까지는 모든 게 완벽했는데! 말 한 번 잘못해서 파리를 들르는 모든 와인메이커와 하룻밤을 보내는 걸로 오해받기 딱 좋았다. 아니면 그를 향한 감정에 확신이 든다는 신호로 들렸을까?

"고마운 제안이네."

그러겠다는 명확한 답을 듣지는 못했지만, 모호함 속에 이 순간을 넘기기로 했다. 전화를 끊고는 그래서 그가 나와 지낼지 아닐지 가늠이 가지 않았다. 그래도 만약의 상황을 대비해 내가 이사 갈 전대 아파트 주소를 그에게 이메일로 보내놓았다.

그러고는 가바에게 전화를 걸어 서로의 근황을 공유했다. 그녀는 드디어 이사 올 준비 중에 있었다. 인터넷을 통해 살 집을 알아보고 있다는 그녀에게 나는 10구의 작은 내추럴 와인 비스트로에 가바가 일 구할 수 있도록 도울 예정이라 했다. 프랑스 시민과의 합의 결혼으로 얻은 거지만 집도 구할 수 있고 일도 할 수 있는 가바의 권한이 부러웠다. 나는 뉴욕에 있는 프랑스 영사관 사이트에 계속 접속해 프랑스 거주 비자 담당자와 약속을 잡아보려 했지만 가능한 날이 없다고만 나왔다. 거기에 매일 잔고가 줄어드는 통장은 나를 불안하게 했는데, 관광 비자로 와있었기에 그 어떤 구직도 할 수가 없었다.

내가 갈망해왔던 새로운 삶의 꿈이 산산조각 날 것만 같았다. 빨리 가바가 와서 와인 바를 여는 것에 희망을 걸 수밖에 없었다. 그렇다고 뉴욕으로 돌아가는 일은 없을 것이다. 그 삶에는 이미 작별을 고했다.

새로 거주하게 된 벨빌 아파트는 카스케드 거리의 오래된 조약돌 바닥 위에 세워졌다. 거리 이름은 폭포를 뜻하는데 로마 시대에 그곳에 세워진 수로를 의미하며 이는 벨빌 공원 꼭대기까지 연결된다. 높은 지대에 자리한 이 공원에서는 에펠탑은 물론 파리 시내가 한눈에 들어온다. 저녁 시간이 되면 청소년들이 힙합 음악을 틀며 대마초를 피우는 모습이 종종 보이고, 주말에는 북아프리카 음식과 옷 시장이 열린다. 아파트 근처에는 별 특징 없는 바가 있는데 거기 테라스에서 종종 낮부터 맥주와 땅콩을 먹으며 프랑스어로 된 소설을 읽으려 애쓰곤 했다.

7월 중순에는 꽃 배달이 한 차례 더 왔었는데, 덕분에 와일드맨의 존재가 집 안에 가득했다. 이번에는 손으로 쓴 카드가 동봉되었고 '꽃을 창문 가까이 놔줘. 레이첼 집이 어딘지 알아보게.'라고 쓰여 있었다. 할리우드 로맨틱 코미디 영화 속 여주인공처럼 숨을 내뱉고는 나도 이 오글거리는 기분을 되돌려주기로 마음먹었다. 그가 도착했을 때 깜짝 놀라도록.

그러나 그가 오는 날이 되자 계획대로 된 게 없었다. 점심도 제대로 먹지 못하고 초조함에 써야 하는 글도 쓰지 못했다. 대신 계속 휴대폰을 보았는데 그가 탄 비행기가 정시에 착륙했다는 것을 확인하고 집 옆 테라스 바에서 맥주를 마시고 차분하게 책을 읽으며 마음을 진정시켜보려 했다. 집을 나서면서 와일드맨이 보낸 장미 중 하나를 꺾어 꽃잎을 하나씩 뜯기 시작했다. 집 문 앞부터 건물 앞과 수백 년 된 거리에 흩뿌렸다. 작은 푸조 자동차도 못 지나가는 거리를 따라 내가 기다리고 있을 야외 바까지 꽃길을 만들어놨다.

20대 파리지앵들이 소그룹으로 모여 맥주를 마시고 있다. '몇 년 전만해도 나도 그들처럼 오후부터 저녁까지 맥주를 벌컥벌컥 마셨겠지'라고 생각하며 미소를 지었다. 하지만 최근 몇 년 간 무언가 달라졌는데, 이유를 알 것 같다.

33살인 나의 생체 시계를 인지하기 시작했고 가정을 이루고 싶다는 생각이 지배적이었다.

하지만 와일드맨은 결혼 생활을 정리한 지 얼마 안 됐고 우리가 함께 보낸 시간은 고작 8일에 불과했다. 그럼에도 그가 보낸 꽃다발과 끊임없는 대화는 내게 소중하게 느껴졌다. 그간 주고받은 게 결국 썸으로 끝나게 되더라도(그러기엔 너무 달콤한 썸이었지) 내가 몇 년간 느껴본 것 중 가장 믿음이 가고 그럴싸해 보이는 관계임은 분명했다. 뉴욕에서는 진지한 관계의 의미를 모르는 남자들만 바톤터치 하듯 만났다. 혹은 에반처럼 대놓고 바람둥이 짓을 하는 남자였거나. 와일드맨이 보여준 '구애'는 가끔 너무 부담스러울 때도 있었지만 나도 사랑받을 자격이 있음을 상기시켜주는 고마운 마음이었다. 지금보다 더 성공한 커리어를 갖고, 금전적으로 더 안정적이고, 머리가 더 길거나 다리가 더 날씬해야 예쁘다는 불안한 생각들을 기꺼이 내려놓을 수 있을 것 같았다.

이 관계가 나를 어디로 이끌지 모르겠지만 한 번 시도해보라는 본능대로 해보기로 했다. 최악의 경우 그와 파리에서 신나게 와인이나 마시면 되니까?

해가 저물자 참을성이 바닥이 나고 기다리는 것에 지치기 시작했다. 맥주도 더는 못 마시겠다. 바닥에 만들어놓은 꽃길을 뚫어져라 봤지만 건물까지는 시야가 미치지 않는 곳에 앉아있었다. 혹시 와일드맨이 벌써 도착했는데 내 로맨틱한 표시를 이해하지 못한 걸까?

여름휴가 계획을 짜는 주변 사람들의 대화를 엿들으며 잠시 신경을 딴 데 두려 했지만 참지 못하고 자리에서 일어났다. 장미꽃 길을 역방향으로 따라 아파트 입구까지 걸어갔더니 와일드맨이 보이기 시작했다. 보기에도 묵직한 검은 백팩이 바닥에 놓여 있었다. 들쭉날쭉한 머리카락이 위로 쭉 뻗은 채, 찢어진 리바이스 청바지에 티셔츠를 입고, 낡은 밤색 가죽 신발을 신은 그가 눈에 들어왔다. 나를 보고는 한 발자국 물러나 다가가는 나를 바라보았다.

조지아에서 봤던 유머 감각 있는 특이한 철학자와 같은 모습 그대로다. 그런데 지금은 좀 놀란 표정이었다. 몇 주 간 쌓아온 기대감이 현실이 된 이 순간을 어떻게 받아들여야 할지, 둘 다 어찌할 바를 몰랐다.

"잘 왔어요?"

내가 먼저 말을 꺼냈다.

"내 장미꽃 길이 좀 오바였나?"

웃으며 말했다.

어떻게 행동해야 할 지 감이 잡히지 않던 찰나에 그가 다가왔고 우리는 자석처럼 이끌려 키스했다.

끝날 것 같지 않던 3층 계단 길을 올라 며칠간 '우리' 공간이 될 집에 들어섰다. 그동안 휴대폰 들여다보며 팬티 바람에 크림 파스타를 프라이팬 채 먹거나 바두아 한 병을 부여잡고 소파에 누워 숙취와 싸움을 하며 화장실을 들락날락했던 나만의 공간이, 우리 공간이 되는 순간이었다. 우리는 쑥스러워하며 서로를 바라봤다.

"뭐 좀 마실래요?"

마시다 남은 실온 상태의 와인병들을 가리키며 말했다. 마실 와인을 칠링해 둘 생각조차 못 했다.

와일드맨이 고개를 저었다.

"내가 갖고 온 게 있어. 칠링 좀 한 다음에 마시자. 그리고 레이첼 줄 것도 있고."

그가 와인병을 냉장고에 넣고 가방을 뒤적이는 동안 나는 어쩔 줄 몰라 소파에 가만히 앉아있었다.

마침내 그가 내 옆에 앉았고 그에게서 긴 비행 후 느껴지는 땀의 잔향이 났다. 호스트로서 와인병 하나 제대로 칠링 안 해둔 내게 줄 선물을 갖고 왔다니. 변명처럼 들릴 수 있지만 우리 집에서 함께 지내자는 것에 부담을 느낄까 봐 일부러 아무 준비도 안 한 것처럼 했다.

"샤워부터 해도 돼요."

말이 툭 튀어나온 걸 보니 긴장한 게 분명했다. 와일드맨은 내게 심플한 종이 상자를 하나 건넸다.

"화병이라면 이미 장만했어요."

나는 농담처럼 말했다.

상자를 무릎에 올려두고 뚜껑을 조심스럽게 열었더니, 안에는 습자지로 감싼 무언가가 있다. 휴지를 푸르니 손으로 만든 작은 유리잔 두 개가 있다. 그리고 옆에는 한 번도 본 적 없는 우아하고 아름다우며 견고한 가위가 있다. 가위의 날은 곡선을 이루었고 고급 금속으로 만들어진 것이었다. 손에 올려두니 묵직함이 느껴졌다.

"겨울에 가지치기할 때 쓰는 가위야. 일본산이지. 와인메이커와 사랑에 빠진다면 필요할 것 같아서."

와일드맨이 짓궂은 표정을 지으며 말했다.

꽃다발이 배달되었을 때 그가 얼마나 로맨틱한 사람인지는 알았지만, 가지치기 가위는 상상도 못 한 선물이다. 그는 티셔츠와 비스포크 유리잔, 포도 농사용 도구가 든 상자를 백팩에 넣고 지구 반 바퀴를 돌아서 오는 그런 남자였다.

"너무 아름다워요."

우리는 서로를 껴안았다.

"그건 아들레이드에서 손으로 직접 만든 거야."

그가 유리잔을 가리키며 말했다.

"우리 레스토랑에서는 그 잔을 와인잔으로 사용해."

그는 샤워를 빨리하고 오겠다 했다. 그동안 나는 이 독특한 선물을 물끄러미 쳐다보며 무슨 의미인지 파악하려 했다. 여기서 같이 지내자 하지 말 걸 그랬나?

샤워를 끝내고 나왔을 때 그는 곧장 냉장고에서 본인이 갖고 온 와인병을 들고 내게 다가왔다. 크라운캡과 병 안의 기포만 보고 펫낫인지 알 수 있었다.

그가 병을 테이블에 내려놓았을 때 나는 탄성을 질렀다. 손으로 직접 그린 라벨에, 내가 그려져 있는 것 아닌가? 그가 조지아에서 찍은 내 사진을 그린 거다. 일정 막바지에 모여 앉은 식사 자리에서 나란히 앉아 웃던 중에 찍힌 사진이다.

"아니 이게… 나… 농담 아니죠?"

감동한 것치고 말이 헛나갔다.

전 세계로 수출되어 도쿄나 시드니 와인 바에서 서빙될 와일드맨의 와인에 내 모습이 그려진 게 믿기지 않았다. 와일드맨은 생각에 잠긴 표정으로 핑크색 버블 와인을 두 개의 잔에 따랐다.

"우리를 위하여."

어안이 벙벙해 가만히 들고만 있던 나의 잔에 자신의 잔을 부딪치며 그가 말했다.

와인은 밝고, 가볍고, 신선함 그 자체로 산미가 입안에서 폭발했다. 레이나드 시절부터 내가 가장 좋아한 펫낫의 요소가 가득했다.

우리는 잔에 든 와인을 빨리 들이켰고 와일드맨이 잔을 다시 채웠다. 그러면서 그는 앞으로 몇 주 간 떠나게 될 출장 일정을 공유해주었다. 먼저 스코틀랜드의 내추럴 와인 페어에 들렀다가 런던으로 가 세일즈 투어를 일주일간 할 것이라 했다. 그리고 히샤 프랑코 Hiša Franko 라는 유명 레스토랑에서 식사하기 위해 슬로베니아에 들렀다가 스페인의 와인 페스티벌에 참석한다고. 듣기만 해도 신나면서 정신없어 보였다. 1년 동안 유럽과 뉴욕 사이를 수도 없이 비행한 탓에 공항에 가는 것 자체가 내겐 지치는 일이었다.

머릿속이 정리가 안 돼서인지 가만히 있을 수가 없었다.

"일단 나갈까요?"

내가 말했다.

"파리에 왔는데 집에만 있을 순 없잖아요!"

우리는 빠른 걸음으로 걸었다.

"거기 어디였지? 섹시한 커플이 운영하는, 그, 자리 없고 마요네즈 계란 파는 곳?"

와일드맨은 이름에 약했다. 그럼에도 나는 찰떡같이 알아듣고 라 까브 아 미쉘로 그를 끌고 갔다.

레스토랑 안을 들여다보니 청회색 눈의 체구가 작은 러시아인 이울리아와 우크라이나 혈통의 프랑스인 로망 주인 커플이 텅 빈 바 안에서 담배를 피우며 바를 깨끗이 닦고 있는 게 보였다. 고개를 수그리고 있는 로망의 긴 머리가 그의 눈을 뒤덮었다. 오늘따라 사람이 없는 조용한 저녁이었는지 레스토랑 밖에 세워둔 베스파 스쿠터를 타고 집에 갈 채비를 하고 있던 게 분명했다. 그런 그들이 우리를 봤다.

"이게 누구야!"

로망이 밖으로 나와 와일드맨의 등을 두들기며 얼굴을 끌어당기더니 그의 양 쪽 볼에 진하게 키스를 했다. 둘은 와일드맨이 프랑스를 몇 번 방문한 사이 매우 친한 사이로 발전했다. 로망이 셀러로 사라지더니 와인병을 하나 들고 나왔다. 우리가 이울리아와 대화를 나누는 동안, 그는 바 뒤의 인덕션에서 몇 가지 음식을 만들기 시작했다. 우리는 서서 와인을 마시다가 마요네즈가 따로 종지에 담아져 나오는 계란 디쉬, 어프 마요 $^{oeufs\ mayo}$를 먹었다. 프랑스에선 흔한 애피타이저지만 라 까브 아 미쉘의 어프 마요는 아이코닉하다. 다 먹은 뒤에 우리는 팔짱을 끼며 나왔다. 와일드맨이 혹시 피곤하지 않을까 걱정하던 차에 그가 내게 물었다.

"이제 어디 가지, 마이 러브?"

파리를 즐긴 황홀한 밤이었다. 키스만 몇 번 해봤지 별다른 신체적 접촉이 없던 그와 잠자리를 갖는 게 어색할까 걱정했는데 거나하게 취한 덕에 물 흐르듯 진행됐다. 아침에 일어나서는 서로를 껴안고 키스를 더 했다. 그러다 갑자기 원고 마감이 생각나 침대에서 일어나 옷을 입기 시작했다. 와일드맨은 아주 편안한 표정을 하고 침대에 누워 나를 쳐다봤다.

"아침에 좀 해야 할 것들이 있어요."

갑자기 분주해진 나의 상황을 설명했다.

일단 론칭 예정인 잡지에 실릴 두 개의 메인 기사 편집을 마무리해야 했다. 아직 8월이 안 됐지만 10월에 창간을 목표로 하고 있기에 2주 안에는 디자인 작업을 시작해야 했다. 나와 동료들 모두 출판물 작업이 처음이라 얼마나 오래 걸릴지 가늠이 되지 않았다.

이런 와중에 와일드맨이 집에 같이 있는 게 갑자기 부담스러워졌다. 그는 파리에 휴가차 온 거였을 텐데 나는 할 일이 태산이었다. 그가 여기 있는 동안 내 일에 집중해서 쳐낼 수 있을까?

내가 부엌에서 프렌치프레스로 커피를 만들자 와일드맨이 일어나 옷을 입기 시작했다. 그가 부엌에 들어왔을 때 나는 편집해야 하는 기사를 노트북에 띄워놓은 상태였다. 한 기사는 괜찮았는데 다른 하나는 최소 한 시간을 집중해서 수정해야 했다. 더는 미룰 수가 없었다.

"저기 커피 있어요."

내가 가리키며 말했다.

그는 컵에 자신이 마실 커피를 따르고는 내가 타자를 치는 동안 조용히 마셨다. 얼마 뒤 내 등에 닿은 그의 손이 느껴졌다.

"나가서 먹을 것 좀 사오려는데, 어때?"

"아주 좋은 생각이에요."

집 열쇠와 빈 에코백을 빨리 집어 그에게 건넸다.

"이것들 가져가요. 바로 앞에 비오 쎄 봉 있어요. 중세 시대 건물처럼 보이는 건물 2층으로 올라가서 왼쪽에 있을 거예요."

그는 내게 키스를 남기고 밖으로 나갔다. 45분 뒤 그는 장을 한 아름 봐서 돌아왔다. 들어오기 직전에 담배 한 대 피우고 온 냄새가 났다.

"잘 갔다 왔어요?"

내가 물었다.

"아깐 미안했어요. 좀 스트레스받는 상황이라…."

나는 직접 창간하는 잡지를 준비하면서 다른 매체에 내주럴 와인 관련 기사를 기고하느라 좀 벅차다고 설명했다.

"특히 숙취까지 있어서. 이거 견디기 너무 힘든데요?! 숙취 괜찮아요?"

와일드맨이 웃었다.

"나도 좀 있지. 건강한 아침 한 끼 먹으면 나아질 거야."

내가 컴퓨터로 작업하는 동안 그는 재료를 씻고 껍질을 벗기고 손질하기 시작하더니 예쁜 색감의 음식이 담긴 접시를 들고 거실의 나무 식탁으로 향했다. 신선한 허브의 향을 따라 그가 차린 만찬을 발견했다. 투박하게 썬 토마토는 늦은 아침 햇살에 반짝였는데 이는 수란과 부드러운 치즈와 함께 놓여있다. 오이 위에는 구운 아몬드가 올려지고 김으로 추정되는 가루가 더해져 있다. 거기에 꿀을 뿌린 복숭아까지. 우리는 몇분 간 아무 말도 하지 않은 채 포크를 들었다. 음식이 들어가니 숙취가 해소되는 기분이었고 별일 아니었다는 듯이 나는 그에게 잘 먹었다고 인사했다. 사실 적시 적소에 필요한 음식을 심플하면서도 매력적인 플레이팅으로 준비해준 그 덕분에 내가 따뜻하게 보살핌받는 기분이었다.

"해야 할 일 끝나면 자전거 빌리러 나갈까 하는데, 어때?"

와일드맨이 제안했다.

청명한 하늘이 있는 따뜻한 날씨라 딱 좋은 생각이었다. 와일드맨이 설거지를 하는 동안 나는 갖고 나갈 수저와 냅킨, 그리고 그가 선물해준 유리잔을 챙겼다. 벨리브 자전거가 있는 가장 가까운 곳으로 가 두 대를 빌려 센강으로 향했다. 내 앞에 달리고 있던 와일드맨의 낡은 티셔츠와 자유롭게 휘날리는 머리를 보며 나는 절로 미소가 지어졌다.

바스티유 부근에 치즈 매장을 발견해 거기서 오베르뉴에서 만든 톰므 치즈 생넥테르를 샀고, 그동안 와일드맨은 바게트를 챙겼다. 그의 가방에 다 넣어 좌안의 다리를 건널 즈음 내가 앞질러 길을 안내했다.

뤽상부르 공원에 도착하고 나무 아래 그늘에서 열기를 식혔다. 거기에 자리를 잡고 부르고뉴 내추럴 와인 생산자인 장-자크 모렐J. J. Morel 의 와인을 마셨다. 구매한 치즈와 참 잘 어울렸는데 둘 다 리치함과 산미의 밸런스가 좋아 입맛을 돋우었다.

"그래서,"

와일드맨이 미소 지으며 말을 시작했다.

"이번 주 나와 시간 보내기 위해 몇 명과의 데이트 약속을 취소했나? 취소한 건 맞지? 오늘 밤 당연히 함께 보낸다 생각하면 안 됐나?"

그의 장난에 맞장구를 쳤다.

"그거야 당신 하기에 달려있죠. 내가 혹할 만한 제안을 하면 다른 약속을 취소해볼 수도 있고요."

그렇게 재미 삼아 몇 마디 더 나누고는 내 이마에 붙은 머리를 쓸어올려 주는 와일드맨의 눈을 바라봤다. 그는 농담이 아니었다. 그는 파리에 오로지 나를 만나러 온 것이다. 내가 조지아 전역을 도는 버스 안에서 느꼈던 감정을 그도 똑같이 느꼈던 것이다.

"당신 정말 따뜻한 사람이에요."

내가 말했다.

그가 내 눈을 들여다보며 손을 잡으려 했다.

"호주로 돌아가고 매일 레이첼 생각을 했어."

그 말에 웃을 뻔했지만 분위기상 참았다. 그가 얼마나 자주 내게 문자를 보내고 전화했는데, 내 생각을 자주 했다는 것쯤은 알고 있었다. 하지만 농담은 조지아에서 충분히 했고, 이제는 우리가 진지하게 만날 수 있는 사이인지 확인하는 시간이었다.

"이리 와봐요."

그의 어깨에 양팔을 감으며 내가 말했다.

그런데 그 순간 그의 몸이 굳는 게 느껴졌다. 서로의 입술이 닿

앉지만, 감정 하나 없는 입맞춤이었다. 무슨 일이지? 내 진심을 말해서 그런가?

다시 앉아서 바게트 부스러기를 쪼아 먹는 비둘기로 화제를 돌렸다. 방금 나눈 키스는 따뜻하지도, 자극적이지도, 즐겁지도 않았다. 이대로 둘 순 없었다. 둘 다 이런 어색하고 모호한 상황에 처해있으려고 여기까지 온 게 아니었으니. 그는 자기와 함께 포도나무 가지치기를 하자는 뜻의 특이한 선물을 갖고 와놓고 아무 액션도 취하지 않았다.

"안 되겠어, 일어나요."

와일드맨이 눈을 깜빡이더니 일어났다. 나보다 한 뼘 더 큰 그와 일어서서 서로를 바라봤다.

나는 그의 손을 잡아 압력을 넣었다.

"자,"

내가 말을 시작했다.

"내게 키스해요. 진짜 진한 키스 말이에요. 머릿속의 생각은 다 떨구고, 신경 쓰이는 거 다 잊고."

주변 사람들과 나무를 가리키며 말했다.

와일드맨이 심호흡을 크게 하는 게 들렸다. 그는 티 나게 떨며 키스했지만, 아까보다는 훨씬 나았다. 그렇다고 말해줬다.

"한 번 더요. 이번엔 눈을 감고, 뜨지마요."

내가 말했다.

그리고 드디어 다시 느꼈다. 우리가 마지막 만찬 후, 조지아의 별 아래 나눈 그 키스를. 그가 나의 허리를 감싸 세게 안자 요동치는 그의 심장이 그대로 느껴졌다.

감싸던 팔의 힘을 풀고 그가 내 눈을 들여다봤다. 답을 찾듯이.

"이번엔 괜찮았어?"

내가 끄덕이며 속삭였다.

"완벽했어요."

그가 이혼의 아픔으로 겪은 감정적 트라우마는 아직 선명하게 남아있지만 이 키스 하나로 희망이 보였다. 그가 슬슬 마음을 열 수도 있겠다고. 지금 앞에 서 있는 이 남자를 파리에서, 내가 자유롭게 해주고 싶었다.

나 또한 내 안에 요동치는 무언가를 느꼈다. 하지만 아직 받아들일 수 있을지 모르겠다. 이 남자와 나는 살고 있는 반구조차 다르지 않나?

Five

로드 트립

쇼디치의 거리는 밤 산책을 하거나 한잔하기 위해 나온 사람들을 제외하면 한산하고 고요했다.

빨간 벽돌 주거 단지에 렌트한 원 베드룸 아파트 안의 우리도 조용했다. 다만 속은 부글부글 끓고 있다.

"일어나 봐."

와일드맨이 나를 지금 찌르는 건가? 우리는 한 시간 전에 잠이 들었다. 결국 와일드맨과 톰을 따라 런던까지 온 나는 그들의 영국 수입사가 주최한 행사에 따라다녔다. 둘의 와인을 선보이는 여러 레스토랑을 전전해서 피곤하기 그지없었다. 그런 와중에 이 남자는 간신히 잠든 나를 깨우고 있다.

괴로운 표정을 짓고 있는 그를 향해 꾹 닫힌 두 눈을 천천히 떴다. 그는 턱을 괴고 누워 언짢은 듯 나를 쳐다봤다.

"왜, 무슨 일인데?"

내가 궁시렁거리며 방 안으로 스며들어 온 달빛에 눈을 깜빡였다.

잠이 들기 전부터 뭔가 이상하다고 느끼긴 했다. 밤까지 분주하게 보내고 에어비앤비로 돌아온 와일드맨의 어깨가 축 처진 채 시무룩하고 말을 안 했다. 털끝 하나 닿지 않게 침대에 어색하게 누워서는 10년 차 부부처럼 잘 자라는 인사를 했다. 2주 전의 뜨거웠던 우리는 온데간데없었다.

"아까 바 주인 남자랑 왜 그렇게 오래 얘기한 거야?"

와일드맨이 어둠 속에서 속삭였다.

나는 어이가 없어 한숨을 내쉬었다. 업계 셀렙과도 같은 그 바 주인과 나는 와인에 관한 아주 평범한, 일 관련된 얘기만 주고받았다. 우리가 공통으로 아는 지인부터 곧 창간할 잡지, 그가 최근에 다녀온 론 지역 등이 주제였다. 뉴욕에선 이걸 슈무징*이라 부를 정도로 평범한 대화 그 자체였다. 어떤 웨이터가 오더니 내게 말을 걸어 대화가 끊겼다.

"저기요."

웨이터가 말했다.

"친구분 와일드맨이 와인 한 잔 사고 싶다는데요."

---

* 네트워킹을 목적으로 하는 가벼운 대화.

창피함에 양 볼이 빨개졌다. 이건 마치 강아지가 영역 표시하기 위해 다리를 드는 행동이나 다름없었다.

대인배인 바 주인이 잔을 닦고 있는 바텐더에게 가 뭐라 말하더니 프레데릭 사바르 Frédéric Savart 의 샴페인을 내 잔에 따랐다. 이 귀한 병이 마침 열려 있었다니, 버블을 들이키자 기분이 금세 좋아졌다.

10분 뒤, 멕시코 메즈칼을 영국에 곧 론칭하고 싶다는 얘기를 바 주인이 하고 있을 때 그 웨이터가 다시 내게 다가왔다. '친구분'이 와인을 한 잔 더 하겠냐고 물어봤다는 거다.

나는 웨이터에게 짜증 섞인 표정을 지으며 지금 마시고 있는 샴페인이면 됐고 더 필요한 건 없다고 말했다. 나와 바 주인 사이의 대화는 이어졌고, 10분 뒤 시음을 마친 와일드맨과 톰이 소믈리에와 함께 다음 이벤트장으로 출발할 거라 알렸다. (톰은 며칠 전 에딘버러에서 우리와 합류했다.) 문을 나서자 택시가 기다리고 있었지만 나는 걸어가겠다고 했다. 날이 좋았고, 해크니의 분위기를 조금 더 느끼며 걷고 싶었다. 말은 좋게 했지만 속으로는 졸졸 따르는 '친구분' 없이 20분 만이라도 혼자 있고 싶었다. 다음 행선지인 더 래핑 하트 The Laughing Heart 까지 느긋하게 걸어갔다. 더 래핑 하트는 내추럴 와인이 주를 이룬 레스토랑으로 톰과 와일드맨이 오늘 유료 디너 행사를 호스팅한 곳이다. 둘의 호주산 와인과 함께 코스로 나오는 음식이 페어링되어 황홀한 밤이 이어졌다.

그랬는데 왜, 와일드맨은 자고 있는 나를 깨워서 자신의 불안한 마음을 달래달라 하는 것인가?

"혹시 개방적인 관계를 원하는 거면, 난 안될 것 같애."

그가 화난 톤으로 얘기했다.

나는 지친 마음에 눈을 질끈 감았다. 아직 명확하지 않은 우리의 관계는 고작 2주간 지속됐을 뿐이다. 그의 이런 행동에 경고등이 울리는 것 같았다. 우린 아직 개방적인지 보수적인지 모르겠는 관계를 탐색해가는 중인데 이런 식의 질투심으로 나를 힘들게 하면 더 이상 발전시킬 마음이 없었다. 그 뒤 몇 시간 동안 해결책을 찾기 위해 대화를 나눠봤다. 서로의 입장을 얘기하며 오해를 풀려고 하는 목소리에는 화가 섞여 있었다. 얘기해도 풀리지가 않았다. 그의 감정을 이해해보려 해도 공감하기가 어려웠다. 한 사람과 연애를 오래 해본 경험이 부족한 나인 데다 그가 이혼한 이유를 정확히 알지 못한 것이 한몫했다. 그조차도 결혼 생활이 어떻게, 왜 끝났는지 잘 모르는 것 같은데 나라고 이해가 될까? 견디다 못해 와일드맨에게 등을 돌리고 누웠다.

"나 좀 잘게."

"알겠어. 어차피 우리 잘 안될 줄 알았어."

마음을 짓이기는 그의 말에 실망했지만, 대꾸하지 않고 잠을 청했다. 이 일이 있기 전까지는 모든 게 좋았다. 그런데 나의 실패한 여느 관계와 별반 다르지 않게 이번 역시 시작하기도 전에 끝나고 있다. 와일드맨에게 이혼의 아픔을 이겨낼 시간을 주지 않은 채 섣불리 관계를 시작해 이렇게 된 것이 아닌지. 그렇다고 아직 물러서고 싶진 않았다. 그와 함께하는 게 여전히 신났고, 단순한 썸이라 칭하기 싫었다.

다음 날 아침 일어났을 때 그는 없었다. 대신 시가 한 편 적힌 쪽지를 남겨두었다. 화장실에서 흘러나오는 샤워 소리를 배경으로 나는 어떤 마음으로 봐야할지 알지 못한 채 쪽지를 읽기 시작했다. 사과하기 위해 급하게 쓴 시가 어젯밤에 생긴 구김을 펴줄 수 있을까?

샤워를 마친 와일드맨이 타올을 두르고 나와 내 옆에 앉았다.

"미안해."

그가 말했다.

"애만도 못해. 나에겐 쉽지 않네. 나 확실히 더 노력해야겠더라. 내 사과를 받아주겠어? 런던에서의 남은 여정을 즐기자."

물론 그러고 싶었다. 그러나 와일드맨과 톰이 일정을 소화하도록 보낸 뒤 나만의 시간을 가졌다. 테이트 박물관에서 현대 미술의 영감을 받고 버로우 마켓에서 아침 식사를 했다. 런던에서 지하철만 타면 스트레스를 받는 걸 깨닫고 박물관에서 나온 뒤부터 걸어서 다니기로 했다. 템스강을 따라 길게 뻗은 길을 걸으며 와일드맨에게 기회를 주기로 다짐했다. 이혼 자체가 누구에게나 힘든 일이니까. 나는 내 부모가 서로에게 상처 주며 이혼하는 과정을 봐왔기에 누구보다 잘 안다. 마음이 다치고 복잡한 상태인 와일드맨 그대로를 내가 받아들이고 차근차근 그를 이해하기 위해 노력한다면 그의 상처를 내가 낫게 해줄 수 있을 것 같았다. 타인에 대한 공감력과 참을성을 기르면 그 과정에서 나라는 사람도 한층 성숙해져 있을 테니까.

나야말로 어떤 면에서 여기저기 다치고 성한 데가 없는데 말이다.

　와일드맨을 따라나선 여행은 동화처럼 시작했다. 혹은 해리포터 이야기처럼?

　어느 우중충한 날 이지젯 항공을 타고 파리에서 스코틀랜드로 왔다. 다음날 언덕을 올라 오래된 화산암 위 마을에 나 홀로 우뚝 선 에딘버러 성을 지났다. 그날도 축축하게 비가 와 스코틀랜드에 따스한 여름이 오긴 하는지 궁금해졌다. 남호주에서 방금 도착한 톰과 함께 와일드맨은 '와일드 와인 페어'라 불리는 에딘버러 첫 내추럴 와인 시음회에 참석할 예정이었다. 그 페어는 와일드맨이 극찬한 팀버야드Timberyard라는 레스토랑에서 진행됐다.

　주최 측이 행사장을 세팅하자 팀버야드에 인파가 몰려들었다. 와일드맨과 톰은 나란히 와인 부스를 세팅하기 시작했다. 유럽 와인으로 가득 찬 이 공간에 둘이 남반구를 대표해 호주 와인을 선보일 것이었다. 그사이 나는 장-피에르 호비노Jean-Pierre Robinot 의 '페텅뷜Fêtembulles' 펫낫을 따라주는 수입사 부스로 가 한 잔 받고 기분을 냈다. 와일드맨은 내 얼굴이 붙은 라벨의 펫낫을 사람들에게 시음하게 해줄 예정이었다. 그림 속 여인이 나라고는 아무도 모를 것이다. 둘만의 비밀인 셈이다.

　멀게는 런던, 가깝게는 스코틀랜드 전역에서 사람들이 내추럴 와인을 맛보기 위해 모였다. 와인잔에 코를 박아 향을 맡고 와인메이커들에게 많은 질문을 하는 열정적인 사람들이었다. 팀버야드는 노마 출신의 셰프 오너 잭 블랙웰과 조 래드포드가 새롭게 연 곳이다. 노마는 로카보리즘**을 실천한 선구자적인 레스토랑으로 모든 식재료를 인근 땅과 바다에서 공수해 온다. 또한 더운 계절도 버틸 수 있도록 노마만의 특별한 발효와 피클링 기법을 활용하는 것으로 잘 알려졌다. 잭과 조는 와일드 와인 페어를 함께 주최한 인디아 패리-윌리엄스와 함께 이 로카보리즘 방식을 팀버야드 키친에 적용시킨 것은 물론, 코펜하겐에서 인턴하던 중 매료된 내추럴 와인을 에딘버러에 선보이기로 했다. 와일드 와인 페어의 티켓이 매진되고 한 시간도 안 돼 장내가 꽉 찬 것을 보니 에딘버러는 내추럴 와인에 목말랐던 것이 분명했다.

    시음회지만 나는 와인을 뱉지 않고 다양하게 마셔봤다. 오스트리아 부르겐란트의 클라우스 프라이징거Claus Preisinger 의 스모키한 블라우프랜키쉬부터 이산화황을 넣지 않는 부르고뉴 프르미에 크뤼 와인메이커인 얀 뒤리유Yann Durieux 의 고가 와인까지, 모두 술술 들어갔다. 나는 이탈리아 캄파냐 지역에서 와인을 만드는 안토니오 디 그루톨라Antonio di Gruttola 와 다니엘라 데 그루톨라Daniela De Gruttola 와 함께 시음하러 다녔다. 이 둘은 내가 좋아하는 칸티나 지아르디노Cantina Giardino 와이너리를 운영하는데, 수년 전 우바 셀러에서 발견한 둘의 와인을 맛보고 가장 좋아하는 스킨 콘택트 와인이 됐다.

** 지역의 로컬(local)과 먹다의 보르(vore)의 합성어로 거주지에서 재배한 제철 식재료를 소비하는 방식.

늦은 오후가 되자 행사장은 알딸딸한 참석자들의 묘한 에너지로 가득 찼고, 와일드맨과 톰은 와인병을 좀 치우더니 갑자기 테이블 위로 올라갔다. 톰이 주머니에서 종이 한 장을 꺼내 내추럴 와인을 주제로 쓴 시를 낭독했다. 그리고 종이를 와일드맨에게 넘겼다. 페어 참석객들은 낡은 티셔츠 차림에 감지 않은 부스스한 머리와 6일째 깎지 않은 듯한 수염을 한 이 두 호주 남자의 낭독을 재밌어하며 귀를 기울였다.

"내추럴 와인은 자본주의와 거리가 멀어요."

와일드맨이 한 구절을 낭독했다.

"대신 세상에 더 많은 아름다움을 만드는 것이지요."

낭독이 끝나자 모두가 박수를 치며 환호했다. 그리고 언제 그랬냐는 듯이 다시 와인을 마시기 시작했다. 밤까지 이어진 행사는 팀버야드에 있는 모든 와인이 거덜 나자 마침내 끝이 났다. 아직 흥이 남은 우리는 도시의 다른 바로 옮겨 갔고 더 이상 와인을 입에 대고 싶지 않을 때쯤 맥주로 갈아탔다.

이탈리아와 유대계 피가 섞인 나에게 에딘버러의 지속적인 우기 상태는 내가 상상한 로맨틱한 여행의 근처에도 못 갔다.

"8월에 이렇게 비가 오는 게 정상인가?"

페어 다음 날 오후, 나는 온기를 느끼기 위해 와일드맨에게 안기며 관광지역을 걸었다.

"여름스럽진 않지."

그가 맞장구를 쳤다.

그는 내게 '진짜 스코틀랜드 옷'을 파는 '비싼' 옷 가게를 보여주고 싶다고 했다. 에딘버러에 와본 적이 있는 와일드맨은 이곳이 익숙해 보이는 반면에 내게는 모든 게 생소했다.

"그래서 어디 출신이라 했지? 태어난 건 요하네스버그라 했고…"

그에 대해 더 많은 걸 알고 싶어 캐보기로 했다.

"엄마는 독일인, 아빠는 영국 혈통이었지."

그가 말했다.

남아프리카 공화국에 살던 와일드맨의 가족은 아파르트헤이트가 한창이던 1984년에 호주로 이민을 갔고, 그 후 그는 남아공으로 다시 돌아가지 않았다.

남성 킬트와 여성 타탄 수트, 그리고 트위드, 체크무늬 베스트로 가득한 옷 가게에 들어서자 와일드맨의 눈이 반짝거렸다. 당장 그의 관심을 딴 데로 돌리지 않으면 여행 내내 낡은 티셔츠 위에 체크무늬 베스트를 입은 남자와 돌아다녀야 할 수도 있다.

그러다 밀리터리 그린색의 코튼 재킷이 눈에 들어왔다.

"이거 정말 잘 어울릴 것 같아."

내가 말했다.

"유럽에 재킷을 하나라도 갖고 오긴 한 거야?"

나는 재킷을 입어보라고 부추겼다. 그가 고개를 갸우뚱하며 소매에 팔을 넣자 나의 와일드맨이 단번에 젠틀맨으로 변신했다. 여전히 시골스러운 감이 없잖아 있지만, 그래도 좀 때 빼고 광낸 버전이랄까.

그는 재킷을 입은 상태로 매장에서 나와 에딘버러의 조약돌 거리로 발을 내딛었다. 늦은 아침 맥주 한잔을 하기 위해 펍에 들어섰다. 테라스에 앉아 있으니 목에 카메라를 두르고 헤진 아식스 운동화를 신은 관광객들이 우리 테이블 앞을 지나갔다.

나의 새 남자친구에게 묻고 싶은 게 여전히 많았다. 와일드맨은 자신의 청소년 딸 루시에게 줄 선물을 사야한다고 말했었다.

"루시는 몇 살이야?"

내가 물었다.

그는 뒤로 기대더니 나이를 계산하는 동안 천장을 바라봤다.

"아마… 16살?"

'아마'라니… 웃기면서 슬픈 상황이다.

"지금은 엄마랑 지내고 있고?"

루시는 기숙사 학교에 다니고 있지만 그곳에 적응을 못 해 이번 학기가 끝나면 전학 갈 것이라고 그가 말한 적이 있다. 기숙사에서 나오면 아들레이드에 있는 엄마와 살 것이라고.

우리는 서로의 가족에 대해 더 이야기했다. 나는 위로 세 명의 형제가 있는데 각각 두 명의 아이를 낳았다. 그리고 대용량 기네스 맥주가 나를 떠민 건지도 모르겠으나, 만난 지 2주도 안 된, 이혼한지 얼마 안 된 남자에게 해선 안 되는 질문을 하고 말았다.

"아이는 더 낳을 생각이야?"

이 질문에 그는 크게 반응하지 않았다. 오히려 허리를 곧게 펴더니 여유로운 표정을 지으며 바로 앉았다. 그리고 확신에 찬 자신감으로 내 눈을 뚫어져라 쳐다보며 말했다.

"레이첼이 원하면 언제든지 아이를 낳을 마음이 있어. 그러니 그건 걱정하지 마, 알겠지?"

예상치 못한 답에 말을 잇지 못해 어색하게 웃고 말았다. 하지만 그 말에 안도와 위안을 느껴 내가 상대를 향해 세운 벽이 서서히 무너지는 게 느껴졌다. 고맙게도 와일드맨이 와인으로 말을 돌렸다.

"이 풀사르 마셔볼까?"

자신의 가죽 힙색을 가리켰다. 그 안에는 프랑스 쥐라에서 와인을 만드는 줄리앙 라베Julien Labet 의 가벼운 레드 와인이 한 병 숨겨져 있다. 거기에 에어비앤비에서 챙겨 온 와인 오프너와 몇 개의 잔도 들어있다.

얼마 뒤 우리는 어떤 공동묘지 풀밭 위에 앉았다. 이곳은 작가 J.K. 롤링이 해리 포터에 나오는 묘비에 관해 쓰기 전, 영감을 얻기 위해 찾은 곳으로 알려져 있다. 슬슬 해가 지는 늦은 오후인 데다, 바이올릿 색의 장미 향이 나는 풀사르를 각자의 잔에 따라놓자 그레이프라이어스 커크야드 공동묘지의 영혼들 사이에서 로맨틱한 순간을 만끽하는 것도 나쁘지 않게 느껴졌다.

다음날 우리는 런던으로 향하는 비행기에 탔고 도착하자마자 와일드맨과 톰은 '영업'을 뛰어야 했다. 기내 좌석에 앉자마자 나는 읽고 있던 소설책을 꺼내 들었고 와일드맨은 내 어깨에 머리를 기댔다. 잠이 들어 유독 더 무겁게 느껴진 그의 머리 때문에 2시간 비행시간 동안 책에 집중이 되질 않았다. 어깨에서 밀쳐 내 볼까도 싶었지만 피곤함에 곤히 잠든 것 같아 그대로 두었다. 시음 행사에서 와인을 따른다는 것은 200여 명의 처음 만나는 사람들과 대화를 해야한다는 것이다. 그는 기장이 들을 수 있을 정도로 코를 드르렁 골았고 나는 결국 읽는 것을 포기하고 책을 덮었다. 와일드맨은 런던에 착륙함과 동시에 깨서 개운하게 기지개를 켰다. 이번 비행은 한 사람에게만 편안했던 게 분명하다.

런던에서는 그의 코 고는 소리 외에도 숙면을 방해하는 일들이 생겼다. 한밤중에 쇼디치 숙소에서 한 말싸움은 와일드맨과 꽃길만 걷지는 않겠다는 걸 일깨워줬다. 그래도 포기하고 싶은 마음은 없었다. 우리 만남은 어차피 평범하지 않았으니까. 조지아 버스 뒷좌석에서 바이오다이내믹 와인메이커를 만나, 파리 아파트로 꽃다발을 여러 차례 받고는 전 세계를 다니는 자신의 여정에 동행하게 해주는, 이런 만남이 또 있을까? 거기에 미래를 약속하는 것을 두려워하지 않는 사람을 만나 나 또한 가정을 꾸리는 꿈을 꾸게 해주는 남자를 만나는 건 드문 일이다.

2017년 8월 이전에 내게 슬로베니아가 어디 있는지 물었다면 나는 눈을 찡그리며 오스트리아와 체코와 맞닿아 있다고 했을 것이다. 즉, 나는 슬로바키아와 슬로베니아를 헷갈렸을 것이다. 부끄럽게도 미국 고등학교에서는 중유럽과 과거 유고슬라비아에 대한 교육을 제대로 해주지 않았다. 어쩌면 그 지역의 역사가 교과과정에서 다루기엔 너무 복잡해서 그럴 수도 있다.

특히 서유럽과의 교류를 시작한 지 그리 오래되지 않은 지역이기도 해서다. 파리에서 슬로베니아로 가기 위해서는 먼저 이탈리아 베니치아로 비행해야 했다. 런던 일정 이후 나는 유독 좋아했던 벨빌의 전대 아파트에서 짐을 빼야 해서 혼자 파리로 돌아와 주말을 보냈다. 와일드맨과 톰을 아는 호주 친구 니콜라네 집에 짐을 잠시 보관해두기로 했다. 니콜라는 와일드맨과의 여행 후 파리로 돌아오는 8월과 9월에 걸친 몇 주를 자신과 지내도 된다고 해줬다. 9월에는 루아르에 포도 수확을 하러 갈 계획이라 그 전까지만 신세를 지기로 했다.

짐을 내려놓고 니콜라와 나는 우안 운하로 향했다. 여름 초 연구 차원에 잠시 다녀온 부르고뉴에서 사온 도미니크 드랭Dominique Derain의 샤르도네와 꼬리꼬리한 냄새의 에푸아스 치즈와 바게트를 챙겨갔다. 운하를 따라 여름을 즐기는 파리지앵들이 쭉 늘어앉아 있다.

니콜라는 베이커리에서의 일이 어떤지 근황을 얘기해줬고 나는 톰과 와일드맨과 다녀온 에딘버러와 런던 여행을 업데이트해줬다. 그녀의 의견이 정말 궁금했다.

"사실 몇 번은 정말 돌아버리는 줄 알았어."

내가 불만을 늘어놓기 시작했다.

"그는 너무 집착하고 감정 주체가 안되더라. 그에 대해 더 알아가고 즐거운 시간을 보내고 싶었는데 분위기가 자꾸 엄해지는 거야."

생각에 잠긴 듯 니콜라의 미간에 주름이 생겼다.

"뭔지 알겠어. 그의 전부인이 너무 갑작스럽게 떠났잖아. 그럴 거라는 신호는 계속 있었던 것 같은데 말이야. 그러고 보니…"

그녀의 목소리가 긍정적이게 변했다.

"너랑 와일드맨은 정말 잘 어울려. 조금 더 두고 봐봐."

듣고 싶은 조언이었다. 그래서 파리에서의 생활을 다시 시작하는 대신, 나는 비행기에 올랐다. 두 남자와 재회하기 전에 베네치아에서 홀로 24시간을 즐기기로 했다. 그곳에서 나는 오징어 먹물에 듬뿍 적신 스파게티를 먹고 아카데미아 미술관에서 필립 거스턴 회고전을 보러 간 뒤, 수백 년 된 고풍스러운 교회에서 열리는 오케스트라 콘서트도 몰래 들어가 관람했다. 그런 뒤 석호 주변에 서서 토스카나에서 오는 나의 두 와일드한 호주인을 기다렸다. 아침 햇살에 진이 빠지기 일보 직전이었을 때 지붕을 내린 채 다가오는 피아트 500을 발견했다. 웃통을 벗은 와일드맨은 해맑게 웃고 있었고, 톰은 셔츠 단추를 끝까지 풀고 있었다. 와일드맨과 고작 3일 떨어져 있었지만 그의 유머와 따뜻함, 특유의 억양이 모두 그리웠다. 그가 나를 향해 "챠오, 벨라"라고 외치자 내 몸에 안도의 기운이 퍼졌다. 그의 품에 당장 안기고 싶었다.

슬로베니아 서쪽의 국경을 넘자 숨 막히는 광경이 펼쳐졌다. 신록의 언덕과 콸콸 솟던 소차 계곡이 진풍경을 자아냈는데, 주변에 그 어떤 상업 개발 구역이 없어 아름다움이 배가 됐다.

첫 행선지는 계획대로 히샤 프랑코라는 레스토랑이었다. 수많은 상을 탔다고 하지만 나는 처음 들어본 곳이다. 이곳 주인들이 작년에 식음 행사에 참석하기 위해 호주에 왔었는데 그때 와일드맨의 레스토랑에서 식사를 했었다고 한다. 반대로 이번엔 와일드맨이 그들의 터에 온 것이다. 별장을 연상시키는 곳 앞에 차를 세웠다. 마당이 널찍하게 있고 야외 식사를 위한 테이블과 수십 개의 녹색 식물들이 온실 커버링 안에서 자라고 있다. 우리는 카운터로 가 안내를 기다렸다. 그런데 직원이 갸우뚱하는 표정이었다.

"방금 말씀하신 이름에 세 명 예약은 없어요."

직원이 말했다.

나는 와일드맨을 쳐다봤다. 우리가 베니치아에 있을 때 이 레스토랑의 주인인 월터에게 문자 메시지를 보냈다고 했다. 원래 두 명으로 한 예약을 세 명으로 변경하기 위해. 와일드맨은 직원에게 오너들이 어디 있는지 물었고, 월터와 헤드 셰프인 아나 로스가 주말 휴가를 떠났다는 답이 돌아왔다. 월터는 와일드맨의 문자를 보지 못했고 우린 애초에 예약되지 않은 곳에 온 것이다.

다행히 늦은 밤에 식사 자리를 내주겠다 했다. 히샤 프랑코는 식음 업계에 가장 영향력 있는 '세계 최고의 레스토랑 50' 순위에 오르면서 예약이 없으면 아예 식사가 불가능한 곳이 됐다.

거기에 하룻밤을 잘 숙소도 예약하지 않았는데, 이런 무계획이 이제는 놀랍지도 않다. 오후 시간이 순식간에 지나가자 톰과 와일드맨은 렌트카 앞에 서서 어떻게 하면 좋을지 갈피를 못 잡고 있었다. 결국 내가 나서서 가장 가까운 동네가 코바리드인 것을 확인하고 톰에게 거기로 운전하라고 했다. 그리고 우리는 정상이 눈에 덮인 알프스산맥이라는 장관을 보게 됐다. 숙박이 가능한 호텔을 전전하다 발견한 것은 어니스트 헤밍웨이에 관한 표지판들이다. 헤밍웨이는 이곳 코바리드에서 《무기여 잘 있거라》

를 썼다고 한다. 그때는 제1차 세계대전 중 오스트리아-헝가리 이중제국이 이탈리아군을 무찌르기 위해 싸운 결정적인 순간으로, 수천 명의 병사들이 카포레토 전투에서 전사하는 상황에서 헤밍웨이는 글을 썼다.

파리에서 보낸 주말 동안 빨래할 시간이 없어 제대로 된 옷을 갖고오지 못했기에 히샤 프랑코에 가기 전 어쩔 수 없이 구겨진 원피스를 꺼내 입었다. 나의 예상과 달리 와일드맨과 톰은 잘 차려입은 셔츠 차림으로 나타났다. 계획이 다 틀어진 긴 하루를 보내고 레스토랑의 야외 테이블에 앉자마자 우리는 내추럴 와인을 달라고 했다. 깔끔한 행색의 젊은 소믈리에는 셀러로 가더니 특이한 모양의 투명 병을 들고 돌아왔다. 윗부분은 가늘고 밑부분은 통통하게 생긴 병.

"이 지역에서 인정받는 와인메이커 바틱^{Batič}의 샤르도네에요."

소믈리에는 잔에 따르기 시작하면서 더했다.

"바이오다이내믹 농법으로 포도를 재배합니다."

우리는 기다릴 수 없다는 듯 맛보았고 소믈리에가 가자마자 동시에 와인을 비판했다.

바이오다이내믹법으로 재배하는 건 땅에게 더할 나위 없이 좋은 일이고 내추럴 와인을 만들기에 적합한 방식이다. 그러나 와일드맨이 지적하듯이 "너무 많은 양의 이산화황"이 들어있었다. 나는 동의했다. 이 와인은 경직되고 무엇에 갇힌 느낌인 데다 이산화황 때문에 생기가 하나도 없었다. 와일드맨은 이어 이 와인에 이산화황을 "리터당 50밀리그램"을 넣었다고 추측했다. 우리가 예의를 갖춰 잔을 밀어놓자 이 와인을 좋아할 줄 안 소믈리에는 한껏 놀란 모습이었다. 우리는 그에게 "정말 광적인 와인"을 달라고 했다.

결국 프랑코 테르핀Franco Terpin의 소비뇽 블랑을 마시게 됐고 이는 오랜 시간 껍질과 스킨 콘택트한 채 발효시켜 밝은 오렌지빛이 띄는 와인이었다. 복숭아와 서양 귤과 같은 강렬한 아로마를 풍겼고, 결정적으로 엣지함이 느껴졌다. 너무 생기가 넘쳐 결함이 있나 싶을 정도였다. 이산화황을 일절 배제한 와인이었다.

프랑코 테르핀은 엄연히 슬로베니아 와인메이커라 할 수는 없다. 이탈리아와 슬로베니아의 국경에 있는 프리울리 지역 내 콜리오 마을에서 와인을 만든다. 사실 콜리오는 역사적으로 슬로베니아와 깊게 연결되었지만 슬로베니아가 유고슬라비아 연방공화국에 편입한 1945년부터 이탈리아에 소속되게 됐다.

"사샤Saša랑 가까운 데서 와인 만드는 것 같애."

톰이 와일드맨에게 얘기하자 그가 끄덕였다.

"사샤라하면… 라디콘의 사샤?"

내가 물었다.

톰이 끄덕이고는 둘이 1~2년 전에 그 유명한 내추럴 와인 생산자 사샤 라디콘을 시드니에서 열린 '루트스톡' 페스티벌에서 만났다 했다. 라디콘 와인은 초창기 둘에게 커다란 영감을 주었다.

"샘이 처음 라디콘 와인을 소개시켜줬지."

톰이 설명했다.

아직 이들이 말하는 샘이 누군지는 몰랐지만, 그의 이름이 언급됐을 뿐인데 갑자기 와일드맨과 톰은 슬픔에 잠겼다. 어찌 됐든 나는 라디콘 와인에 대해 익히 알고 있었다. 우리가 슬로베니아에 있는 동안에 그를 만나러 가면 어떻겠냐고 톰이 제안하자, 나는 1초의 망설임도 없이 동의했다.

내추럴 와인 세계에서는 이름만 언급되도 찬사를 받는 인물들이 있다. 그중 하나가 라디콘이다. 뉴욕에서는 라디콘의 스킨 콘택트 와인이 대부분 고가기도 했지만 소수의 업장에만 납품되어 쉽게 만날 수 없는 와인이었다. 라디콘 와인의 가장 큰 특징은 독특한 모양과 사이즈의 병에 담긴다는 것이다. 통상적인 750ml 와인병 대신 500ml 병이거나 1L 병을 사용한다. 라디콘 와인이 대단한 위치에 오르긴 했지만 단순히 신분을 상징하는 와인은 아니다. 맛 자체가 유일무이하다. 라디콘 와인 한 잔에는 전율이 흐르는 강한 에너지가 있다.

우유로 만든 케피르와 꽃가루 아이스크림, 카모마일 티, 조린 배에 로컬 허니를 뿌린 크럼블 호두 케이크가 디저트로 나오자 길었던 식사가 끝이 났다. 우리는 어두운 길을 운전해 코바리드의 작은 호텔로 돌아와 잠을 청했다.

피아트 500 뒷좌석에 앉은 내 머리가 빙빙 돌고 배가 요동쳤다. 앞좌석에 앉은 두 남자는 기분 좋게 잡담 중이었는데 톰은 진정한 이탈리아인처럼 운전을 거칠게 했다. 커브 길에서 속도를 줄이지 않는 바람에 목이 꺾이는 줄 알았다. 조금 전까지 슬로베니아에 있었는데 갑자기 이탈리아에 진입했다는 표지판이 보였다. 그리고 한 번 더 꺾으니 다시 슬로베니아에 들어서는 등 두 나라를 계속 왔다 갔다 했다. 더 이상 아름다운 자연 풍경이 눈에 들어오지 않았다. 아침에 먹은 걸 토해내지 않기 위해 정신력으로 버텼다.

사샤 라디콘을 만나러 가는 약속에 늦어서 달린 것이었기 때문이다. 가는 중 와일드맨이 히샤 프랑코의 주인들을 보고 가겠다고 하는 바람에 시간이 지체됐고, 우리 셋이 즉흥적으로 강에 뛰어들어 수영까지 하고 말았다. 결국 약속을 지키기 위해 전속력으로 밟았는데 심지어 우리가 가는 콜리오 지역은 이탈리아어로 '가파른 언덕'을 의미했다.

우리는 몇 대를 이어 온 라디콘 가족의 집과 포도밭, 와이너리가 밀집해 있는 오슬라비에에 도착했다. 톰과 와일드맨은 피아트 500에서 재빨리 내렸다. 우리는 지붕을 내린 채 달렸기에 톰은 의식적으로 머리를 번으로 올려 묶었는데 와일드맨의 머리는 위로 쭉 뻗었다. 나는 차에서 내리자마자 풀밭 위에 20분간 누워 있었다. 심호흡을 하며 멀미를 진정시키려 했다.

좀 나아지자 목소리가 들리는 곳으로 향했다. 그곳엔 톰과 와일드맨이 사샤와 와이너리 앞에서 이야기 중이었다. 내추럴 와인계의 아이콘인 사샤는 나의 등장으로 잠시 하던 이야기를 멈추고 180센티미터가 넘는 키 높이에서 내려다봤다.

"잠시만요. 어머니에게 그라파 좀 갖다 달라 할게요."

그의 목소리가 울렸다.

"그럼 좀 나아질 거예요."

지하 와이너리로 내려가자 그 유명한 라디콘 와인이 만들어지는 공간에 들어섰다. 거대한 우드 발효통이 먼저 보였다. 사샤는 자신이 와인을 만드는 방법을 설명해주었다. 화이트 와인은 3~6주간 스킨 콘택트 상태로 두고 병입하기 전 최소 2년간 숙성시킨다. 마침내 사샤의 어머니 수자나 라디콘이 도수 높은 그라파 한 잔을 들고 들어왔다. 나는 한 방에 들이켰다. 어두운 셀러 안의 초점이 맞기 시작하더니 두통이 서서히 사라졌다.

내추럴 와인은 '알아서 만들어진다'거나 '무개입'이라 아무것도 안 하고 내버려 둔다는 잘못된 인식이 있다. 내추럴 와인이란 인공 효모를 넣어 발효를 '강요'하거나 당을 넣어 알코올 도수를 높인다던지 고가의 역삼투압 기계를 써 와인의 성질을 변화시키는 경우가 없는 것이다. 이런 인위적인 방식은 상업 와인이나 심지어 명성 있는 와이너리에서조차 흔히 사용하는 양조법이다. 반면 라디콘에서는 유기농으로 재배한 포도만으로(가끔은 아주 소량의 이산화황이 동반되어) 와인을 만들었고 그들이 사용하는 기법은 전통적인 것에 국한됐다.

이렇게 와인을 만드는 방식은 사샤의 아버지인 스타니스라우스, 줄여서 스탄코에게서 시작됐다. 뉴욕에 있을 때 내추럴 와인 전문가들은 스탄코에 대해 얘기할 때면 진심으로 존경하는 모습이었다. 스탄코는 1990년대 이탈리아-슬로베니아 지역에서 산업화된 컨벤셔널 양조법에 반기를 들고 유기농 포도 재배에 이산화황을 최소화 혹은 아예 배제하는 전통 방식의 와인을 만들겠다고 한 선구자적인 와인메이커 중 한 명이다. 라디콘은 여전히 조지아 크베브리를 사용하는 조스코 그라브너와 함께 내추럴 와인 계에서 가장 칭송받는 와이너리다.

현대의 양조법은 화이트 와인을 만들 때 껍질을 제거하고 스테인리스 스틸 탱크에 발효시키는 것을 선호하는데(예를 들어 샤프한 산미가 있는 이탈리아산 피노 그리지오를 상상해보길), 라디콘과 그라브너는 아주 오래전 양조했던 방식을 되살려 사용했다. 그 지역의 전통 품종인 리볼라 지알라를 수개월간 껍질째 발효시킨 뒤 압착하면 완전히 다른 와인이 나온다는 것을 스탄코가 발견하게 됐다. 이렇게 껍질을 제거하지 않고 발효한 리볼라 지알라 와인은 강렬한 아로마에 밝은 오렌지빛 컬러, 그리고 리치한 질감이 생긴다는 것을 깨닫고, 스탄코는 라디콘 와이너리의 모든 화이트 와인을 이 방식으로 만들기로 결심했다.

여기 있는 커다란 나무 발효통은 스킨 콘택트 단계에 사용된다고 사샤가 설명했다.

"포도의 줄기를 제거한 뒤 발효 중 하루에 몇 번 펀치다운 작업을 해요."

심플해 보이는 양조장이지만 내가 아는 와인 중 가장 흥미롭고 다채로운 와인을 만드는 곳으로, 사샤와 함께 이 공간을 볼 수 있는 특별한 경험에 감사할 따름이다.

"당신이 만드는 와인과 아버지가 만드셨던 와인은 이산화황 없이도 와인을 만드는 게 가능함을 일깨워줬어요."

톰이 진심을 담아 말했다.

2016년, 스탄코가 암으로 작고했을 때 그를 잃었다는 소식에 뉴욕은 물론 전 세계 내추럴 와인 도시들이 슬픔에 잠겼다. 사샤는 아버지가 세상을 떠나기 몇 년 전부터 라디콘 와인을 함께 만들었지만 자신이 혼자 만든 피노 그리지오와 '슬라트닉^{Slatnik}'이라는 이름의 블렌드 와인을 선보이기도 했다. 두 와인 모두 기존 라디콘 와인보다 더 일찍 병입했는데 약간의 이산화황도 첨가됐다. 사샤는 자신이 만든 새로운 와인이 더 접근성이 있고 구하기 수월해 또 다른 라디콘 소비자군을 형성하길 바랐다.

와이너리를 투어한 다음 새롭게 완성됐다는 테이스팅 룸으로 올라갔다. 그곳에서 최근 릴리즈된 와인을 맛보고 그와 곁들여 나온 페코리노 치즈 조각도 함께 먹었다. 와인은 살아있는 느낌이었는데, 와이너리 아래의 언덕에 익어가고 있는 포도밭의 메를로만큼 생기있었다.

다음날 우리는 툴루즈행 비행기를 탄 뒤 프랑스로 돌아와 렌트카를 빌렸다. 치즈와 와인을 몇 병 챙겨 파리에서 오는 기차를 기다렸다. 내 미국인 친구 샹탈을 마중 나온 것이다. 포토 에이전시를 운영하는 샹탈은 내추럴 와인에 빠져 파리에 몇 개월간 머물기로 했는데, 나처럼 다양한 와인 모험을 해보고 싶어 했다. 우리 둘은 몇 주 전 해산물 전문 레스토랑 클라마토^{Clamato}에서 파르티다 크레우스 와인을 나눠 마시며 급격히 친해졌다. 파리에 조인하기로 한 그녀의 남자친구가 계획을 엎는 바람에 외롭고 혼란스러워하는 그녀의 마음이 마치 얼마 전 내 모습 같아서 툴루즈로 오라고 초대했다.

샹탈이 옷가지를 담은 작은 토트백 하나를 들고 렌트한 차에 타자 우리는 스페인 국경을 향해 달렸다. 카탈루니아 해안에 이틀간 머물 집을 빌려놨다.

앞좌석에 앉은 와일드맨과 톰은 며칠간 면도도 안 한 자연인 상태로 신나있었다.

"야우!!!!!"

도시를 벗어나 고속도로로 진입하던 톰이 노래를 부르며 탄성을 지르자 나는 몇 달 전 조지아에서 그가 차차를 마신 뒤 보여준 퍼포먼스가 생각나 크게 웃었다. 이번 유럽 출장은 1년 내내 포도밭과 양조장에서 쉴 새 없이 일한 톰과 와일드맨이 드디어 자유를 만끽하는 순간임을 깨달았다. 톰은 호주에 아내와 어린 딸이 있어 습관적으로 둘 얘기를 했지만, 이 순간만큼은 나사를 풀고 즐기고 있었다.

"와인 한 병 따자!"

와일드맨이 와인 오프너를 건네며 제안했다.

"무조건 르루아 꺼로."

내가 답하고는 다리 밑에 둔 와인병 중에 골라냈다.

툴루즈의 와인 숍에서 운 좋게 리샤르 르루아Richard Leroy 와인을 찾을 수 있었다. 루아르 와인메이커인 르루아의 와인은 1년에 슈냉 블랑 두 종만 출시하는 데다, 극소량만 생산하기에 구하기가 거의 불가능하다.

샹탈과 나는 이 귀한 와인을 병째 들이키고 앞자리에 건넸다. 와일드맨과 톰은 플라스틱 컵에 따라 나눠 마셨다. 운전자인 톰은 적당히 마시기로 했지만 솔직히 우리는 그가 얼마나 마시는지 신경 쓰지 않았다. 와일드맨은 플리트우드 맥의 노래 '터스크'를 틀었다. 노래가 끝났을 때 페르피냥 마을의 한 카페에 도착해 그곳에서 해산물과 라이스를 점심으로 먹었다. 몇 시간 뒤 스페인 국경을 마침내 건넜을 때 해가 지고 있었다.

지중해가 보이자 우리는 멈춰 서 부딪히는 파도를 감상했다.

"뭘 망설여?"

톰이 말했다.

우리는 모두 옷을 벗고 목청껏 소리치며 바다로 뛰어들었다. 완전히 누드 상태인 우리를 보고 해변에 있던 청소년들이 환호했다. 아침까지만 해도 어색하게 인사를 나누던 샹탈은 와인 몇 병과 누드 수영 후 우리의 이상한 여행 멤버로 완벽히 스며들었다.

우리가 스페인에 온 목적은 이 황홀한 바다에 수영하기 위함이 아니었다. 우리는 카탈루니아를 대표하는 두 명의 와인메이커인 라우레아노 세레스[Laureano Serres]와 호안 라몬 에스코다[Joan Ramón Escoda]가 주최하는 정기 내추럴 와인 페어, 'H2O 베제탈'에 참석하기 위해 왔다. 라우레아노와 호안 라몬은 내추럴 와인계에서 가장 시끄럽고 지치지 않는 파티 피플로 명성을 날린다. 그들이 페어를 H2O라 부른 이유는 와인이 물처럼 목을 축여주고 쉽게 구할 수 있어 다량으로 마셔야한다고 믿기 때문이라 했다. 둘은 수년간 잘 갖춰진 셀러에서 숙성시켜야 하는 비싸고 콧대 높은 보르도 같은 와인에 가운데 손가락을 치켜 올리는 것이 내추럴 와인을 지지하는 삶이라고 주장했다.

무더운 이 오후 날, 올리브 나무가 가득한 밭을 지나 라우레아노의 와이너리와 H2O 행사장이 위치한 작은 마을, 엘 피넬 데 브라이에 도착했다.

"아 우리 완전 지각인데."

내가 말했다.

우리는 내비게이션을 따라 이 작은 마을에 입성했다. 너무 더워서 샹탈과 나는 손으로 부채질을 해댔고 두 남자는 이미 상의를 탈의했다. 그날 아침 렌트한 집을 천천히 청소한 뒤 톰이 아는 사람을 어디 내려줘야 한다고 해서 이제야 도착했는데, 페어의 남은 시간이 고작 한 시간이었다. 짧은 시간 안에 최대한 많은 와인을 시음하기 위해 이곳저곳을 뛰어다녔다. 프랑스에서 온 띠에리 퓌즐라부터 카탈루니아 와인메이커인 파르티다 크레우스와 토니 카르보Toni Carbó까지. 조지아 여정에서 만난 사람들과도 재회했는데, 와일드맨과 내가 연인이 된 것을 알고는 모두가 크게 웃으며 환호해줬다.

전문 시음 행사에서는 와인을 뱉는 게 맞는데, 생산자가 서 있는 내추럴 와인 행사에서는 참석자들이 와인을 즐길 마음이기에 대부분 뱉지 않는다. 특히 바르셀로나 북쪽 지역에서 와인을 만드는 오리올 아르티가스Oriol Artigas의 판사 블랑카 품종 와인을 잔에 받았을 때만큼은 절대 뱉고 싶지 않았다. 혹은 일본에서 온 테라다 혼케Terada Honke 사케나 프랑스에서 와인을 만드는 앤더스 프레데릭 스틴Anders Frederik Steen의 심오한 문구를 담은 '제발 바다에 플라스틱을 던지지 말아요 Don't Throw Plastic in the Ocean Please'와 같은 와인을 마실 때는 더더욱.

H2O의 둘째 날이 되자 우리는 수첩을 꺼내 들고 다시 갔다. 살짝 숙취가 있기는 했으나 시음에 집중했고 유럽은 물론 더 먼 곳에서 자신의 와인을 소개하기 위해 온 와인메이커들과 이야기를 나누며 그들에 대해 알아갔다. 전날 애프터파티에서 만났다며 몇 명이 내게 손을 흔들었다. 누군가의 집에서 열린 파티였는데 기억이 희미했다.

행사가 종료되고 샹탈, 톰, 와일드맨과 나는 가게에 들러 통조림 생선과 멜론을 샀다. 이어 피크닉을 하기 위해 바다가 보이는 절벽으로 운전해 간 뒤 그곳에서 와인 몇 병을 땄다. 어두워지자 수영을 더 못한 게 아쉬워 우리는 다시 옷을 홀딱 벗고 가장 밝은 달 아래 짜디짠 바다를 가로질러 헤엄쳤다.

몇몇 내추럴 와인 바는 너무나 아이코닉해 어떤 이들은 국경을 넘어서라도 그곳에 와 일하고 싶어 한다. 수많은 와인을 맛볼 수 있고 와인메이커를 만날 기회가 있는 것은 물론 잘 형성된 내추럴 와인 세계에 함께하고 싶은 것이다. 바르셀로나의 바 브루탈 Bar Brutal이 그런 곳이다. 우리 넷은 각자의 집으로 돌아가기 전 히피스러운 엘 보른에 위치한 그곳에서 마지막 밤을 보냈다.

겉에서 봤을 때 별 특징이 없어 보이지만 브루탈 안에 들어서는 순간 바닥부터 천장까지 전 세계의 모든 내추럴 와인이 밀집해 있다. 벽에는 술취한 손님들이 유성펜으로 써놓은 '내추럴 와인만 원한다!^{Solo quiero el vino natural!}' 문구가 보인다. 그렇지, 내추럴 광신도라면 이 정도여야지.

그곳에서의 저녁은 H2O에 참석한 다른 와인메이커와 수입사와 함께 따뜻한 올리브와 치즈 플레이트를 나누어 먹으며 얌전히 시작됐다. 새벽 2시가 되었을 때는 모두가 잔을 가득 채운 채 거리로 나와 담배 피우며, 큰 소리로 웃고 있었다. 몇 시인지 기억나지 않지만 우리는 하룻밤 빌린 숙소로 겨우 기어들어 갔다.

와일드맨과 톰은 다음 날 오후에 떠났다. 샹탈은 파리로 돌아갔고 나는 의뢰받은 기사를 위해 이탈리아로 가 몇몇 와인메이커를 만날 준비를 했다. 24시간 뒤 나는 밀라노 근처의 프란치아코르타에 있는 와이너리에 서서 바이오다이내믹 농법으로 재배한 스파클링 와인을 마시고 있었다. 와일드맨과 톰은 그때쯤 아들레이드에 도착했다. 휴대폰에 문자가 왔다는 알림이 떴다.

'바스켓 레인지 농장에 왔는데 눈이 오고 있네. 벌써 그립다, 마이 러브.'

인터뷰하고 있던 와인메이커에게 집중하려했지만, 갑자기 격한 외로움이 훅 밀려 들어왔다. 와일드맨과 언제 다시 재회할지, 또 어디서 만나게 될지 깊은 생각에 빠졌다.

Six

내추럴 와인

9월의 중순 즈음, 가을 아침의 시원해진 공기가 집안을 감싸던 어느 날, 엄마에게 빌린 트렁크 속에 스웨터와 티셔츠, 청바지를 접어 넣었다. 지하철을 타고 센강을 건너 몽파르나스역으로 가 서쪽으로 3시간 거리에 있는 앙제행 기차에 올랐다. 마지막으로 앙제에 왔을 때를 떠올려 봤다. 기나긴 시음회가 끝나고 제니&프랑수아의 필과 대니얼과 함께 쉐 레미에서 늦은 시간까지 식사했던 기억, 그리고 그날 에반과 보낸 밤은 모두 오래전 일처럼 느껴졌다.

기차가 출발하자 기대에 부푼 마음을 진정시키고자 숨을 길게 내쉬었다.

그때 휴대폰에 메시지가 떴다.

'좋은 시간 보내. 네 생각하고 있을게, xoxo 와일드맨.'

내게 아침이 시작되면 와일드맨이 있는 호주는 늦은 오후라는 것쯤은 이제 파악됐다. 그리고 그곳이 봄에 접어들었다는 것도. 그가 호주로 돌아가고 몇 주가 지난 지금까지 우리는 거의 매일 연락을 주고받았다. 바로 답장을 보내는 대신 나는 바깥 풍경을 즐겼다. 자연이 있는 교외에서 건물이 즐비한 모습으로 바뀌었다. 홀로 있는 이 순간의 평화를 잠시나마 즐기고 싶었다. 다가올 몇 주만큼은 다른 사람도 아닌 나만의 특별한 경험이길 바랬으니.

루아르 와이너리의 포도 수확에 참여하는 것은 나의 오랜 꿈이었다. 와인 학도라면 프랑스 와인 양조의 정수인 부르고뉴나 보르도를 택하겠지만 루아르는 내추럴 와인을 상징하는 곳과도 같다. 이제는 루아르의 내추럴 와인 생산자 이름을 전부 나열하는 것이 불가능할 정도로 매년 새로운 내추럴 와인 생산자가 떠오른다. 이런 루아르의 투렌느와 앙주의 포도밭은 봄에는 서리, 여름에는 흰곰팡이 피해로 매년 고통받는다는 소식을 뉴욕에 있을 때부터 전해 들었다. 이는 때아닌 시점에 대서양에서 흘러오는 차갑고 습한 공기 때문이다.

나는 내추럴 와인의 심장과도 같은 이 루아르 지역에서 2017년 포도 수확을 도우며 인생 경험을 할 것에 들떠있다. 수확 경험으로는 캘리포니아와 부르고뉴의 와이너리에서 하루 정도 포도를 따본 것이 전부다. 허리가 끊어지게 아픈 일임을 알면서도 2주간의 수확에 참여하겠다고 했다. 내추럴 와인에 대해 진지하게 글 쓰려면 포도를 따는 그 순간부터 함께해야 하지 않나?

"살뤼Salut*!"

조셉 모스Joseph Mosse에게 손을 흔들자 그는 주차장을 가로질러 내게 다가왔다. 우리는 양 볼 키스로 인사를 나누고 그가 나의 묵직한 트렁크의 손잡이를 잡아 조약돌 바닥 위에 굴리며 걸었다. 빵집을 지나자 점심시간에 맞춰 나온 갓 구운 바게트 향이 코를 자극했다.

"뭐 좀 먹을 시간 있었어요?"

조셉은 놀랄 정도로 영어를 잘했다. 그와 프랑스어로 대화하고 싶었지만 브루클린에서 들은 수업도, 파리에서 산 몇 개월도 긴장하는 이 순간엔 도움이 되지 않았다. 모스 가족과 2주간 지내면서 프랑스어 실력이 나아지길 바랐다.

"먹었어. 파리에서 출발하면서 잠봉뵈르 하나 샀거든."

내가 답했다.

짭짤한 햄과 크리미한 버터의 조합은 전날 과음으로 생긴 두통을 진정시켜줬다.

그가 고개를 끄덕였다.

"그럼 제 아파트 쪽으로 가시죠. 차를 거기 주차했어요."

28살인 조셉(친해진 뒤 짧게 조 라고 부른다)과 그의 남동생 실베스트르Sylvestre는 몇 년 전부터 도멘 모스를 이끌고 있다. 둘의

---

* 격식없는 프랑스식 인사 (영어의 'Hi'와 유사).

아버지이자 프랑스 내추럴 와인 운동의 핵심 인물인 도멘 모스의 수장 르네^(René)는 하부 요통으로 은퇴한 상태다. 나와 르네, 그의 두 아들은 뉴욕 시음 행사와 파리 와인 바에서 이미 여러 번 만난 사이다. 두 아들 모두 외모적으로 전형적인 와인메이커와는 거리가 멀어 보인다. 이날 조는 티셔츠에 청바지를 입고 새 스니커즈를 신은 깔끔한 모습이었다. 그는 인턴 변호사라 해도 어울릴 외모인데 눈에는 범상치 않은 장난기가 가득했다. 차로 45분 거리의 모스 가족 와이너리로 향하기 전, 우리는 조의 아파트에 들러 그의 룸메이트들과 함께 냉장고에 있는 슈냉 블랑 매그넘을 따 마시고 출발했다. 가는 길에 우리는 내추럴 와인 업계 지인들에 대해 이야기하고 최근 종지부를 찍었다는 그의 연애 스토리도 들었다. 파리에서 함께 본 적 있는 그의 전 여자친구는 유명 레스토랑 르 샤토브리앙^(Le Chateaubriand)의 소믈리에로 무척이나 매력적인 걸로 기억한다. 헤어진 것에 대해 조는 미련이 없어 보였다. 그의 잘생긴 외모와 '모스'라는 이름이라면 조만간 새로운 만남이 시작될 테니.

  무릎 위에 올려놓은 백팩은 방수 부츠와 노트북이 들어있어 묵직하게 느껴졌다. 〈테르〉 창간호의 마감이 임박했는데, 2주의 수확 기간 중에 디자인 작업을 마쳐야 했다. 나의 경직된 어깨만큼이나 잘해야 한다는 중압감이 스트레스로 다가왔다. 그럼에도 수확 자체에 집중하기로 했다. 여기서 걱정한다고 잡지가 기적처럼 변신할 것도 아니니까. 무엇보다 와일드맨이 감정적인 문자 폭탄을 날리지만 않았으면 했다. 여름에 유럽에서 오랜 시간을 함께해서인지 멀리 떨어져 있는 것에 적응하지 못한 그는 몇 주간 문자로 감정에 호소하고 있었다. 나 또한 그와 24시간 함께 있다가 혼자 있는 상황이 어색했지만, 루아르에서 보내는 이 2주간의 경험을 하나도 놓치고 싶지 않았다.

차가 고속도로를 빠져나와 상-랑베르-뒤-라떼의 조용하고 작은 마을로 진입하자 지붕에 커다란 창문이 있는 회색 콘크리트 집들이 연달아 보였고, 그 뒤 골짜기에 모스 가족의 포도밭이 보였다. 조와 실베스트르가 왜 앙제 도시에 아파트를 얻었는지 이해가 됐다. 전 세계를 누비는 이 혈기 왕성한 20대 젊은이들에게는 와이너리가 있는 이곳이 그저 고립되게 느껴질 것 같다. 전에 방문했던 오레곤 와이너리들이 떠올랐다. 디비전^{Division}, 보우 앤 애로우$^{Bow\ \&\ Arrow}$와 튜토닉^{Teutonic}의 와인메이커들은 자신의 포도밭에서 차로 한 시간 거리인 포틀랜드 도시에 살고 있는데 고요한 포도밭 마을보다 도시에 살고 싶은 마음을 이해할 수 있었다.

조가 담배를 사기 위해 차를 멈추자 타박 안으로 나도 따라 들어갔다. 그는 유기농 담배 롤링 페이퍼를 고집했다. 곧 알게 됐지만 모스 가족 집의 모든 것이 유기농이다. 버터부터 채소, 그리고 물론 와인까지.

"올해 재배된 포도는 어때?"

조에게 물었다.

그는 직접 만 담배에 불을 붙이더니 도로를 평온하게 응시했다.

"지금 보러 갈 거예요. 오래된 포도나무가 있는 구획을 마침 확인해야하거든요. 가메와 그롤로 품종들은 이미 따냈어요."

수확을 마쳤다는 두 레드 품종 중 그롤로는 이 지역에서 자라는 연한 적포도 품종으로 보통은 블렌딩할 때만 쓰던 포도다. 둘은 이미 셀러 안에서 발효 중이라 했다. 이제 곧 수확할 포도는 루아르를 상징하는 대표 품종, 바로 슈냉 블랑이다.

조가 자갈 도로 위에 차를 세워 그의 시선을 따라가 보니 좌우로 수십 년 세월의 흔적이 보이는 단단하고 거대한, 울퉁불퉁한 포도밭이 둘러져 있었다. 캐노피 그늘막 아래 초록빛의 포도알이 보였다. 차에서 내리니 조가 앞좌석 보관함에서 무언가를 꺼냈다. 그가 포도송이를 잡고 포도알을 따자 나는 우선 그의 뒤를 따랐다.

"저 반대편 것 좀 따다 줄래요?"

그가 말했다.

일러준 대로 해서 손에 포도가 가득한 채 그에게로 돌아왔다. 한 알 먹어보니 중간 정도의 말랑함에 산도가 높았다.

조는 자신이 딴 포도와 내가 따온 것을 손바닥 사이에 꾹 누르더니 납작해진 것을 그가 갖고 온 굴절계 렌즈에 올려두고 위로 치켜세우고는 기구의 반대편 안을 들여다봤다. 굴절계는 포도액에서 가능한 알코올 도수를 측정해준다.

기구를 내리고 고개를 끄덕였다.

"아직은 타이밍이 아니네요. 일주일 뒤에 다시 시도해봐야겠어요."

그러고 다시 차로 향했다.

우리 '와인충'들 사이에는 흥분하게 만드는 품종이 각자 있다.

어떤 소믈리에들은 카베르네 프랑을 맞이했을 때 마치 테일러 스위프트 콘서트장에 간 틴에이저처럼 군다. 또 다른 이들은 종교가 피노 누아인 것처럼 집착과 숭배를 감추지 못한다. 선호하는 품종이 각자의 성격에 따라 다른 걸지도 모른다. 나는 가메의 거칠고 종잡을 수 없는 점을 참 좋아하고, 또 카멜레온과 같은 슈냉 블랑을 선호했으니. 슈냉은 다른 품종들보다 포도가 자란 땅의 성질이 가장 많이 반영되는 포도라고 알려졌다. 그 말인즉슨, 테루아가 확연히 드러난다는 것이다. 슈냉은 플로럴한 맛이 날 때도 있고 스모키할 때도 있다. 수십 년간 당도가 있는 와인으로 만들어졌지만 스위트 와인 유행이 지나자 요즘은 칼같이 드라이하고 고소한 맛의 슈냉 블랑 와인이 지배적이다.

조는 모스 로고가 붙은 석조벽 옆 차도에 주차했다. 모스 와이너리의 로고는 마치 와인 잔으로 자국을 낸 듯한 그레이와 레드 오렌지빛의 동그란 선들이 'Mosse' 글자 모서리에 새겨진 것이 특징이다. 모스 가족 윗세대가 와인을 만들던 시절에 붙였을 법한 이 와이너리 명판 주변으로 아이비 식물이 덩굴처럼 휘감겨 있다. 마침내 조네 가족 집과 와이너리에 도착했다.

내가 처음 맛보고 반한 도멘 모스 슈냉 블랑은 로워맨해튼에 위치한 와인 바 펄&애쉬$^{Pearl\ \&\ Ash}$에서다. 우바 시절 오후 근무가 없던 봄날의 일이다. 와인병을 반값에 주문할 수 있는 해피아워가 시작할 무렵, 격주로 진행했던 와인 시음회의 멤버였던 두 명의 친구와 만났다. 테라스에 앉아 바우어리 거리를 지나는 트럭들의 굉음이 안 들리는 척 최면을 걸고 나라명-지역명 순으로 정리된 와인 리스트를 훑었다.

"오 이거 마셔보자!"

나는 도멘 모스의 2015년 '아레나Arena'가 쓰여 있는 페이지를 가리켰다. 아레나는 루아르 AOC 명칭 중 하나인 사브니에르Savennières 와인으로 슈냉 블랑으로만 만든 와인이다.

함께했던 친구들이 와인 업계에서 일하고 있었지만 와인 고르는 결정권은 언제나 내게 있었다. 모스 와인을 마셔본 적 있었기에 그날에 마실 와인은 이것임을 본능적으로 확신했다. 와인이 왔고 잔에 따랐다. 황금빛 와인은 이른 저녁 빛에 반짝거렸다.

"편암 때문이야."

제프가 말했다.

그는 사브니에르 토양의 편암 성질이 태양열을 땅 안에 가두기 때문에 그 결과 강렬한 와인이 탄생한다고 설명해줬다.

그 와인을 마시고 나는 슈냉에 빠지게 됐다. 미네랄이 강렬해 수분 머금은 돌 느낌이 나면서 시골의 길거리 과일 가게에서나 만날법한 야생 복숭아 맛으로, 그 농축됨이 증폭됐다. 캐릭터가 강한 와인이었다. 얄상하면서 당당하고 토양과 포도의 신성한 만남을 그대로 전달해주는 듯했다.

나는 지금 프랑스에서 가장 훌륭한 내추럴 와인을 만드는 이 모스 와이너리에 서서 내가 할 수 있는 한 온 힘을 다해 와인 만드는 것을 돕겠다고 다짐했다. 아직 다가올 고난은 알지도 모른 채.

다음 날 아침 7시, 모스 가족 집과 와이너리 사이 길가에 서서 더블 에스프레소 잔을 들고 서 있었다. 쌀쌀한 아침의 안개 사이로 갓 내린 커피의 김이 뒤섞였다. 나는 전날 밤 모스 가족의 지인인 젊은 프랑스 여인 니나와 함께 부엌과 맞닿은 작은 방에서 잠을 잤다. 수확에 참여한 다른 피커**들이 도착하기 시작했다. 와이너리 밖에 차나 자전거를 세워두고 둘씩 걸어오고 있다. 비니나 후드를 쓴 채, 몇몇은 담배를 피우며 등장했다. 서로에게 낮은 목소리로 봉주르를 건넸는데, 업된 톤을 기대하기엔 너무 이른 아침임이 분명했다.

조와 실베스트르는 평소와 같이 배기한 청바지와 후드 차림이지만 신발은 견고한 부츠가 스니커즈를 대신했다. 그리고 표정은 꽤나 진지했다. 가족의 생계 수단이자 유산이기에 그들에게 포도 수확만큼 중요한 것이 또 있을까? 둘은 와이너리 바로 앞 바깥에 놓인 커다란 현대식 공기 압축 압착기를 호스로 씻어내는 데에 분주했다. 그러고 얼마 뒤 나는 회색 승합차에 올라탔다. 운전대는 조와 실베스트르의 어머니, 아네스^{Agnès} 모스가 잡았다. 그녀는 생각에 잠긴 채 운전에 임했다. 처음 만난 아네스는 머리를 길게 땋았는데 그녀에게서 남다른 아름다움이 느껴졌다.

30분 뒤 나는 손에 포도를 자르는 특별 도구인 세카퇴르^{secateur}와 양동이를 들고 드넓은 포도밭을 넋 놓고 보고 있었다.

"어서 합시다!"

** 포도 수확 기간 중 고용하는 전문 일꾼. 포도를 따다(pick)에서 나온 영어 단어.

아녜스가 '알롱지Allons-y'라고 프랑스어로 외쳤다.

그녀는 우리를 둘둘 씩 짝지어주어 준 뒤 맡을 위치를 정해줬다. 둘이 작업해야 포도나무 줄을 따라 수확할 때 서로를 바라보면서 속도를 맞출 수 있어서다. 내 짝은 피곤한 눈빛의 시무룩한 젊은 남자로 내게 '안녕하세요'를 퉁명스럽게 내뱉고는 작업을 시작하기 위해 쭈그려 앉기 전 기침을 했다.

그렇게 수확을 시작했다. 6월부터 노란빛으로 자라 잘 익은 슈냉 블랑을 포도송이째 잘랐다. 10분도 되지 않았는데 허리에 통증이 느껴졌다. 20분은 됐으려나, 이제 무릎이 아파왔다. 손은 이슬을 머금은 포도송이 때문에 금세 축축해지고 시렸다. 그러던 중 포도에서 찐득한 회색 무언가를 발견했는데 이는 포도가 부패한 것이었다. 아쉽게도 리슬링을 더욱 흥미롭게 만들기로 유명한 '귀부병noble rot***'은 아닌 게 분명했다. 내가 발견한 이 부패한 포도가 사용되면 와인 전체에 불쾌한 맛을 낼 것 같았다.

그중 상태가 좀 심해 보이는 포도송이를 들고 아녜스에게 보여줬다. 표정 변화가 거의 없었지만, 눈빛에서 걱정이 느껴졌다.

"일 포 성티르il faut sentir."

그녀가 말했다.

즉, 냄새를 맡아보고 식초와 같은 산성 냄새가 나는지 확인해

*** 포도가 익는 과정에서 포도 껍질에 생기는 보트리티스 시네레아 곰팡이 균이 껍질을 얇게 만들고 수분은 날리되 포도 내 당을 높여 고급 스위트 와인을 만들게 해준다. 이렇게 만든 와인을 귀부 와인이라고 부르기도 한다.

봐야 했다. 그녀는 포도송이를 코에 대고 거칠게 들이마시더니 내 양동이 안에 떨어뜨렸다.

"이 정도는 괜찮아."

그리고 만약 식초 냄새가 난다면 버려야 한다고 일러줬다.

아녜스는 방금 내게 얘기해준 팁을 모든 피커들에게 큰 소리로 공지했다. 그날 나는 평균 한 포도나무에서 한두 송이는 버리게 됐다. 냄새를 맡아보고 기인지 아닌지 발라내는 작업 자체가 시간을 많이 잡아먹었다. 내 주변의 모든 이들이 똑같이 그러고 있었다. 수확에서 유독 지루하고 힘겨운 부분이다.

한 시간 뒤 아녜스가 라 포즈$^{la\ pause}$, 쉬는 시간이라 외쳤다. 담배 한 대를 피우거나 밭 어딘가에서 볼일을 보는 정도의 짧은 시간이 주어진다. 그러고 한 시간 반을 더 일하니 이번엔 정말 쉴 수 있는 시간이 주어졌다. 바로 카스 크루트$^{casse\ croûte}$, 아침 스낵 시간이 된 것이다. 조와 실베스트르가 트럭을 끌고 밭으로 와 커피가 든 보온병과 홈메이드 스폰지 케이크, 그리고 쿰쿰한 염소 치즈를 갖다줬다. 그때쯤 해가 뜨기 시작해 우리 피커들은 햇살 아래 누워 손으로 만 담배를 피웠다.

쉬는 동안 모스 형제는 우리가 딴 포도를 검열했다. 둘이 어머니와 포도 부패의 심한 정도를 의논하는 게 보였다. 부패 정도가 그들이 예상한 시기보다 일찍 나타나 놀란 듯했다. 형제가 매일 포도밭에 와 포도나무 사이사이를 돌아 맛보고 수확 타이밍을 계산하며 면밀히 상태 확인을 했는데도 말이다. 하지만 가족이 임차하고 관리하는 포도밭은 무려 14구획이고 심지어 여기저기 흩어져있다.

신규 와이너리 대부분이 그렇듯 도멘 모스도 처음부터 규모가 큰 와이너리는 아니었다. 17년이라는 세월 동안 점차 구획을 늘려나가 각각의 특징 있는 포도밭이 생겼고, 현재의 집과 셀러 뒤 언덕의 포도밭까지 아름답게 일궈낼 수 있었다. 조와 실베스트르가 정기적으로 각 포도밭의 알코올 농도를 확인했음에도 이 밭의 이상적인 수확 시점을 놓쳤던 것 같다. 부패가 진행되었으니 지금 할 수 있는 거라곤 못 쓸 것 같은 송이들을 다시 잘 발라내고 오늘 수확할 다른 쪽 포도 상태가 더 낫기를 바랄 뿐이다.

나는 커피를 들고 바닥에 앉아 담배 한 대를 직접 말았다. 옆에는 강렬한 블론드 색으로 염색한 앞머리가 있는 젊은 여자가 앉아 있었는데 그녀도 담배를 피며 자신이 데려온 날씬한 검정 반려견을 쓰다듬고 있었다.

"에스 끄 부 자베 뒤 퓌, 실 부 플레?Est-ce que vous avez du feu, s'il vous plait?"

담배 불 좀 빌릴 수 있냐는 내 교과서적인 질문에 그녀가 웃으며 건네줬다. 격식 없이 "따 뒤 퓌T'as du feu?", 라이터 있니? 라고 했었어야 했다. 그녀의 이름은 마리이고 인근 지역에 살고 있으며 조향사가 되는 게 꿈이라는 걸 알게 됐다. 수확에 참여하면 새로운 방법으로 후각을 기를 수 있어 와 있다고 했다. 그녀는 부모님과 함께 근처 야영지의 카라반에서 지내고 있다고 했다.

"저기 저 여자와 저 남자, 그리고 저들도 야영지에서 지내요."

다른 피커들을 가리키며 말했다.

"궁금해서 묻는 건데, 포도 따고 일당은 얼마 받아?"

내가 물었다.

시간당 10유로라 알려줬다. 이렇게 허리가 아픈 일에 그렇게 적은 시급을 받는데도 그들 입장에서 할 만한 일인가 싶었다. 그럼에도 여기 와있는 사람들은 포도 따는 행위 자체를 즐거워하는 듯했다. 수확하는 사람들은 포도를 따며 자기의 이야기를 스스럼없이 한다. 그중에는 전형적인 회사원이 되기 싫어 이런 농업 관련 일을 택했다는 이도 있다. 대부분의 사람들은 다음 일을 찾고 있거나 삶의 방향성을 다시 잡고 있는 무직 상태였다.

3일 차가 되자 수확 멤버들 사이의 어색함이 한껏 사그라들었다. 와인에 대한 나의 과도한 관심으로 이런저런 질문을 서슴지 않게 한 덕분이기도 하고, 그들은 와인 기자라는 직업이 멋있다고 말해줬으며 내 프랑스어 발음을 친절하게 고쳐주기도 했다. 어느 날 파루드라는 남자가 포도밭에서 대마초를 한 대 피우며 자신의 휴대폰에서 흘러나오는 음악을 따라 부르고 있었다. 우리가 마주 보고 포도 따는 짝이 되었을 때 그는 내게 대마초를 나눠 주어 끊어질 것 같은 허리 통증을 완화하는 데 도움을 줬다.

매일 아침 스낵을 먹고 점심시간이 될 때까지 다시 포도 따는 작업을 했다. 점심은 와이너리로 돌아와 식사 전용 공간에서 먹었다. 대부분 르네가 아침 내내 요리를 했다. 그는 주로 든든한 스튜와 동네의 유명 정육사에게 떼 온 고기로 만든 뵈프 부르기뇽 한 종과 커다란 샐러드를 준비했다. 샐러드가 제공되는 건 흔치 않은 일이라 나는 이 샐러드를 유독 반겼다. 우리는 식사 테이블에 앉아 라벨이 없는 도멘 모스의 작년 빈티지 와인을 서로에게 전달하며 마셨다. 후식으로 종종 맛있는 하드 치즈도 제공됐다. 식사가 끝나면 담배 한 대 피우고 다시 포도밭으로 갔다.

일주일이 지나자 내 손은 포도 껍질에 물들어 검게 변했다. 포도를 딸 때 장갑을 껴도 몇 분 만에 포도즙에 흠뻑 젖기 때문에 무의미 했다. 허리 통증은 내 몸의 일부로 받아들이게 됐고, 내추럴 와인을 만드는 일에 대한 깊은 존경심이 생겼다.

도멘 모스나 작은 규모의 내추럴 와이너리들은 수확한 포도를 수작업으로 검열하는 반면 대형 와이너리 혹은 기업이 소유하는 포도밭의 경우 사람 대신 기계가 포도를 따고 분류한다. 그런 포도밭은 수확할 수 있는 포도 양을 극대화하기 위해 제초제와 살충제를 뿌려 포도를 기를 것이다. 기계가 딴 포도가 양조장에 도착하면 직원들이 이산화황을 열심히 뿌려 포도에 남아있을 세균을 박멸한다. 양조 과정에서도 포도즙에 이산화황은 물론 향미증진제인 인공 물질을 섞어 상업적이고 많이 팔리는 와인으로 만들어낸다. 이렇게 만든 결과물은 와인보다 코카콜라에 가깝고, 그 와인을 만든 사람이나 포도가 자란 땅은 하나도 표현되지 않은, 영혼 없는 것이 된다.

많은 프랑스의 와인메이커들은 제2차 세계대전 이후 현대 기술과 양조용 화학물질을 두 팔 벌려 받아들였다. 이는 와인을 더 안정적으로 만들어주기에 일정한 수익을 보장했기 때문이다. 하지만 우리는 제2차 세계대전 이전의 와인 양조방식으로 돌아갔다. 내추럴 와인 생산자들은 발효 과정에서 포도가 자란 땅이 반영되어 질 좋은 와인으로 병입되길 바랐다. 그러기 위해서는 포도밭부터 애지중지해야했다. 흰곰팡이를 예방하기 위해 땅에 자극이 덜 가는 황산구리를 사용하기로 하고 포도 수확과 양조를 모두 손으로 직접 했다. 물론 모스 와이너리에는 수확한 포도를 양조장으로 갖고 갈 말이 있는 건 아니고 압착 방식은 전기를 이용한 기계로 했지만, 화학물질 없이 손으로 직접, 조심스럽고 정성스럽게 만들겠다는 정신만큼은 가장 내추럴했다.

금요일에는 밭에서 7시간 동안 포도를 따고 해 질 녘에 와이너리로 돌아왔다. 뜨거운 샤워를 하며 아픈 허리를 완화해보려 했다. 그런 뒤 물 한 잔 마시러 부엌으로 갔다. 거실의 입구 쪽에 다다르자 바닥 카페트에 놓인 손이 보였다. 살짝 걱정된 마음으로 조용히 다가갔다. 가보니 여전히 청바지와 방수 부츠의 작업복 차림인 아네스가 땋은 머리는 어깨를 따라 내려온 채, 눈을 감고 요가 매트에 누워 사바사나로 추정되는 요가 포즈를 하고 있다. 더 가까이 가보니 그녀가 담배를 피우고 있는 게 보였다. 그녀에게서 뿜어나온 담배 연기는 액자에 걸린 두 아들의 어릴적 사진을 지나 집 안의 흰색 커튼을 거쳐 창문 밖으로 나갔다. 와이너리를 향해 바깥으로 나간 연기를 눈으로 따라가 보니 그녀의 두 아들이 그날의 수확을 정리하고 있었다.

다음 날 아침 뿌연 안개 속에서 포도를 수확하기 시작했다. 얇은 재킷 차림에 덜덜 떨면서 포도나무에 다가섰다. 그날따라 루이스 부르주아의 천상의 창조물처럼 견고하고 관능적이었다. 몸통이 내 허벅지만 한 63년 된 올드 바인의 포도를 따자 심적으로 힐링 되는 기분이 들었다. 올드 바인은 우아한 포도송이를 만들어내기 때문에 와인메이커들이 특별히 애정하는데 나 또한 어르신과도 같은 이 포도나무의 강인함과 생기에 감동하였다.

포도를 따는 건 단순한 작업이다. 땅에 심은 뒤 자라면 열매를 맺는다는 단순한 사실에서 연결된다. 수확 작업은 내 육체적 정신적 에너지를 뽑아갔지만, 마주하는 포도밭의 특별한 아름다움에 고통은 이내 가셨다. 내게는 유독 놀랍고 신비로운 체험이었다. 포도나무 숲에 길을 잃어 새들의 지저귀는 소리만 들리는 고요한 순간을 즐겼다. 그러다 약에 취한 파루드가 힙합 음악 소리를 헤드폰 넘어 울려대며 등장해 정신을 확 차리게 했지만 말이다.

주말에는 쉬었다. 다른 사람들은 자신의 야영지에서 휴식을 취했고, 모스 가족의 집에 머물던 나는 조와 실베스트르를 도와 발효 중인 가메를 압착했다. 실베스트르의 오랜 여자친구 아들린도 돕기 위해 와 있다. 그녀는 와인이 묻은 티셔츠와 청바지를 입고 긴 머리를 뒤로 묶었다. 형제가 작업 준비하는 것을 보며 아들린은 뿌듯하다는 듯 미소를 감추지 못했다. 조는 지게차를 이용해 커다란 섬유유리 탱크를 와이너리 외부 차도에 있는 압착기로 옮겼다. 그리고 실베스트르는 속옷 빼고 옷을 다 벗어 덜덜 떨더니 탱크 안으로 들어갔다. 조는 탱크 옆에 서서 실베스트르에게 양동이를 하나 건넸다. 그는 자신의 2미터 키보다 깊은 탱크로 들어가며 우리 시야에서 사라지더니 양동이에 발효 중인 적포도를 가득 채워 다시 나왔다. 회전하는 문이 열린 압착기 위에 높이 서

있던 내가 그 양동이를 건네받았다.

양동이를 압착기에 쏟은 뒤 다시 조에게 건넸고, 그 작업은 계속 이어졌다. 그동안 아들린은 탱크 하단의 밸브에서 새어 나오는 포도즙을 양동이로 받아내고 있었다. 와인메이커들이 프리런 즙free run juice이라 부르는 이 포도즙은 탱크 속에서 포도의 무게에 눌려 하단에 생긴 즙으로 따로 모아 압착기에 부어 넣는다.

45분이 지나자 작업을 마쳤다. 실베스트르가 주먹을 치켜들고 "다 됐다!"를 외쳤다. 나체의 상체와 팔에 붉고 보라색 물이 범벅이 된 그의 모습은 방금 살인을 저지른 것만 같았다. 압착기의 무거운 문을 닫고 기계에서 내려왔다. 조는 기계의 곁면에 있는 몇 개의 버튼을 상당히 집중해서 눌렀다. 곧 기계가 작동하기 시작하더니 압착기의 통이 원을 이루며 돌았고, 내부에는 공기주머니가 포도를 눌러 압을 가하고 있다. 그러더니 하단의 트레이로 방금 압착된 포도즙이 프리런 즙과 함께 섞여 나오기 시작했다. 그렇게 와인이 만들어지는 모습을 목격했다. 포도를 따는 그 긴 시간을 거쳐 알맞은 색과 탄닌감, 맛을 위해 껍질째 적당히 발효시키고, 형제가 이 와인에 적합하다고 생각하는 숙성통에 옮겨 숙성시키면 되는 과정이 전부다. 물론 매 순간 심혈을 기울여 내린 결정이지만 궁극적으로는 자연이 준 포도와 사람의 노동만으로 만든 결과물이다.

2주 차에 접어들자 포도 따는 일을 잠시 쉬고 싶었다. 몇 시간 체험하는 것이야 아름다운 경험으로 남겠지만 지속하다 보니 육체적, 정신적으로 마비되는 것 같았다. 그래서 조에게 점심 식사

후엔 양조장에서 일을 도와도 되는지 물었고, 조는 어깨를 으쓱하더니 "푸콰 빠Pourquoi pas?", 안 될 것도 없다고 했다.

프랑스 전역의 양조장은 대부분 수백 년이 된 어둡고 곰팡이가 핀 공간으로, 보통 지하에 있거나 언덕에 동굴을 판 것 같은 곳에 있다. 그런 양조장은 내가 몇 년 전 와인 출장을 위해 다녀온 부르고뉴 와이너리에서 흔히 볼 수 있는 운치 있는 셀러의 모습이다. 그러나 모스 가족이 양조장이라 부르는 곳은 개러지, 즉 차고지와 같은 공간이다. 이 개러지 안에 어색하게 서서 집중해보려 노력했다. 섬유유리와 스테인리스 스틸 탱크가 여러 개 있고 한 켠에는 다양한 모양과 사이즈의 나무 숙성통이 놓여있었다. 전형적인 양조장이라 하기엔 수년간 중고로 온라인 매장에서 저렴하게 산, 혹은 이웃에게 물려받은 각양각색의 도구와 숙성통들이 질서 없이 모여있는 곳이다. 최신식 기계라곤 찾아볼 수 없었다.

이동식 스피커에서는 형제가 튼 모스 데프 노래가 반복 재생되고 있다. 조는 바깥 차도에서 나무 숙성통을 씻고 있다. 세척 전용의 강력한 호스를 숙성통에 쏘아대자 그 힘에 김이 났고 몇 리터의 찌꺼기가 마치 슬러시처럼 순식간에 흘러나왔다. 다 된 나무통을 내려놓고 얼마 전에 비운 숙성통을 세척기 위에 올려 둔 뒤 호스로 청소하기 시작했다. 상의를 벗은 채 이 작업을 하는 조의 가슴 근육이 단단해지는 게 보였다.

나는 깨끗해진 나무통 앞으로 조심스레 다가가 물었다.

"이거 옮길까?"

조는 세척기에 나무통을 돌리더니 "그래요"라고 퉁명스럽게 답했다. 그의 얼굴에는 지친 기색이 역력했다. 그와 실베스트르는 매일 밤 포도 압착을 마무리하고 자정에나 잠이 들었다. 이른 아침에 포도밭에 가는 승합차에 타기 위해 다른 피커들과 서 있으면 형제는 이미 와이너리에 나와 펀치다운 작업을 하거나 전날 압착한 즙을 맛보고 있었다.

나는 그나마 작은 이 225리터짜리 나무통을 양손으로 잡고 세게 밀었다. 그러나 나무통은 꿈쩍도 안 했다. 거친 나무결에 쓸린 손바닥이 아렸다. 이번에는 무릎으로 나무통을 밀어봤다.

"아야!"

나무통이 움직이긴 했는데, 다시 내 무릎으로 오뚜기처럼 부딪히며 제자리로 돌아왔다. 조가 내 쪽을 쳐다봤다. 그의 눈에는 내가 분명 한심해 보였을 것이다.

심호흡을 크게 하고 나무통을 한 방향으로 굴려 움직여 봤다. 그리고 다시 방향을 틀어 반원을 그리며 움직였다. 맞는 방향으로 움직이고 있는 건지는 모르겠지만 하여튼 움직이는 데는 성공한 듯했다.

"저기."

조가 피곤한 얼굴로 내 옆에 와있다. 영락없는 아마추어처럼 나는 자리에서 비키고, 조가 나무통 상단 테두리에 양쪽 손을 놓고 휠을 돌리듯 움직이는 모습을 바라봤다. 그의 움직임에 바닥의 테두리가 굴리면서 단번에 이동하기 시작했다.

조에게 알려줘서 고맙다고 한 뒤 다른 나무통을 배운 대로 옮기는 데 성공했다. 그런 뒤 화장실에 가겠다고 말하고서 양조장에서 나왔다. 그곳에 있는 것이 도움은커녕 방해만 되는 것 같았다. 결국 다음 날 아침, 군말 없이 허리 아픈 포도 수확장에 따라나섰다.

르네와 아녜스, 그리고 두 아들이 나의 지친 기운을 느꼈는지 그날 저녁 식사 자리에서 르네가 다음 날 아침은 자신과 함께 어딜 가지 않겠냐 물었다. 나는 졸지 않기 위해 정신력으로 버티고 있던 차였다. 르네는 시장에서 장을 보고 사브니에르 포도밭에 들를 거라 했다. 내가 가장 좋아하는 모스 와인 아레나가 만들어진 그 밭에 갈 수 있다니.

단번에 가겠다 하고 내 잔에 따라진 와인에 집중했다. 르네가 검정 캔버스 백에 감싼 채 따른 와인이라 아무런 정보가 없는 상태였다. 매일 저녁 내 룸메이트 니나와 나는 모스 가족과 함께 파스타나 스프를 샐러드와 빵과 가볍게 곁들이는 저녁에 이런 블라인드 테이스팅을 했다. 다른 피커들은 야영지에서 직접 요리해 식사를 했다. 그들의 왁자지껄할 저녁 시간도 궁금했지만, 모스 집 안의 단란한 식사 풍경과 르네가 제공해주는 풍족한 와인을 즐길 수 있어 더할 나위 없이 행복했다. 가끔은 식후에 아주 맛 좋은 치즈가 나오기도 했는데, 이날 저녁은 향긋한 카망베르를 맛볼 수 있었다.

르네가 블라인드로 따라 준 것은 화이트 와인이었다. 축축한 바위와 레몬 제스트가 느껴지는 맛. 진한 금빛 색감인 것을 보니 꽤나 숙성된 와인임이 분명했다. 모스 저장고에 있는 와인 90%가 프랑스산 와인이니, 이번 와인도 프랑스산일 것으로 생각했고 나는 재빨리 지역을 추측하는데 돌진했다.

"루아르 와인이죠?"

르네가 맞다는 표시로 고개를 한 번 끄덕였다. 그는 늘 유머러스한 사람이지만 블라인드 테이스팅할 때만큼은 그의 지적인 면이 부각된다.

조의 얼굴을 보니 그도 맞추려 열심히 집중하고 있었다. 하지만 아직 아무 말도 하지 않고 있었다.

실베스트르는 평소에도 블라인드에 관심이 없는데, 곁눈질로 보니 여자친구에게 문자를 보내고 있었다. 아녜스는 맛을 보더니 생각을 하는 듯했지만, 그녀는 식탁에 팔을 올려 턱을 괴고 있었다. 아녜스야말로 피커들을 관리하고 누락된 포도나무가 없는지, 포도가 정확하고 효율적이게 분리됐는지 확인하며 보낸 이 긴 하루가 피곤할 것이다.

그러나 나는 내 호스트에게 잘 보이고 싶었다.

"슈냉 블랑!"

나는 또 돌진했다.

조가 끄덕였다.

"봐 오씨 Moi aussi, 나도 슈냉인 것 같아."

그는 다시 골똘하게 생각하는 표정을 짓더니 덧붙였다.

"근데 우리 와인은 아니야."

르네가 이 상황을 즐기듯 미소 짓더니 각자의 잔에 와인을 더 따라줬다. 그리고 이중 초점 안경 사이로 우리를 뚫어지게 보더니 물었다.

"그럼 어디껀데?"

그의 질문 흐름상 품종까지는 제대로 맞춘 것 같다. 나는 숨을 들이마시고 다시 한 모금 마셨다. 이건 구조감이 좋고 기량이 뛰어난 와인임이 분명했다. 강렬하고 혀에 감기는 산미가 있고 조화를 이루는 핵과, 그리고 시골의 맑은 공기를 연상시키는 매끈한 깔끔함까지. 이렇게 느낀 맛과 금빛 색감이 내가 슈냉이라고 추측한 요소들이다. 이제 이 지역 혹은 인근에서 만들어진 건지 맞춰야 했다. 슈냉 블랑의 고장이 루아르니 뻔한 답일 수 있다. 르네라면 우리를 속이기 위해 다른 지역, 예를 들면 랑그독의 슈냉을 내줬을 수도 있다.

블라인드 테이스팅은 테루아에 대한 생각을 하게 하기 위함이다. 모든 와인이 자란 땅을 반영한다면 포도가 자란 지역과 와인이 양조된 곳을 다 맞춰야 하지 않을까? 내 경험상 와인의 원산지를 맞추는 건 쉬운 일이 아니다. 다만 어떤 경우에는 와인이 자기 출신을 들어낼 때가 있다. 예를 들어 부르고뉴의 피노 누아는 자신의 신분을 꽤나 적나라하게 노출한다. 나파 밸리의 카베르네 소비뇽도 그렇다. 물론 나파가 얼마 안된 와인 지역이기 때문에 땅이 표현된다기보다는 양조 방식이라 그렇다고 지적하는 사람들도 있지만.

어찌 됐든 조와 나는 이 슈냉이 앙주 지역 근처에서 자란 것임은 확신했다. 그 정도로 좁혀졌음에도 우리는 생산자를 맞추는 데에 어려움을 느꼈다. 빈티지는 4~5년 정도 된 와인이라 추측했다.

르네가 일어나 와인병을 공개했다. 리샤르 르루아의 '레 룰리에Les Rouliers' 2010년산. 6주 전에 나는 이 리샤르 르루아의 더 최근 빈티지 와인을 샹탈, 톰, 와일드맨과 함께 남프랑스에서 카탈루니아 H2O 베제탈로 향하는 차 뒷자리에서 마셨다. 갑자기 와일드맨이 지금 뭐 하고 있을지 궁금해졌다. 아마 일찍 일어나 트랙터를 고치거나 포도밭에 물을 주고 있겠지? 내가 모스 가족과 지내는 동안 그와 가끔씩만 문자를 주고받았다.

우리는 르네에게 이 귀한 와인을 맛보게 해주어 고맙다고 인사했다.

르네가 제일 좋아한다는 카망베르 한 조각을 잘라 디저트로 먹었다. 치즈곽에 보니 '노르망디 카망베르, 원유 사용, 수작업'이라고 써있는데 생우유를 이용해 기계가 아닌 손으로 만든 치즈다. 르네는 손으로 만든 치즈만이 진짜 카망베르라고 재차 강조하곤 했다. 모두가 식탁에서 졸고 있었기에 우리는 와인을 다 마시고 접시를 정리한 뒤 불을 끄고 침대로 향했다.

9월 바람에 포도밭 캐노피 그늘막이 바스락거리는 소리를 들으며 르네와 나는 밭을 걸었다. 포도나무가 심어진 길을 따라 포도를 관찰하며 걸었는데 포도가 달린 양이 많지 않아 안타까웠다. 르네는 이 밭 포도의 알코올 가능 도수를 측정하기 위해 굴절계를 갖고 왔다.

사브니에르는 전설적인 와인메이커 니콜라 졸리 Nicolas Joly 덕에 인지도가 올라갔다. 그뿐 아니라 바이오다이내믹 운동 역시 니콜라 졸리로 하여금 널리 전파됐다 해도 과언이 아니다. 졸리 가족의 와이너리 쿨레 드 세렁Coulée de Serrant은 그 규모와 역사적 중요도를 인정받아 그들만의 아펠라시옹을 부여받았다. 프랑스에 그 어떤 와이너리도 이 정도 혜택을 받은 적은 없다. 쿨레 드 세렁의 포도나무는 12세기에 시토 수도회의 수도사들이 심었다고 한다. 그래서 여전히 와이너리의 세 개 포도밭이 있는 언덕 아래에는 수도원이 자리하고 있다. 졸리 가족이 훗날 이 와이너리를 소유하게 되고 니콜라는 런던 금융권에서의 커리어를 뒤로 한 채 이곳으로 돌아와, 1977년 와이너리의 총책임자가 됐다. 초반에는 루아르 지역 모든 와인메이커가 그랬듯이 밭에 제초제를 사용했다. 그러나 이 농업 방식이 거슬린다고 생각하던 중, 포도나무들이 잘 자라지 않음을 깨달았다.

결국 프랑스에서는 거의 최초로 쿨레 드 세렁에 바이오다이내믹 농법을 적용했다. 그는 500번, 501번 번호가 붙은 자연 퇴비를 사용했는데, 이는 땅속에 소의 거름을 몇 달간 묻어둔 뒤 다시 꺼내 포도밭에 뿌릴 스프레이로 만들어 사용하는 방식이다. 화학 제초제와 살충제 대신 식물 성분의 자연적인 치료제를 사용하기 시작한 것이다. 포도밭의 건강이 되살아나는 것을 보고 졸리는 바이오다이내믹 농법의 맹신론자가 되어 이를 널리 전하기 위해 힘썼다. 책을 써서 알리는가 하면 친분을 통해 적극적으로 전파하기도 했다. 그중 한 명이 부르고뉴의 영향력 있는 도멘 드 라 로마네 콩티와 도멘 르루아의 마담 라루 비즈-르루아로, 명성 있는 두 도멘 모두 현재 바이오다이내믹 농법을 적용하는 것으로 잘 알려졌다. 니콜라 졸리는 라 르네상스 데 아펠라시옹이라는 단체를 설립해 바이오다이내믹 농법을 적용하는 회원들을 지원하면서 이 방식을 더욱 퍼트리고자 했다.

프랑스 바이오다이내믹 운동에 지대한 영향을 끼친 졸리지만 그의 귀족 신분 배경은 대다수의 내추럴 와인 생산자의 평범한 과거와 꽤나 상충된다. 사브니에르로 가는 길의 차 안에서 르네는 졸리의 와이너리에 가본 적이 있냐고 물었다. 작년에 니콜라 졸리와 시음하기 위해 들른 적이 있다고 하자, 르네가 격앙된 톤으로 말했다.

"오 랄라, 무슈 졸리와 시음이라니! 엄청 특별했겠네."

그의 반응에 웃었지만 무슨 말인지 안다. 두 남자는 극히 다른 사회적 위치 출신이다. 1999년에 아녜스와 함께 도멘 모스를 시작하기 전, 르네는 투르에서 와인 숍을 운영했다. 그에게 비싼 포도밭을 매입해 소유하는 것은 사치로 여겨져 꿈도 꾸지 않을 일이다. 현재 밭의 소유주와 꾸준히 계약 연기를 하고 있을 뿐.

포도밭은 기대했던 모습과 많이 달랐다. 모스 가족의 사브니에르 나무에는 불행하게도 굉장히 적은 양의 포도가 자라 있었다. 그리고 열 송이가 달려있어야 하는 것과 달리, 몇몇 포도나무에는 서너 송이만 익어가고 있었는데 2년 연속 서리 피해를 입은 여파다. 르네는 포도 몇 알을 굴절계에 넣어 측정한 뒤 거의 12% 알코올 도수가 예상된다고 하고, 1~2주 뒤에 수확하면 될 것 같다 했다.

그날 오후 수확팀과 포도를 따러 갔다. 모두 어디 갔다 왔냐고 물어봐서 무안한 표정을 지으며 기사 작성을 위해 오전 근무에서 빠졌다고 답했다.

"그런데도 일당을 받아?"

어떤 여인이 물었다.

내가 고개를 젓자 그녀가 고개를 끄덕였다. 나라는 사람에게 이번 수확은 하나의 경험이자 배우는 시간이지, 그들처럼 돈을 벌기 위해 온 것이 아님을 인지한 것이다.

그날은 카베르네 프랑 포도밭에 있었는데, 일전의 슈냉 블랑의 부패 문제와 달리 포도가 건강하게 자라있었다. 잡초가 포도나무 몸통을 감싸고 있고 격 줄로 피복 작물로 쓰이는 콩이 심어져 있었다. 이는 이 밭을 관리하는 사람이 유기농 방식을 고집한다는 걸 의미한다. 대뜸 도멘 모스가 유기농 인증을 받았는지 궁금해졌다.

와이너리에서 조를 만났을 때 물어봤더니 그는 받지 않는다 했다.

실소유주가 각기 다른 14헥타르 크기의 포도밭이 모스 가족의 전부였다. 나는 궁금해서 물어보았다.

"유기농 인증을 받지 않으면 밭을 관리하는 사람들이 정말 유기농으로 하는지 어떻게 알아?"

그가 내 질문에 놀란 표정을 짓자 나는 선 넘는 질문을 한 건 아닌지 걱정했다.

그러나 내가 자신의 입장을 다 알 순 없다는 걸 깨달았는지, 그는 부드러운 톤으로 답했다.

"딱 보면 알아요."

그리고 이어서 말했다.

"흙이나 포도나무의 생기만 봐도 알 수 있어요. 그리고 밭을 관리하는 사람을 전적으로 믿어줘야 하고요. 수년간 함께 한 사이인데, 이 정도 관계에서는 신뢰가 있어야죠."

몇몇 사람들은 내추럴 와인이 모호한 카테고리 안에서 배회하는 것보다 엄격하게 구분되어야 한다고 주장한다. 이는 유기농 혹은 바이오다이내믹 농법 인증을 거치는 것이 포함된다고. 하지만 모스네와 같은 와이너리에는 인증을 받기 위해 준비해야 하는 수많은 서류 작업과 인증 비용은 물론 관리자가 각기 다른 밭을 통합해서 인증받는다는 것은 배보다 배꼽이 큰일이다. 혹은 귀찮은 작업이거나.

대다수의 내추럴 와인 생산자들은 유기농 인증을 받지 않는 것을 개의치 않아 한다. 그 결과 AOC 인증을 받지 못하더라도 말이다. 아펠라시옹 내에서 와인을 만들더라도 '뱅 드 프랑스'라고 적어 출시하는 일이 다반사다. 이는 등급이 있는 유명 산지를 라벨에 자랑스럽게 넣고 싶어 하는 와인메이커라면 뱅 드 프랑스라 적는 것은 창피한 일일 것이다. 그러나 내추럴 와인 생산자에게 아펠라시옹에 소속되지 않은 것은 오히려 상업적인 부류에 속하지 않겠다는 그들의 마음가짐과 맞아떨어진다. 시음위원회로 구성된 아펠라시옹 심사를 통과하는 데에 인공 효모나 다른 첨가제를 넣도록 장려하고, 균일화된 와인의 모습을 위해 필터링 또한 요구하곤 한다. 이런 조건에 내추럴 와인 생산자들이 동요하지 않는 건 당연하다. 오히려 유기농 농법과 양조 과정에서 최소한의 개입으로 테루아 본연의 모습을 와인으로 보여주고 싶어 한다. 이들에게는 이것만이 와인의 진정한 '원산지'를 드러내는 가장 중요한 방법이라 믿는다.

모스 와이너리에서의 2주 차가 끝나가던 어느 저녁, 부엌에 있던 아네스가 샤워를 하러 들어가는 나에게 새로 개봉한 장 뤽 고다르 전기 영화를 함께 보러 가지 않겠냐고 제안했다. 나의 룸메이트 니나도 함께할 거라 했다. 우리는 7시에 가기로 한 뒤 시간 맞춰 부엌에 모이자마자 웃음이 터져 나왔다. 우리 셋 다 빨간 립스틱을 바르고 머리를 말끔하게 빗고 나타난 것이다. 평소 늘 포도 찌꺼기와 흙이 묻어있는 모습에서 간만에 치장하고 싶은 우리의 마음이 통한 거다.

우리는 앙제 시내로 가 프랑스의 천재이자 문제아였던 고다르의 일대를 그린 영화 〈네 멋대로 해라: 장 뤽 고다르〉를 보러 갔다. 영화를 본 뒤 우리는 와인 바 르 세르클르 루즈 Le Cercle Rouge 에서 치즈 플레이트와 레드 와인을 나눠 마셨다. 와인 바 이름 또한 유명 프랑스 범죄 영화 제목을 따라 지은 곳이다. 바로 건너편에는 2월에 에반과 내가 키스를 나누며 그와의 로맨스를 꿈꾼 레스토랑 쉐 레미가 보였다.

"영화 어땠어?"

아네스가 우리에게 물었다.

나는 고다르라는 사람에 더 초점을 맞춘 것이 좋았다고 불어로 답했다.

"그가 항상 대단하다고 생각했거든요."

내가 가장 좋아하는 영화 중에는 고다르가 사회적 비판과 예술 영화를 결합한 뉴웨이브 영화 〈네 멋대로 해라〉와 〈국외자들〉이 있을 정도다. 니나도 동의했다.

자신의 세대에게 고다르는 앞서나간 사람이었다고 아녜스는 회상하며 말했다. 프랑스 젊은이들에게 변화의 상징이었다고. 청소년인 아녜스가 담배를 피우며 영화관으로 향하는 모습을 상상했다. 어쩌면 지금 쓰고 있는 베레모를 그때도 쓴 채로.

그날 밤 집으로 돌아왔을 때 우리가 본 영화와 나눈 대화에 정신이 아직 맑아 잠에 들 수가 없었다. 그래서 〈테르〉 잡지의 디자인 레이아웃을 검토했다. 드디어 인쇄에 들어갈 수 있다.

다음날 다시 포도밭으로 향하며 부담이 덜했다. 이제 곧 파리로 돌아갈 것이기 때문이다. 반면 수확 기간의 절정이 시작된 모스 가족은 모두 지친 모습이었다. 평소 훌륭했던 르네의 음식도 이제는 간단한 냄비 파스타 정도로 간소화됐다. 그동안 아드레날린으로 질주했지만 이제 포도가 발효 중이니 그 에너지가 사그라드는 듯했다. 거기에 잠 부족으로 제정신이 아니었다.

모스 가족 한 명 한 명에게 포옹과 작별 키스를 하고 모스 와인 6병을 들고 파리로 향하는 기차에 탔다. 두통이 따랐는데 극심한 피곤과 두 언어를 번갈아 가며 사용해야 했던 까닭일까? 아니면 탄수화물과 고기, 술을 과도하게 섭취해서? 파리 북역에 진입하자 다시는 숙성 나무통을 옮기는 객기를 부리거나 춥고 축축한 아침에 허리를 희생해가며 포도 따는 일을 하지 않겠다고 다짐했다. 와인을 만드는 일은 참을성과 육체적 힘이 기본이 돼야하는데 나는 둘 다 갖춰지지 않은 상태로 무모하게 도전했다. 조와 실베스트르가 늦은 밤까지 압착이 끝나길 기다린 뒤 깨끗하게 비워 청소하던 모습이 떠올랐다. 그리고 호주 겨울의 우기 동안 와일드맨이 피노 누아 포도나무를 가지치기하고 있을 모습도 상상해 봤다. 그 두 상황에 내가 있을 자리는 없어 보였다. 내가 있을 곳은 노트북을 켜놓고 일하거나, 소설을 읽거나, 소설을 쓰는 상상을 하는 카페 테라스다.

손님이 머물고 있다는 니콜라네로는 돌아갈 수 없어 파리의 역사적이고 건축적 예술 요소가 가득한 몽마르트 친구 집으로 향했다. 매일 아침 사크레-쾨르의 관광객들을 지나 가파른 조약돌 거리를 조깅했다. 〈테르〉 창간호가 인쇄소에 넘어갔기에 이제 뭐 할지 고민하며 시간을 보내던 때다. 수확하러 갔을 때 뜸했던 와일드맨과의 디지털 로맨스가 다시 시작됐는데 그의 주특기인 불안증이 딸려 왔다. 내가 파리 거리를 걷느라 그의 전화를 받지 않으면 받을 때까지 걸고 답답함을 호소하는 문자를 남겼다.

그가 보고 싶긴 했지만, 숨막히는 그의 행동에 짜증이 났다. 아직 내가 무얼 원하는지 모르는 상태에서 그와의 연인 관계를 받아들이라고 강요하는 것 같았다.

몽마르트 집을 빌려준 친구가 곧 돌아온다고 해서 나는 결정을 해야 했다. 집을 얻거나(아직 관광 비자로 와있어서 현실적으로 어렵다) 아니면 계속 파리 여기저기를 유랑자처럼 떠돌거나…

그러다 마침내 내 고민을 덜어줄 가바가 왔다.

파리의 유명 내추럴 와인 바인 셉팀 라 까브^{Septime La Cave}에서 만났을 때 가바가 말해줬다.

"빌트인 된 집이라 너가 필요한 만큼 소파에서 지내도 돼."

가바가 파리에 왔다니, 믿을 수가 없었다. 사실 그녀가 뉴욕을 떠날 가능성이 매우 낮았기에, 나는 그녀의 파리행을 포기하고 있었다. 그러나 가바는 내 눈앞에 와 있다. 그녀는 파리 내에 가장 큰 기차역이 지나가는 10구에 작은 원 베드룸 아파트를 얻었다. 얼마 되지 않아 나는 가바네 집 소파 아래에 짐을 넣어둔 채 지내게 됐고 우리 둘은 대학 룸메이트마냥 아침 루틴이 생겼다.

오전 9시에 가바의 알람이 울린다. 집이 작고 침실과 다른 공간을 구분하는 벽의 방음이 안 좋아 집 전체에 알람이 울려 우리를 깨운다. 가바는 커피를 내린 뒤 샤워를 하러 갔고, 그사이 나는 스트레칭을 한다. 샤워 가운을 입고 가바가 화장실에서 나오면 우리는 커피를 마시며 창문 앞에 서서 담배를 피웠다. 건물의 중정이 내려다보이는 창문은 늘 열어둔다. 가바는 비스트로에 점심 서빙 일을 하러 가기 전, 옷을 입고 부엌 싱크대 위의 작은 거울을 보며 화장을 한다. 나는 아침 내내 미국 매체에서 의뢰받은 기사를 쓰고 〈테르〉의 영업 메일을 보낸다. 이 잡지는 나와 내 동업자들이 수년간 알게 된 인맥을 통해 배포되고 있다. 그리고 드디어 뉴욕의 프랑스 영사관에서 비자 면접을 위한 약속을 잡아 줬다. 한 달 동안 예약을 받지 않았는데 가장 빨리 받을 수 있는 날이 11월말이었다. 마침 〈테르〉 론칭을 위해 뉴욕에 가려 했던 때랑 딱 맞아떨어졌다.

가바의 서빙 일은 파리지앵 점심시간이 마무리됨과 동시에 끝났다. 대부분의 프랑스 식당은 점심을 오후 2시 30분까지만 서빙하고 저녁 식사가 시작될 때까지 문을 닫는다. 그 때문에 우리의 점심은 가바 집에서 간단하게 요리해 먹거나, 아니면 평이한 크로크 마담과 묽은 생맥주를 파는 브레이크 타임 없는 비스트로에서 만나 해결했다. 집에서 먹는 것보다 밖에서 더 자주 점심을 먹었는데 달팽이 한 접시를 나눠 먹으며 종이 테이블보 위에 우리의 사업 계획을 끄적였다. 우리가 곧 열게 될 와인 바의 이름을 정해봤다. 튜스데이 아담스나 더 브루클린이 유력한 후보다. 바의 컨셉도 논의했다. 스프리츠 중심의 음료 메뉴에 이탈리아 내추럴 와인만 취급하고, 메뉴는 스몰 플레이트 정도로… 아직 남은 가을 햇볕을 쬐며 우안의 거리를 걷는 동안 이런저런 일들을 봤다. 수선집에 신발을 맡기거나, 그날 초대된 저녁 식사에 가져갈 치즈를 사거나, 담배를 피우거나(나는 직접 만 담배, 가바는 럭키 스트라이크). 가바의 저녁 서빙 일이 끝나면 어딘가에서 칵테일 한잔하러 만나거나 비스트로에서 누가 남긴 와인병을 들고 가바가 집에 돌아오곤 했다.

10월 중순이 됐을 때, 우리는 보졸레를 마시며 집에 있었다. 가바는 그날 파리에서는 있을 수 없는, 채식 메뉴를 무례하게 요구한 비스트로 손님 욕을 하고 있었다.

나는 가바에게 할 말이 있어 타이밍을 보고 있었다. 일주일 동안 말하지 못했다. 마침 며칠 전, 와일드맨과 확정 지어 이제는 얘기해야 했다. 신이 나면서도 몇 가지 이유로 걱정도 됐다.

"우리 튜스데이 아담스 열면 '파 드 베제타리앙', 채식메뉴 없음 표지판을 걸자."

가바가 럭키 스트라이크 한 대를 입에 물며 농담처럼 말했다.

나는 웃었다.

"물론이고. 와인 바 얘기가 나와서 말인데, 나 실은 할 말이 있어. 호주에 오라는 초대를 받았다?"

와일드맨이 힘써준 덕분에 호주 와인 협회에서 내게 취재를 의뢰했다. 협회가 비행기표도 대주어 시드니에서 매년 개최되는 큰 규모의 내추럴 와인 행사인 루트스톡에 참석해달라는 것이다. 거기에 타 지역 와이너리 방문 또한 어레인지해주기로 했는데, 그중 바스켓 레인지가 있는 아들레이드 힐스도 마침 포함되었다.

가바가 담배를 껐다.

"그거 조건이 좋은데?"

그녀가 말했다.

길게 자란 앞머리에 가바의 눈이 제대로 보이지는 않았지만 내 눈을 피하고 있는 건 확실했다.

"뉴욕에 갔다가 바로 갈까 하고 있어."

눈치가 보여 나는 내 말 톤에 더욱 신경을 썼다.

가바와 파리에서 재회하기로 계획해놓고 그녀가 온 지 두 달도 안 되었을 때 난 이미 떠날 준비를 하고 있었다. 물론 다시 돌아올 거지만 우리의 계획이 틀어지는 건 변함이 없었다.

"얼마 동안 가 있을 건데?"

가바가 담배에 불을 붙이며 물었다.

"한 5주? 호주는 그때 여름이고 되게 큰 와인 행사가 있대. 그리고 와일드맨이랑 몇 주 같이 보내고."

내가 말했다.

"호주 일정이 끝나면 다시 뉴욕으로 돌아가 프랑스 비자 문제 해결하고, 2월 라 디브에 맞춰서 프랑스로 돌아올까 하고 있어."

"언제든 돌아오면 나랑 지내도 돼."

가바가 말했다.

"임차할 바 자리도 계속 찾고 있을게. 웬만하면 주류 허가가 이미 있는 곳으로. 새로 신청하려면 너무 비싸더라."

마시던 와인을 다 마시고 자러 가기로 했다. 가바의 소파에서 잠들기 직전, 와일드맨이 보낸 그의 농장, 친구들, 레스토랑 사진과 영상을 다시 봤다. 지금 내 삶과는 정반대의 훨씬 건강하고 건전한 느낌의 매력적인 생활 같아 보였다. 직접 체험할 수 있는 생각에 설레었다.

11월이 됐을 때 파리에 머물 수 있는 기한이 다 돼가고 있음을 인정해야 했다. 나의 계획은 뉴욕으로 돌아가 2년째 열리는 내추럴 와인 행사 '로우 와인'에서 〈테르〉 잡지의 미국 론칭 행사를 하는 거다. 그런 뒤 워싱턴 D.C. 쪽에서 가족을 만나고 바로 호주로 떠날 것이다.

와일드맨은 통화하면서 내가 오는 게 믿기지 않는다고 했다. 그리고 일전에 보인 집착과 불안증에 대해 사과했다.

"혼자 있는 시간을 더 즐겨보기로 했어."

그가 약속했다.

그의 고백은 큰 의미가 있었다. 유럽을 함께 다니던 그 몇 주간 와일드맨은 자신이 얼마나 유쾌하고 종잡을 수 없는 에너지로 매력적인지를 보여줬지만, 또 얼마나 남을 배려하고 잘 보살피는지도 알 수 있었다. 그럼에도 나는 사실상 1년간 싱글로 살아온 것이었고 그가 바라는 안정적인 관계를 이어 나갈 수 있을지 미지수였다. 그리고 그가 전화로는 무슨 말을 해도, 사실 진지하고 오래갈 관계를 기대하고 있다는 것을 알았다. 나도 그럴까?

호주로 가는 계획에 확신이 안 섰다. 특히 가바와 와인 바를 오픈하는 약속을 못 지킬 수도 있으니 말이다. 가바와 나는 자매처럼 가까워졌다. 둘 다 파리에 있는 지금, 뉴욕에서 살고 떠나는 경험을 해봤고, 또 이방인에게 배타적인 이 새로운 도시에서 적응해가는 고충을 공유했다.

고맙게도 모든 경비가 제공되는 출장이고 와일드맨과의 관계를 더 이어갈 기회가 주어지는 호주행이었지만, 파리를 떠난다는 생각은 나를 힘들게 했다. 하필 프랑스어 실력은 나날이 늘고 있고 11구의 내추럴 와인 바에서 드디어 단골 대우를 받기 시작했을 때다. 그래서 허황된 꿈이지만 프랑스 비자 발급을 계속 시도해보기로 했다.

오랜 지인 루이가 일하고 있을 르 베르 볼레에 들렀다. 내가 파리에 온 뒤로 몇 번 만나지 않았지만 그는 항상 친절하고 믿을만한 사람이다.

"서류 작업 좀 도와줄 수 있어?"

내가 루이에게 물었다.

나를 업무적으로 아는 사람의 추천사가 필요했는데 루이는 내가 프랑스로 여러 차례 출장을 오는 등 와인 기자로 자리매김하는 과정을 봐왔다. 거기에 프랑스에서 살 곳이 있다는 것을 증명해야 하는데, 루이는 두 가지를 보증해주는 레터를 써주기로 했다. 또 안정적인 재정 상태를 증명하기 위해 언니에게 수천 달러를 빌려 통장 잔고액을 높여놨다. 그래야 프랑스 정부가 내가 불법적인 일을 하기 위해 오는 게 아님을 인정해줄 것이다.

남은 짐을 담은 트렁크 하나를 가바 집에 보관하고 몇 달 뒤 반드시 찾으러 오겠다고 약속했다.

"곧 봐."

가바가 슬픔을 감추기 위해 가볍게 말했다.

"그러자. 그리고 그, 이름이 뭐였지? 그랑 잘해보고."

가바는 광고 업계에서 일하는 미국 남자 댄을 만나기 시작했는데 잘 되어가는 분위기였다. 그를 많이 좋아하는 듯했다. 가바가 외롭지 않은 상태로 내가 떠날 수 있어 마음이 그나마 편했다. 파리는 나보다 가바에게 더 좋은 기회로 보였다.

5개월 만에 처음 미국으로 돌아가는 비행기에 탑승하자 기분이 묘했다. 나는 새 창간물의 발행인이라는 타이틀을 달고 뉴욕에 당당하게 돌아가고 있다. 물론 작은 독립 출판물이고 실물을 보기 전이지만, 내가 관여해서 만든 것이다.

뉴욕에 도착해서 내 손에 잡지를 쥐게 된 순간 뿌듯한 편집장이자 엄마의 마음이 들었다. 마음에 쏙 들었다. 줄리앙 기요에 대해 쓴 내 피처 기사가 잘 나왔고, 수개월간 힘들게 공들여 편집한

다른 기사들도 제 자리를 잡았다. 처음으로 브루클린에서 개최된 내추럴 와인 이벤트 로우 와인에서 〈테르〉는 부스 하나를 단독으로 사용했다. 부스 뒤에 서서 지인들이 갖다준 와인을 마시고 있으니, 수년간 알고 지낸 사람들이 내게 다가와 축하해주고 한 부씩 사 갔다. 에반도 와있을까? 아무럼 신경 쓰지 않기로 했다. 그 순간 나는 성공한 어른처럼 느껴졌다. 뉴욕을 떠난 지 1년이 채 안되었지만 나는 내 갈 길을 잘 가고 있었다. 나는 더 이상 유명 매체에 의존하거나 내추럴 와인에 콧방귀 끼는 사람들을 눈치 보는 프리랜서가 아니었다. 나만의 길을 개척해냈다.

Seven

웰컴 투 오즈

시드니로 향하는 긴 비행에 긴장이 됐다. 뉴욕에서 로스앤젤레스를 경유해 14시간 동안 태평양을 가로질러 가는 여정이다. 시차적응이 안 된 채 극도의 피로감이 쌓여있는 상태로 도착하면 어쩌지? 피부는 건조함에 푸석해지고 쏟아지는 잠은 주체가 안 되겠지? 호주는 유럽보다 미국에서 훨씬 멀고 시차는 거의 하루가 났다. 그나마 남반구에 위치한 이 나라의 때아닌 여름 계절을 즐길 수 있겠다. 평생 동부에 산 사람에게 이맘때쯤은 추수감사절 직후 찾아오는 어두운 겨울의 시작인데 말이다.

와일드맨과 바르셀로나에서 각자의 길을 간 지 3개월 만의 재회다. 그간 우리의 대화 방식은 스트레스를 유발하거나 헷갈리게 했지만, 또 로맨틱하고 매혹적이기도 했다. 그의 터전에서 만나면 어떤 모습일까? 그의 집에 같이 머무는 건 또 어떠려나? 그동안 휴대폰 화면을 통해서 봐온 친구들도 만나게 될 것이다. 마농 팜 와이너리의 커플과 와일드맨이 운영하는 레스토랑의 동업자 애런과 재스퍼. 호주가 가까워질수록 걱정이 쌓여만 갔다. 그럼에도 새로운 도시나 나라를 처음 경험하는 것의 환상과 장점들로 마음을 달래봤다.

맛이 형편없는 치킨과 라이스 기내식을 간신히 먹고 옆자리에서 코를 고는 소리를 막아보려 애쓰면서, 비행기가 서쪽으로 향하는 동안 호주 은어를 익혔다. 니콜라가 알려준 사이트에서 본 표현들이다. '아르보^{Arvo}'는 애프터눈(오후)를 뜻했고, '보건^{bogan}'은 호주 레드넥*, '해빙 어 고$^{having\ a\ go}$'는 뭔가를 시도하다, 그리고 '바비^{barbie} (바베큐)' 중이면 '에스키^{esky} (아이스박스)'에서 음료 하나 꺼내 마실 수 있다 등. 다운 언더$^{Down\ Under}$**에 머무는 5주 동안 이 단어들이 입에서 자연스럽게 나올지는 모르겠지만, 나와 같은 세대의 모든 미국인이 〈크로커다일 던디〉 영화 시리즈를 보고 자란 덕에 호주인들은 서로를 '메이트^{mate}'라 부른다는 것 정도는 안다. 그리고 와일드맨과 톰과 보낸 시간 중 익힌 대로 모든 말에 대한 답으로 '노 워리스$^{no\ worries}$'라 할 준비가 돼 있다.

---

* 교양없고 완고한 편견을 가지고 있는 보수주의자(장시간 햇빛에 노출되어 목이 붉어진다는 직업군의 사람을 일컬어 말함).

** 남반구에 위치한 호주, 뉴질랜드를 표현할 때 사용된다. 직역해서 '(반구) 아래에'.

내 일정을 준비해준 호주 와인 협회는 '레인웨이스'와 'CBD' 근처에 호텔이 있다고 안심시켜줬다. 레인웨이가 프리웨이(고속도로)를 의미하는 걸까? (반대다. 레인웨이란 스트리트 아트로 꾸며진 보행자 길을 의미한다.) CBD란 미국에서 약자로 쓰는 의료용 대마초를 의미하는 걸까? (절대 아니다. 센트럴 비즈니스 디스트릭트의 약자다.)

시드니의 아침 시간에 착륙했다. 뭉친 뒷목을 풀고 화장실에서 세수한 뒤 수화물을 찾으러 갔다. 트렁크를 끌고 나가려하자 심장이 마구 뛰었다. 와일드맨이 내 항공 정보를 물었으니 아마 마중 나와 있을 것이다. 출구로 나가는 사람들을 따라 열린 문 넘어 보니 그가 서 있다. 티셔츠에 청바지를 입고 유럽에도 갖고 왔던 똑같은 백팩을 메고. 와일드맨은 아들레이드에서 몇 시간 전에 시드니에 도착했을 거다. 헝클어진 머리를 한 채 나를 발견하고 장난 섞인 미소를 지었다. 그가 나를 반겨주니 런던, 파리, 슬로베니아와 스페인에서 함께 보낸 시간이 머릿속을 스쳐 알 수 없는 감정이 내 안을 휩쓸었다.

"직접 맞이해줘야지."

그가 말했다.

수개월간 지구 반대편에 있는 그와 통화하고 페이스타임만 하다 실제 내 눈앞에 서 있다. 우리는 서로를 껴안았다. 그의 땀 냄새조차 향기롭게 느껴졌다.

"잘 잡아."

호텔 앞 도로에서 출발하며 와일드맨이 말했다.

나는 그의 허리에 양팔을 세게 감은 뒤 등에 기댔다. 시드니를 구경시켜 주겠다고 스쿠터를 빌린 건 신의 한 수였다. 덕분에 도착하기 전에 생긴 불안감과 피곤함을 느낄 새가 없다. 뜨거운 햇살이 팔에 닿는 것을 느끼며 시드니의 쇼핑 거리를 지나, 도로에서 와일드맨이 항구에 거대한 백조처럼 서 있는 건축물을 가리켰다. 하얗게 빛나는 이곳의 상징적인 오페라 하우스다. 이곳 건축물이 어찌나 현대적인지, 250년밖에 안 된 '젊은 나라' 호주가 영국의 범죄자 유배지로 시작했음을 상기시켜줬다. 우리는 나무가 가득한 거리를 달리고 레스토랑 앞에 스쿠터를 세웠다.

"와, 이 정도면 자전거로 파리 투어하는 것보다 낫네."

헬멧을 벗겨주는 와일드맨에게 말했다.

그가 고객을 끄덕였다.

"요즘 대도시를 그리 선호하진 않는데, 시드니는 언제나 좋아."

그는 14살 때 남아프리카 공화국에서 가족과 함께 이주한 뒤 시드니 교외에서 청소년기를 보냈다.

레스토랑의 주인이 와일드맨을 바로 알아봤다. 그녀는 와일드맨의 와인을 칭찬하면서 우리에게 자리를 안내했다. 그리고 언제 새로운 빈티지를 받아볼 수 있을지도 물었다. 생면 파파델레로 점심 식사를 하면서 그는 호주에 꽤 많은 이탈리아 이민자가 살고 있다고 알려줬다. 대부분 제2차 세계대전 이후에 정착했는데, 덕분에 제대로 된 이탈리아 음식을 맛볼 수 있다고 했다.

그가 포크를 들고 멈췄을 때 우리는 눈이 마주쳤다. 그리고 한동안 서로를 바라봤다. 우리는 조지아에서 만나 파리, 런던, 슬로베니아와 스페인에서 데이트하고, 이제 이곳, 시드니에 앉아 있다. 내가 호주에 왔다는 것 자체가 진지한 만남의 시작이라는 무언의 동의가 됐다. 이건 오가며 타는 썸이 아니다. 어쩌면 진정한 관계의 시작일지도 모른다.

그가 정적을 먼저 깼다.

"매거진 창간 행사는 어땠어?"

로우 와인에 와서 잡지를 사 간 수백 명의 사람들의 기대에 찼던 모습을 설명하고 브루클린 와인 바에서 성황리에 진행된 애프터 파티도 얘기해줬다. 그리고 와일드맨이 특별히 보내준 루시 마고 와인으로 셰프 친구와 함께 유료 디너 이벤트를 진행한 것도. 와일드맨은 테이블 밑으로 내 손을 꼭 잡고 이야기를 들어줬다.

"시차 적응은 어때?"

에스프레소를 마시며 그가 물었다.

"이거 마시니 좀 낫네. 근데 확실히 힘들긴 해."

내가 답했다.

우리는 해안을 따라 스쿠터를 탔다. 지나가는 길에 본 동네의 건물들이 전부 낮은 것이 신기했고 수많은 나무가 길가에 즐비한 것이 놀라웠다. 시드니는 뉴욕에 비해 확실히 개발이 덜 되었거나 인구밀도가 낮았다. 짜디짠 바닷바람이 내 피곤한 몸에 부딪히자 나는 와일드맨의 근육 진 상체에 팔을 더 세게 감았다.

"여기 괜찮네."

브론테 해변에 도착해 헬멧을 벗으며 말했다.

푸른 바다를 감싸는 반달 모양 언덕의 숲을 따라 있는 세련되고 모던한 아파트와 집들이 눈에 띄었다. 우리는 수영복으로 갈아입고 와일드맨 가방에서 수건을 꺼내 깔았다. 모래 위에 맨발로 배구하는 사람들이 있고 운동복 차림으로 반려견을 산책시키는 사람들도 많았다.

"뭐 좀 마실래, 마이 디어?"

와일드맨이 가죽 힙색을 열더니 작은 쿨링 팩을 꺼냈다. 그 안에는 샴페인 병이 들어있다. 그런데 아무 샴페인이 아니라 부에트 에 소르베^{Vouette et Sorbée} 의 바이오다이내믹으로 재배하고 암포라에 발효한, 단일 포도밭에서 수확한 포도로 만든 스파클링 와인이었다. 그는 내가 가장 좋아하는 와인의 코르크를 따고 플라스틱 컵 두 개에 가득 따랐다. 제대로 된 유리잔이 없어도 상관없었다. 장소와 풍경이 다했으니. 48시간 전만해도 나는 스웨터를 입고 〈뉴요커〉 잡지 과월호를 읽으며 워싱턴 D.C. 교외에 있는 엄마 집 소파에 앉아 있었다. 긴 비행을 한 뒤 일광욕을 하며 어마어마한 와인을 마시고, 고운 모래가 있는 해변에 잘생긴 남자와 함께하고 있다. 머리에는 딱 적당한 만큼의 바람이 불고 눈앞에는 아름다운 절벽이 장관을 이뤘다.

루트스톡에서는 내가 특별 손님 대우를 받아 놀랐다. 행사의 공동 주최자인 조르지오 데 마리아와 마이크 베니는 내 잡지를 팔 수 있는 특별 공간을 마련해줬고, 참석자들에게 내추럴 와인에 대해 글 쓰는 법을 강의하는 시간도 주어졌다. 시음 행사 내내 나는 수십명의 와일드맨 친구와 지인들을 소개받았다. 대부분 셰프이거나 소믈리에, 혹은 와인메이커다. 몇몇은 와일드맨이 보내줬던 사진 속 인물들이다.

"〈테르〉에 대해 정말 많은 얘기를 들었어요."

한 사람이 미소를 크게 지으며 말했다.

몇몇 사람들은 내게 싸인을 해달라고 했다. 잡지에 눈을 떼지 못하며 걸어가는 것을 보고 있자니 뉴욕에서 두 명의 친구와 함께 시작한 이 작은 인쇄물이 호주에서 큰 관심을 끌고 있음을 체감할 수 있었다. 수개월간의 고생을 보상받는 기분이었다.

와일드맨이 자신의 부스에서 와인 전문가 말고 '펀터스punters', 즉 소비자에게 와인을 시음시켜주는 동안 나는 이리저리 다니며 최대한 많은 와인을 맛보았다. 뉴질랜드 말보로 지역에서 피노 그리를 스킨 콘택트해 만든 킨델리Kindeli의 와인부터 아들레이드 힐스의 마농 꽘과 젠틀 포크Gentle Folk, 로마 북부의 라지오 지역에서 만든 두 번째 빈티지를 따라주는 아프리카 짐바브웨 태생의 이탈리아 와인메이커 트리쉬 넬슨Trish Nelson의 와인까지. 생산자들이 와인을 직접 따라주었다. 아들레이드 힐스 출신인 오초타 배럴스Ochota Barrels의 게뷔르츠트라미너 품종 와인과 이탈리아 혹은 프랑스 품종으로 만든 몇 개의 펫낫도 시음했다. 이곳에서 선보인 모든 와인은 통통 튀는 라벨과 시적인 이름이 붙어있다.

유럽의 와인 시음회와 비교했을 때 확실히 분위기가 달랐다. 이곳은 훨씬 자유로웠다. 아펠라시옹이 거의 존재하지 않는 호주에서 와인을 만들 때 더 많은 자유가 주어진다. 생산자들은 원하는 품종을 블렌딩하고 잘 자랄 것 같은 품종은 원하는 대로 심어 키울 수 있다. 호주뿐 아니라 미국이나 남아프리카 공화국, 또 아르헨티나와 같은 신대륙 와인 생산국들은 모두 제한이 없다. 그래서인가, 이곳 호주에서는 '뭐든 다 된다'식의 에너지가 느껴졌다. 시차적응에 시달리고 있지만 생산자들에게 질문하는 것을 잊지 않았다. 포도 농법과 전반적인 와인 양조 방식이 어떤지, 이산화황을 넣는지, 넣는다면 얼마나 넣는지 등 그들이 하는 대답을 다 받아 적었다. 가끔은 호주 억양 때문에 말을 못 알아듣는 경우도 있었다.

와일드맨의 부스쪽을 볼 때마다 그의 주변은 늘 사람들로 가득했다. 그들은 탄닌과 입술 자국이 진하게 묻은 빈 잔을 내밀며 시음 기회를 간절히 기다렸다. 마침내 사람들 몰래 빠져나온 그는 나를 따로 불렀고 우리는 신선한 자연산 오이스터를 흡입했다. 오이스터를 먹자 마치 이마에 올려둔 시원한 수건처럼 장시간 비행으로 경직된 몸이 풀리는 듯했다. 와일드맨이 또 자리를 비운 사이, 그를 대신해 몇 명에게 와인을 따라줬다. 와인을 아는 선에서 최대한 설명하며 따랐는데, 돌이켜보면 그 당시만 해도 그의 와인에 대해 아는 게 별로 없었다.

"모두 2016년부터 이산화황을 아예 넣지 않았어요."

내가 말했다.

"이건… 피노고 저건… 가메. 이건 블렌드인데 음… 잘 모르겠네요."

최소 열 종류의 와인이 놓였는데 라벨에는 일명 '판타지 네임', 지어 만든 이름 말고는 그 어떤 정보도 없었다. 내 얼굴이 그려진 라벨의 펫낫을 사람들에게 따라줬을 때 나도 모르게 얼굴이 붉어졌다. 수개월 전 나의 작은 벨빌 집에서 그가 나에게 와인을 처음 보여준 때가 생각났다.

시음회가 마침내 끝났을 때 우리는 피곤한 몸을 이끌고 택시에 탔다.

"텐 윌리엄 스트리트^{10 William Street} 로 가자. 시드니에서 내추럴 와인 마시기 최적의 장소거든."

와일드맨이 말했다.

"지오는 시드니의 첫 내추럴 와인 수입사 중 하나를 운영해."

바의 주인을 언급하며 말했다.

도착해서 지오를 만났다. 그는 키가 굉장히 컸고, 검고 흰 머리에 이탈리아인의 느낌을 물씬 풍겼다. 지오는 와일드맨을 먼저 껴안고 볼에 키스하고는 이어 내게도 똑같이 인사를 했다.

"지금 안에는 자리가 꽉 찼는데 발코니 쪽에서 한잔하고 있는 건 어때?"

지오가 말한 뒤 바를 지나쳐 좁은 계단으로 우리를 안내했다.

발코니는 직원들의 라커룸이 위치한 곳이기도 하다. 이미 몇몇 사람들이 와인 박스와 상자 위에 앉아 자리 잡고 있다. 와일드맨은 모두가 맛볼 수 있게 매그넘과 파스타 요리를 주문했다. 졸리기 시작했는데 시원한 바람이 부는 야외 공간이라 다행이었다.

몇 명은 루트스톡에서 이미 인사를 나눈 사람들로 이름을 기억해보려 했다. 내 또래 정도 되는 긴 생머리의 한 여성이 옆에 앉더니 의미심장한 미소를 지었다.

"사라라고 했죠?"

나는 그녀의 빈 잔에 맑은 레드 와인을 따라주며 물었다. 장-프랑수아 갸느바의 가메다.

이름을 제대로 맞췄다. 사라는 아들레이드 힐스에 거주하고 와이너리 내에 있는 레스토랑에서 일한다고 했다.

"드디어 만나서 반가워요."

그녀가 와일드맨을 바라보며 말했다.

"몇 개월간 당신에 대해 어찌나 쉴 새 없이 얘기하던지요!"

그녀는 따뜻하고 상대를 편안하게 해주는 톤으로 말했다. 그리고 화장하지 않아도 피부가 투명한 것이 보기 좋았다.

그녀가 말을 이어갔다.

"와일드맨이 친구들까지 오라 해서 집을 며칠 동안 정돈했어요. 당신을 위해서요."

"그래요?"

나는 와일드맨이 바닥을 쓰는 모습을 상상했다. 일을 빙자해 오긴 했지만 그와 함께 지내기 위해 온 것이라 그녀의 말에 안심했다.

루트스톡의 바쁜 일정이 끝나고 와일드맨은 먼저 아들레이드 힐스로 돌아갔다. 나는 멜버른과 빅토리아의 야라 밸리 와인 지역을 방문한 뒤 그와 합류하기로 했다. 멜버른으로 가는 1시간 비행에 오르기 전, 나는 처음으로 혼자 걸으며 이 도시를 누볐다. 그러다 시드니의 해안 근처에 있던 호텔 코너에 커피 숍 하나를 발견했다. 그곳에서 완벽하게 만든 플랫 화이트 한 잔을 즐겼다. 플랫 화이트는 호주의 시그니처 커피로 카푸치노의 우유 거품 없는 버전이라 생각하면 된다. 공항 갈 택시가 기다리고 있을 호텔로 돌아가는 길에 어깨에 열 마리의 청홍색 앵무새가 앉아있는 긴 머리 여성을 보게 됐다. 앵무새들의 소리가 크게 울렸다. 여성이 나무에 붙은 통에 씨를 넣어두는 모습을 보고 있자니 그 모습이 경이롭게 느껴졌다.

며칠 뒤 아들레이드 공항을 빠져나오며 눈부신 햇살에 눈살을 자동으로 찌푸리고 있는데 빨간색 랜드로버가 다가오는 걸 발견하고 트렁크를 끌고 갔다. 와일드맨은 차에서 내려 손을 흔들었다. 티셔츠와 낡은 그레이 쇼츠를 입은 그를 당장 안아주려는데 곧바로 시선을 빼앗겼다. 와일드맨의 발 주면에 작은 강아지 한 마리가 왔다갔다 하고 있는 것이다.

"어머. 뭐야? 너무 귀엽다!"

태어난지 9주 밖에 안된 이 작고 흰반점이 있는 강아지에게 인사하기 위해 몸을 수그렸다.

"알피야, 인사해."

와일드맨이 말했다.

그의 딸 루시가 이 콜리종 강아지의 이름을 지었다고 했다. 루시는 반려견을 키우고 싶어했지만 그의 전처가 허락하지 않았다.

그의 가족이 겪은 최근 변화에 이 강아지가 어떤 역할을 하는

지 나는 깊게 생각하지 않기로 했다. 그러기엔 아직 심적으로 준비가 되지 않았다. 전쟁을 치르고 온 듯한 랜드로버에 타서 보니 운전석이 아예 헤지고 엉덩이 모양대로 좌석이 움푹 들어가 있다. 자라면서 부모님이 늘 중고차를 몰긴 했지만 이 차는 한 번도 본 적 없는 부류의, 폐차 수준의 모습이다. 와일드맨은 차의 계기판을 뿌듯하다는 듯이 쳤다.

"14살이지만 여전히 팔팔하지!"

뉴욕 생활 8년 동안 자차 없이 살아서인지 차 주인들이 자신의 '애마'에 갖는 애정의 정도를 잊고 있었다.

도심 외곽의 별 특징 없는, SUV 차량이 쭉 늘어지게 주차된 동네를 지나 와일드맨과 나는 알피의 폭신한 털 위로 손을 잡았다. 열린 창문으로 따뜻한 바람이 들어왔다. 내 시선이 손으로 향하자 그의 손톱이 부분적으로 검게 물들고 모양이 이상한 것을 발견했다. 거기에 손 마디는 거칠고 울퉁불퉁했다. 이게 바로 매일 손으로 일하는 사람의 모습이다.

"멜버른은 어땠어?"

와일드맨이 물었다.

멜버른은 정말 좋았다. 피츠로이와 콜링우드 동네부터 스트리트 아트와 레코드 가게, 독립 서점, 작은 식당과 커피숍이 즐비한 점, 그리고 어디나 쉽게 걸어 다닐 수 있는 부분까지, 브루클린을 연상시켰다.

"매우 좋았어."

내가 답했다.

"빌더스 암스 호텔에서 당신의 피노 그리 로제 와인을 스프리츠로 섞어 파는 거 알아?"

알 리가 없는 와일드맨은 그게 웃기다 생각했다. 야라 밸리에서 만난 와인메이커 얘기도 해줬다. 그중 유기농으로 재배한 포도로 부르고뉴 스타일의 와인을 만드는 맥 포브스Mac Forbes 가 인상 깊었고, 유칼립투스 숲을 처음 본 것과 둥지에서 지저귀는 희귀한 금조 소리도 들은 이야기를 했다.

"오늘 밤 우리 집에서 파티를 하기로 했어."

와일드맨이 말했다.

"새로 만든 양조 공간 오픈 기념으로."

그는 침착하게 말했지만 속으로 얼마나 신났는지, 재회한지 며칠 밖에 안됐지만 단번에 알 수 있었다.

"새 양조 공간은 나의 와인 커리어에 엄청난 변화를 줄 거야."

그가 말을 이었다.

"수년간 나는 와인을 야외에서 만들었거든. 말 그대로 자연에서 말이야. 와인병 보관을 위해 몇 개의 작업용 공간이 전부였지. 비가 올 때마다 옷도 못 걸친 채 발효통에 무얼 씌우기 위해 뛰어다니는 게 이젠 지치더라. 그래서 15만달러 대출을 받아 제대로 된 양조장을 만들었어."

몸에 열이 많은 와일드맨은 나체로 잔다는 걸 경험상 알고 있다. 그래서 '옷도 못 걸친', 즉 누드 상태로, 근육으로 다져진 상체와 얄쌍한 다리가 그대로 노출된 채 발효 중인 포도가 든 통을 손에 집히는 무언가로 다급하게 씌우는 모습이 상상이 갔다.

뿌연 창문을 넘어 남호주의 주도시인 아들레이드를 관심 있게 관찰했다. 앤티크 가구와 빈티지 제품을 판매한다고 써놓은 낮은 건물, 정육점과 생선 가게, 다양한 자동차 부품 매장, 그리고 패스트푸드 체인점들이 보였다. 시드니나 멜버른과 비교했을 때 아들레이드는 훨씬 조용해 보였다. 교외를 벗어나 신호등조차 없는 곳에 진입하자 도로가 가파르게 경사지는 게 느껴졌다. 가파른 길을 빠르게 지나가자 차 안으로 시원한 바람이 파도처럼 밀려들어왔고 와일드맨과 나는 동시에 안도의 한숨을 쉬었다.

"느껴져?"

그가 물었다.

내가 고개를 끄덕이자 와일드맨은 차의 에어컨을 끄고 창문을 내렸다.

향긋하고 무성한 숲을 지나고 이제 우리는 힐스에 들어섰다. 와일드맨은 유기농 인증을 받은 체리 농장 사이에 차를 세웠다. 그는 잠시 사라지더니 붉은 체리를 상자에 가득 담아 돌아왔다. 우리는 주행 중에 체리를 계속 집어 먹으며 달렸다. 체리의 달콤한 속살이 무척이나 마음에 들었다.

"1950년대까지만 해도 이곳 힐스의 농부들은 재배한 농산물을 팔기 위해 아들레이드까지 말을 타고 갔었대."

와일드맨이 설명했다.

"도착하려면 며칠이 걸렸다지."

나는 그 당시 이곳에 정착한 이들이 튼튼한 말에 옥수수나 토마토 더미를 묶어 이 가파른 언덕을 내려왔을 상상을 했다. 그들

전에는 누가 이 곳에 살았을까 잠시 생각했다. 당연히 이곳 원주민의 땅이었겠지? 미국인인 나에겐 원주민의 문화를 폭력적이고 체계적으로 무너뜨린 역사가 남 일 같지가 않았다.

랜드로버가 시골 도로를 달리기 시작했다. 가로등도 없고 상업적인 간판이 하나도 보이지 않았다. 구불구불한 길에 쏠린 알피가 계기판에서 튕겨 내 무릎에 안착했다. 날씬하게 쭉 뻗은 유칼립투스 나무 사이로 햇살이 강렬하게 비쳤다. 와일드맨은 내가 이 야생적이고 강렬한 황야의 아름다움을 감상할 수 있게 잠시 침묵을 지켜줬다. 졸졸 흐르는 시냇물을 지나자 공기가 훨씬 더 시원해지는 게 느껴졌다. 언덕에는 몸집이 큰 회색빛의 소 무리가 느릿느릿하게 움직였고 반대편에는 거대한 소나무 숲이 보였다. 어떤 길로 들어서니 차가 한 대 정도만 지나갈 수 있는 자갈 도로가 나왔다.

앞에는 멋진 모호크 스타일의 노란색 깃털이 머리 위에 있는 커다란 흰색 새가 날아다녔다.

"코카투 앵무새야."

와일드맨이 알려줬다.

빨강, 파랑, 초록색이 섞인 앵무새 몇 마리가 차 쪽으로 날더니 방향을 바꿔 사라졌다. 자갈 도로 한 쪽에는 산등성이가 양치식물로 뒤덮인 골짜기와 포개졌다. 도로에는 움푹 패인 곳이 꽤 있는데 와일드맨은 전문가답게 요리조리 잘 피해 갔다. 그는 분명 눈을 감고도 이 비포장도로같은 길을 운전할 수 있을 것이다.

마침내 와일드맨의 포도밭이 보였다. 그가 보내준 동영상에서 가지치기할 때 종종 등장한 그 밭이다. 그는 15년 전 이 곳에 피노 누아를 심었다. 오레곤의 윌라멧 밸리에서 와인을 만들어본 경험에서 영감받아 그랬을 거다. 이 밭은 단 한 번도 물을 주거나 약품을 살포한 적이 없다. 이 정도로 그냥 두는 포도밭은 조지아에서 만난 라마즈 니콜라드제의 밭 빼고는 본 적이 없다.

"저기서 채소를 길러."

와일드맨이 가리키는 곳을 바라보자 건강해보이는 흙을 뚫고 자란 상추류들이 보였다. 더 멀리 언덕 쪽을 보니 외관을 파란색으로 칠한 양조장이 눈에 들어왔다. 지금 하늘의 파란색과 동일했다. 그 양조장에서 더 올려다보니 상록수와 우거진 마른 풀 틈에 철판 지붕의 초라한 샌드스톤 집이 보였다. 내가 앞으로 3주간 머물 곳이다.

뉴욕에서 지내는 세월 동안 몸에 쌓인 부정적인 기운과 파리에서 이 소파 저 소파로 옮겨다녀야 했던 스트레스가 슬슬 녹아 없어지는 듯했다. 이런 나쁜 에너지는 내 몸과 마음에서 영원히 사라졌으면 했다. 장엄한 나무와 깨끗한 공기가 있는 이 곳이라면 가능할 것 같았다. 방금 도착했지만 내게 딱 필요한 환경이라 생각했다.

"잔? 잔이 왜 필요하지?"

애런은 와인병을 바로 입에 대고 마시며 농담하듯 말했다.

그러면서 두꺼운 프레임의 안경 넘어 내 반응을 보려했다. 와일드맨의 친구이자 레스토랑을 함께 운영하는 애런은 나를 시험해보려는 게 분명하다. 과연 내가 오씨Aussie***들 처럼 놀 수 있을까를. 나는 애런을 처음 만난 날이기에 그가 나를 좋게 생각해주길 바랐지만, 와인은 잔에 따라 마시고 싶었다.

와일드맨은 몇 개월 동안 애런과 그들의 또다른 동업자인 재스퍼에 대해 일러줬다. 이날 만나지 못한 재스퍼를 포함해 셋은 근처에서 더 섬머타운 아리스톨로지스트The Summertown Aristologist 라는 레스토랑을 운영한다. 오는 길에 본 채소밭은 레스토랑의 식재료 공급원이다. 나는 이곳에서 식사할 날을 손꼽아 기다렸다.

결국 애런은 나의 요구대로 와인 잔을 건네줬고 거기에 펫낫을 따랐다.

"호주에 온 것을 환영해요."

그가 입이 찢어지게 미소 지으며 말했다.

그는 양조장에 울려퍼지는 노래의 비트에 맞춰 허공에 주먹질을 하더니 병째 한 모금 더 마셨다.

나는 와일드맨의 최측근을 만나는 것이 긴장됐다. 나에 대해 어떤 얘기를 한 걸까? 와일드맨의 전처가 떠난지 8개월 밖에 안 됐는데 내가 이곳에 온 것에 대해 어떻게 생각할까? 양조장 밖 화덕에서 구워지고 있는 양갈비를 맨 손으로 뒤집으려는 와일드맨과 아이콘택을 시도했다. 다른 사람들과 이야기 중이던 그는 나

*** 호주인(Australians)을 줄여 부르는 애칭과도 같은 표현.

와 눈이 마주치자 자신의 잔을 높이 들더니 자기 쪽으로 오라는 손짓을 했다.

그 뒤 몇 시간동안 수십명의 사람들이 내게 와 인사를 건넸다. 어느 순간부터 그들의 이름은 내 머릿속을 스치고 지나가 아무런 기억이 나지 않는다. 내추럴 와이너리인 마농 팜의 와인메이커 팀이 레코드판으로 디스코 음악을 트니 어린 아이들이 팔짝 뛰며 춤을 췄다.

해가 지기 시작하자 우리는 와일드맨이 기른 양으로 만든 꼬치를 먹었고 어느새 밴드가 연주하기 위해 준비했다. 윤기나는 갈색머리의 젊은 리드 보컬 여성은 밴드의 드럼과 탬버린에 맞춰 어쿠스틱 기타를 연주하며 포크 발라드를 부르기 시작했다. 모두 대화를 멈추고 공연에 집중했다. 그때 와일드맨이 내 허리를 쿡 찌르더니 자기를 따라오라 했다. 양조장의 맨 뒤쪽 구석으로 가더니 그가 나를 가까이 끌어당겼고 우리는 슬로우 댄스를 췄다.

"여기 있으면 아무도 우릴 보질 않아."

입술을 대며 그가 말했다.

다시 사람들 틈으로 가자 애런이 와일드맨에게 윙크를 날리는 것을 봤다. 밴드 뒷쪽을 보니 우리가 방금 슬로우 댄스를 춘 곳이 조명 덕에 훤히 보이는 곳임을 깨달았다. 모두가 보는 앞에서 애정 행각을 한 것이다. 바스켓 레인지 동네 사람들을 위한 일종의 엔터테인먼트 마냥.

몇몇은 우리를 놀리기 시작했다.

"아 너무 창피해요."

내가 사라에게 하소연했다.

그녀는 웃더니 말했다.

"아름답기만 한데요, 뭘. 이 순간을 즐겨요."

별빛 아래에서 우리는 따뜻한 밤 공기를 마시며 훌륭한 남호주 내추럴 와인을 끊임없이 마셨다.

자정이 넘어가니 피곤함에 몸을 가누지 못했다. 집 쪽으로 간신히 걸어가 미닫이문을 열었다. 집의 현관문 역할을 하기에는 제대로된 문도 아니었고 잠금 장치도 없었다. 시드니에서 만났던 와인 수입자 조르지오가 소파에서 자고 있다. 바닥에는 와인과 맥주가 널부러져 있다. 한 쪽 면에는 냉장고가 있고 한 때 화장실이었을 것 같은 엉뚱한 공간에 업소용 싱크대가 놓여있다. 딸 루시가 기숙학교에 있지 않을 때 가끔 머문다는 방을 지나니 그 안에 누군가가 침대에 뻗어있다. 빨간 소파 하나만 덩그러니 놓인 방에 들어서자 두 젊은 여성이 강아지 알피를 껴안고 그 소파에 누워있다.

잠이 들고 몇 시간 밖에 지나지 않았을 때 새소리에 깼다. 마치 입에 물을 머금고 가글링을 하는 소리 같았다. 한번도 들어보지 못한 새소리다. 커튼이 없는 프렌치 도어 창문으로 햇살이 은은하게 들어왔다. 나는 바로 앉아 창문 넘어로 보이는 골짜기와 언덕을 제대로 바라봤다.

와일드맨이 얼마 전까지 누워있던 침대 자리에 온기가 남아있다. 그를 찾으러 나가려던 순간 집 안에서 무언가 와장창 깨지는 소리가 울려 퍼졌다. 수많은 와인 잔들이 깨지는 소리임을 단 번에 알아챘다. 얼마뒤 와일드맨은 물이 든 피처를 들고 왔다.

"집 안에 곰이라도 들어왔나봐?"

내 말에 그가 어깨를 으쓱거리더니 입을 가볍게 맞추고는 물을 건네줬다.

그가 샤워를 하러 간 사이 나는 깨진 사고 현장을 확인하러 갔다. 바닥에는 산산조각난 잔이 든 박스와 닦지 않은 접시, 더러운 핑크색 목욕가운과 빈 와인병이 엉켜있다. 하얀 석고 벽의 거미줄이 쳐진 모서리는 부식되고 있었고 벽을 채우는 유일한 것은 아크릴로 칠한 거대한 꽃이 그려진 캔버스다. 루시 이름이 사인된 것 보니 누구 작품인지 알겠다. 나는 통창 문으로 밖을 내다봤고 와이너리까지 이어지는 집 주변 골짜기의 전경이 한 눈에 들어왔다. 전 날 밤에 마신 100병이 넘는 빈 와인병은 입구부터 양조장까지 그대로 방치되어 있다. 그리고 양조장 바로 옆 차 안에는 문이 열린 채 다리만 축 늘어져 자고 있는 누군가의 모습도 보였다. 어제밤 공연한 뮤지션들이다.

"파티 죽여줬어!"

그들은 한가로이 집으로 다가오면서 전날 밤이 얼마나 즐거웠는지 표정으로 알려줬다. 와일드맨은 어제 입은 똑같은 티셔츠 차림으로 나타나 모두에게 커피를 준비하겠다고 했다. 빈티지로 보이는 에스프레소 기계 앞에 자리를 잡더니 커피 콩을 갈고 에스프레소를 내리기 시작했다. 소파에 자고 있던 조르지오는 시드니로 돌아가기 위해 이른 아침 이미 떠났지만, 이제야 일어나는 사람들은 하나둘 거실로 모이기 시작했다. 와일드맨은 모두에게 커피를 나눠줬다. 그 누구도 난장판이 된 집의 상태를 인지하거나 그에 놀라지 않았다. 소파에 앉으니 쿠션 사방에 붙은 고양이 털을 보고 깜짝 놀랐다.

밴드의 리드 보컬인 나오미는 내 옆에 앉아 호주에서 보낸 시간이 어땠냐고 친절한 어투로 물었다.

"너무 아름다워요. 여기 와있다는 것이 믿기지가 않아요."

내가 답했다.

그녀는 동의의 미소를 지었다.

"공감해요. 저는 아들레이드에 살지만 기회가 있을 때마다 힐스로 넘어와요. 여긴 정말 특별하거든요. 그리고 이 농장엔 정말 대단한 에너지가 있어요."

알피가 발을 헛디디자 나는 아기 강아지의 냄새를 맡으려 끌어 안고는 털에 코를 박았다. 전날 밤의 즐거운 여운이 남았는지 사람들의 아침 대화가 집안에 울려퍼졌다. (다행히 아무도 와일드맨과 나의 슬로우 댄스와 키스 장면을 언급하진 않았다.) 와일드맨은 내게 우유 거품으로 하트를 그려넣은 플랫 화이트를 건네줬다.

"저건 뭐야?"

수상한 핑크 목욕가운을 가리키며 내가 물었다.

"아 저건 배리가 사랑을 나눌 때 쓰는 거야."

그가 답했다.

내가 당황한 표정을 짓자 그가 덧붙였다.

"우리 집 고양이."

"아, 그렇구나."

나는 목욕가운을 한 손가락으로 들어 바닥에 내려놓았다.

커피를 마시며 내가 사랑에 빠지고 있는 이 남자를 바라봤다. 그리고는 다시 집안의 꼬락서니로 시선이 갔고, 얼룩진 창문과 모서리의 먼지와 거미줄, 정체를 알 수 없는 담요와 종이 무더기, 여기저기 놓인 와인병들까지. 무질서 그 자체였다.

내가 이 곳을 어떻게 살만하게 바꾸지?

Eight

일기장

    파리에서 친구들 집을 전전했던 몇 개월간 트렁크에서 짐을 제대로 꺼내지도 못하고 내 존재를 최소화하며 지냈다. 이제 와일드맨의 침실에 서서 오랜만에 짐을 푸르고 있으니 마음이 후련했다. 옷가지와 노트북, 욕실 용품과 몇 개의 책을 해방시켜줬다. 침실의 창문 넘어 그가 키우는 양떼가 푸르른 골짜기를 자유롭게 떠도는 것이 보였다. 방안에 있는 심플한 하얀색 옷장에 내 옷 몇 개를 기분좋게 걸었다. 와일드맨의 전처가 한 때 쓰던 옷장이었을 거고 나를 위해 깨끗하게 비웠을 거라 상상해본다. 프랑스 비자 발급 절차를 마무리하기 위해 미국으로 곧 돌아갈 거라 몇 주 동안만 머물거지만 그래도 내집처럼 편하게 지내보기로 했다. 파리에서처럼 사이좋게 잘 지낼 수 있을까? 변기 시트를 올려뒀다거나 설거지를 안한다는 등의 사소한 일로 결국 다투게 될지. 그리고 와이너리와 농장 이름의 주인공인, 와일드맨의 청소년 딸 루시를 만나게 될지도 궁금했다.

나는 뒷문을 통과해 붉은 콘크리트 바닥의 테라스로 가, 모닝커피를 마시기 위해 작고 둥근 캐스트 아이언 테이블 앞에 있는 와일드맨 옆에 앉았다.

"오늘 무척 더울 것 같아!"

그가 아래로 보이는 골짜기를 바라보며 내뱉었다.

넓은 골짜기에는 유칼립투스로 뒤덮인 언덕이 청명한 하늘을 향해 높이 솟아있다.

"내겐 희소식인데?"

내가 속삭였다.

남호주의 여름은 습기가 아예 없어 개인적으로 무척 마음에 든다. 미국 동부에서 자란 나는 한 여름에 밖에 나오는 순간 땀에 흠뻑 젖는 것에 익숙해있다. 지구의 맨 아래 남쪽에 오니 햇살을 걸러주는 오존층의 보호막 없이 태양은 강렬하게 타고 있다.

"오늘 계획은 어떻게 돼?"

와일드맨에게 물었다.

내가 도착한 지 일주일 정도 됐을 때라 둘만의 루틴 같은 게 생겼다. 모닝커피를 마신 다음 와일드맨은 한두 시간 동안 양조장에서 작업을 하고(늘 트랙터나 숙성통을 수리해야 하는 일이 생긴다) 나는 그동안 강아지 먹이를 주고 밤사이 온 이메일을 확인한다. 아침을 함께 먹은 다음에는 와일드맨을 쫓아 주문 들어

온 건을 포장하는 등의 소소한 와이너리 업무를 돕는다. 와일드맨이 너무 바쁘지 않은 날엔 농장으로 가 산책을 하기도 한다. 한번은 산책하다 이웃의 체리 과수원에 몰래 들어가 간식 겸 따먹기도 했다. 우리의 관계는 꽃피우는 듯했다. 그래서인지 집 상태에 대한 실망감도 내 삶의 방향에 대한 걱정도 서서히 사그라들었다.

지금은 호주 와인메이커에게 상대적으로 덜 바쁘고 자유를 만끽할 수 있는 계절, 여름이다. 봄에 포도밭에 필요한 만큼의 곰팡이 방지 스프레이를 뿌려놓고 슈트닝* 작업을 해놓았기에 그 뒤 3개월간 포도가 열리길 기다리면 된다. 와일드맨의 농장에 포도밭이 하나 있는데 실험 삼아 그 어떤 약 처리도 하지 않아봤다고 한다. 많은 양의 포도가 열리진 않지만 매년 이 밭에서 한 배럴의 와인을 만드는 데 성공했다.

호주에 도착하기 전 나는 와인이 목적이 아닌 곳으로 여행을 떠나자고 제안했다. 유럽 여행을 돌이켜보면 우리가 했던 모든 것이 모두 와인 중심이었다. 그래서 와인을 제외하고 우리의 관계가 한층 성장할 수 있는지, 다른 환경에서도 즐거움을 찾을 수 있는지 확인하고 싶었다. 어쩌다 보니 8일간 베트남을 여행하는 것으로 결정됐다. 그 전에 멜버른에 들러 '소울포 와인'이라는 규모있는 와인 시음회에 참가하기로 했는데, 이 시음회는 이산화황

---

* 두 개 이상의 잎사귀가 난 싹을 찾아서 한 개만 남기고 나머지를 잘라서 정리하는 작업.

을 완전히 배제한 와인만 선보이는 행사다. 시음회 이후에는 호찌민시로 향하는 비행기에 오를 계획이었다.

돌아와서는 농장을 돌보며 조금 쉬다가 시드니로 다시 여행 갈 계획을 짜기로 했다.

"오늘은 가게에서 저녁을 먹을까 했지."

와일드맨이 직접 만 담배를 내게 건네며 말했다.

호주에 와서 와일드맨이 담배를 꽤 많이 피운다는 걸 알게 됐다. 유럽에서 함께하는 동안 나 때문에 물든 것 같기도 하다.

'가게'는 와일드맨이 운영하는 레스토랑 더 섬머타운 아리스톨로지스트를 일컫는 말이다. 실제 이름이 너무 길어서 생긴 별명이기도 하지만 진지한 레스토랑보다 시골 카페 느낌을 주기 위해 낮춰 부르는 이유도 있다. 그러나 SNS상에서 본 그곳은 수많은 상을 탄 명성 있는 팜 투 테이블 레스토랑이다.

우리는 가게에서 저녁을 먹기로 했다. 오후에는 와인병에 라벨을 하나하나 손으로 붙이는 작업을 도왔다. 정말 손이 많이 가는 일이다. 라벨은 전통 방식으로 만들어진 일본 실크 블렌드 화지에 인쇄했다. 인쇄 자체는 와일드맨이 집에서 일반 레이저 프린터기로 한 뒤 부엌 식탁에서 하나하나 작토 커터 칼로 자른 결과물이다. 그런 다음 피노 누아 포도밭 위에 위치한 초록색의 작은 창고에서 라벨을 작은 전기 접착 기기에 넣어 풀을 묻힌 뒤 손으로 병에 일일이 붙였다. 이는 긴 시간이 걸리는 작업이다. 우리는 음악을 크게 틀고서 조지아 버스에서처럼 장난스러운 농담을 던져가며 긴 작업 시간을 버텼다.

"라벨 붙이고 남는 여분의 쓰레기가 내겐 너무 스트레스야."

그는 와인메이커들이 사용하는 일반 라벨지를 말하는 것이다. 루아르 수확 기간에 아녜스 모스를 도와 라벨을 붙이고 운송할 와인을 포장했던 때가 떠올랐다. 그곳에서는 롤링되는 라벨 기계에 병을 올려두면 앞 라벨과 뒷 라벨이 순식간에 붙었다. 그런데 라벨을 붙이고 남는 자투리 플라스틱이 상당히 쌓였던 기억이 난다. 재활용이 전혀 되지 않는 쓰레기다. 일주일도 안돼 와일드맨은 내게 내추럴 와인의 개념에 대해 더 깊이 생각하게끔 했다. 작은 디테일에 연연할지언정 그가 하는 일은 언행일치하고 있었다.

더 섬머타운 아리스톨로지스트는 1980년대에 존재하던 인근 레스토랑을 오마주하여 지어졌다고, 바스켓 레인지를 벗어나며 와일드맨이 설명해줬다. 우리는 사과 과수원과 사암 채석장을 지나 시골 도로를 거칠게 달렸다. 아리스톨로지란 '쿠킹 혹은 다이닝의 예술 혹은 과학'을 의미한단다.

와일드맨은 시드니에서 호주 은어로 '쿠커리', 즉 조리학을 전공했다. 그러다 와인메이킹으로 변경하기로 하고는 아들레이드 대학에 진학해 와인 양조학을 이수했다. 결국 포도를 선택하긴 했지만 음식이야말로 그가 가장 창의적이고 열정적인 분야다.

레스토랑에 도착했을 때는 늦은 저녁인데도 아직 날이 밝았다. 어린 알피를 농장에 두고 오기 싫어 우리와 함께 차에 태웠다. 랜드로버에서 내리니 애런이 우리를 맞이하고 알피의 머리를 쓰다듬었다. 그는 우리를 어린 나무와 관목으로 둘러 쌓인 야외 테이블로 안내했다. 근처에 "제대로 먹고 마실 곳이 없어서" 재스퍼와 애런과 함께 피자집이었던 이 곳을 인수해 열게 됐다고 한다.

레스토랑의 창가에는 빈 병을 일렬로 세워놨다. 이런 세팅이 와인 바의 상징이지 않나? 세팅된 병 중 낯익은 라벨들이 많았다. 프랑스, 이탈리아, 호주 내추럴 와인들.

나무로 짠 커다란 테이블 위에는 견고한 세라믹 접시들이 놓여있다. 이 접시들은 뉴질랜드에서 하나하나 손으로 만든 뒤 베이지와 시폼 그린색을 입혀 유약 작업한 것이라고 와일드맨이 알려줬다. 그 옆에는 내가 가장 좋아하는 파리 비스트로에서도 봤던 커틀러리가 있다. 어린 나뭇가지 사이로 들어오는 햇빛으로 테이블이 물들었다.

안으로 들어가 오픈 키친으로 가서는 멜버른에서 온 젊은 셰프 커플, 올리와 브리에게 인사를 했다. 우리는 레스토랑에서 직접 만든 채소 절임과 소스병이 잔뜩 놓인 바 뒤에서 대화를 나눴다. 올리와 브리는 농장에서 멀지 않은 곳에서 애런과 함께 산다. 안에서 보니 식기뿐만 아니라 나무 스툴과 식탁, 벽에 걸린 미술품(재스퍼 아버지의 소장품이라 한다) 등 모든 것이 심사숙고하여 세팅된 것은 물론 수작업으로 만들어진 것이 훤히 보였다. 지하에는 와인 셀러가 있다.

"와서 봐봐."

와일드맨이 손짓했다.

그를 따라 조심스럽게 계단을 내려갔다.

그가 내게 보여주려한 것은 와인이 아니었다. 손가락으로 가리킨 뒷쪽을 바라보니 커다란 돼지 뒷다리가 걸려있는 것이 보였다. 소금에 절여 숙성한 이것은 프로슈토로 서빙될 예정이다.

"매달 돼지 한 마리를 잡아서 스몰 굿즈를 만들어."

와일드맨이 설명했다.

호주말로 스몰 굿즈는 샤퀴테리를 의미한다.

다시 야외로 나와서 나무통에 묶어 둔 알피에게 물 한 그릇을 내줬다. 얼룩 한점 발견할 수 없는 곡선을 이룬 깨끗한 잔에 애런은 와일드맨의 펫낫을 따랐다. 와일드맨이 내게 선물해준 유리잔도 식탁에 올려져있는데 여기에는 탄산수를 따라놨다. 요리는 여러 명이 나눠먹을 수 있게 준비됐다. 스몰 굿즈로 시작해서 이곳에서 직접 고대 곡물으로 만든 빵이 곁들여졌고, 수제 발효 버터가 함께 나왔다. 풍성한 프리카, 케일과 석류씨 샐러드에 허브 크림이 올려진 것처럼 깔끔하게 구성된 채소 요리가 연달아 세팅됐다. 나는 이곳 음식에 놀라고 또 깊은 감명을 받았다.

밤하늘이 어둡게 물들자 레스토랑은 잘 차려입은 손님들로 북적였다. 올리가 메인 코스를 들고 왔다. 자연산 멀로웨이(남호주에서 잡히는 생선)와 근처 농장에서 기른 닭요리다. 애런과 셰프들은 각 요리의 준비 과정과 사용된 식재료를 설명해줬다.

"당신 '가게' 나쁘지 않네?"

생아몬드 밀가루와 건조한 배로 만든 파이에 걸죽한 크림이 곁들여진 디저트가 나오자 내가 와일드맨에게 웃으며 말했다.

이곳은 제대로 된 레스토랑이다. 그는 겸손해 보이고 싶은 게 분명했다. 와일드맨이 내게 인간은 건강하게 먹고 마실 권리가 있다고 자주 말하곤 했다. 긴 이름을 줄여 '더 아리스톨로지스트'라 불리는 이 레스토랑을 열면서 와일드맨, 재스퍼와 애런은 아들레이드 힐스 사람들에 그 권리를 충족시켜주고 싶었던 것이다. 또한 역사가 길지 않은 와인 생산지에, 그리고 그보다도 더 짧은 내추럴 와인 양조를 하는 이들에게 공동체 의식을 주고 싶었던 거다.

우리가 여행으로 갈 베트남행 비행기 티켓은 와일드맨이 지불했다. 우리 둘 다 동남아시아에 가는 것은 처음이다. 프리랜서로 일한 몇 개의 페이가 지급되지 않아 통장 잔고가 걱정스러웠지만 호텔비는 신용카드로 결제할 참이었다.

밀도가 높은 호찌민시의 호텔에서 샤워를 한 뒤에는 길거리 음식을 체험하러 다니느라 바빴다. 그리고 와일드맨이 밤 11시에 닭발 한 접시를 주문하는 것을 보고 음식에 있어 꽤나 모험가라는 걸 알게 됐다.

베트남 여행의 계획을 특별히 짜고 온 것이 아니다. 나 혼자였다면 방문하려는 곳을 어느 정도 정해놨을 것이다. 그러나 와일드맨은 즉흥적인 사람이다. 호찌민시에서의 첫 날은 달콤한 아이스 커피를 마시며 카페에서 시간을 보냈다. 그러면서 베트남의 다른 도시로 가는 항공권을 예약했다. 수도를 떠나기 전, 1975년에 북베트남 군인 탱크가 밀고 들어오면서 길고 참담했던 내전이 끝난 통일궁을 방문했다.

동양과 프랑스 식민지 건축 양식으로 유네스코 세계 유산으로 지정된 작은 항구 도시 호이안에 가서는 오토바이를 대여해 해변을 찾다가 길을 잃기도 했다. 마침내 찾은 해변은 쓰레기로 뒤덮인 작은 곳이었고, 나는 무섭게 치는 거대한 파도에 놀라고 말았다. 시내로 다시 돌아가기 전 허기가 져서 식당을 찾았지만 근처에 아무것도 없었다. 다행히 푸드 스탠드를 하나 발견했는데, 그곳에서 주인 여성이 정말 맛있는 반세오(새우와 야채로 채운 크리스피한 오믈렛)를 라이스 페이퍼, 신선한 허브와 함께 내주었다.

패션 산업과 특유의 활기찬 에너지 때문에 종종 뉴욕, 파리와 비교되는 하노이의 사람들이 빠른 속도로 움직이는 리듬에 나는 매료됐다. 어디를 가든 자동차와 사람으로 붐볐고 건물들은 빽빽이 늘어서 있었다. 처음에는 숨이 막히는 줄 알았는데 올드 시티 골목에서 발견한 진한 쌀국수 한 그릇에 평온함을 되찾았다. 베트남에서는 와일드맨에 대한 새로운 사실을 두 가지 알게 됐다. 하나는 그가 역사에 관심이 정말 많다는 것. 우리는 유명한 명소에 갈 때마다 이 역사적인 곳이 모던해진 베트남에 어떤 역할을 했는지 알고 싶어했다. 미국 역사의 일부분인데도 학교에서 제대로 가르쳐주지 않은 베트남 전쟁에 대해 이해하고 싶어 우리는 많은 박물관을 들렀다. 또다른 발견은 와일드맨이 오토바이를 기가 막히게 잘 탄다는 것이다. 비포장도로거나 좁은 골목의 호이안 외곽을 달릴 때나 하노이의 복잡한 도로를 다닐 때마다 와일드맨의 상체에 양팔을 꼭 감싸고 뒷자리에 앉으면 그렇게 마음이 편안할 수가 없었다.

8일 간 우리는 내추럴 와인을 한 모금도 마시지 않았다. 여행하는 대부분의 커플들이 그러하듯 우리는 새로운 방식으로 서로에 대해 알아갔다. 처음 가보는 곳을 탐색하고 사소한 것들로 다투고, 무엇을 함께했을 때 즐거운지 등. 12월 중순이 돼서 아들레이드로 돌아갔다. 곧 크리스마스와 새해가 다가오니 농장에서 느긋하고 평온한 시간을 보내고자 했다.

나는 슬슬 와일드맨의 집을 재배치하기 시작했다.
"냉장고가 이쪽에 있으면 어때?"
아무것도 없는 코너를 가리키며 내가 물었다.
"그리고 이 소파를 돌려서 저 방을 향하게 하면…"
부엌 아일랜드에 서서 부침개의 일종인 로스티를 아점으로 먹기 위해 텃밭에서 따온 당근과 호박을 강판에 갈고 있던 와일드맨이 나의 제안에 경직되는 것이 보였다. 그는 집의 거실을 둘러싸고 있는 가벽을 허물고 지역내에서 공급받을 수 있는 사암으로 다시 벽 공사를 할 거라 웅얼거렸다. 더 전에 지은 집의 뒷쪽은 사암 벽돌로 만들었는데 거실 쪽은 나중에 급조해서 만든 공간이라 다시 손봐야 했다.

나는 리모델링에 관심있는 게 아니었다. 지금 당장, 단기간 머무는 동안에라도 내집처럼 편안하게 만들고 싶었던 것이다.

와일드맨은 나의 짜증을 눈치챘다.
"우리 가족이 남아프리카 공화국에서 시드니로 이사했을 때 한 사람당 5천달러만 갖고 올 수 있게 허락되었어."
그가 설명했다.

"아파르트헤이트 정부에게서 해방되는 조건이었지."

1980년대말, 호주에 온 그의 부모님은 집을 리모델링하는 사업을 시작했는데 적은 자본으로 점차 부동산을 매입하고 부풀린 뒤 되파는 규모로 사업이 커졌다. 가족의 권유로 사업에 동참하게 된 와일드맨은 17살에 처음 자가 소유자가 됐다.

우리는 바삭한 로스티를 먹기 위해 앉았다.

"그래서 나만의 방식이 있는 거야."

그가 마무리 지었다.

그리고 집안을 둘러보더니 다시 생각하는 듯했다.

"그래도 이걸 저기로 옮겨볼 순 있겠어. 그리고 올해 안에 저 공간 작업을 시작하려고."

그가 가리키는 곳은 부엌 싱크에 온갖 박스가 쌓여있는 미완성 공간이다. 한 쪽은 부엌에 연결되는 팬트리로 만들고 다른 쪽은 손님용 침실로 만들 예정이라 했다.

직접 보지 않았다면 그의 계획에 콧방귀를 꼈겠지만 와일드맨은 손재주가 아주 좋았다. 실제로 집안 욕실 공간을 직접 설계해서 완성했다. 아름다운 나무 바닥에 흰색 타일 벽, 사자발 욕조에 감각적인 자재 사용까지. 이 욕실을 만드는데 5년이 걸렸다고 와일드맨이 언급하긴 했다.

그 뒤 함께 장을 보러 갔을 때 카트에 새 티 타올 세트와 스폰지를 담았다. 산업용 빗자루도 넣어 거실의 쌓인 먼지와 흙을 쓸어낼 참이었다. 대단한 성과는 아니어도 매일 조금씩 청소를 하며 작은 변화를 주었다. 그러면서 집은 조금 더 쾌적해져 집인지

작업 공간인지 구분이 안가던 모습이 더이상 아니었다. 점점 우리가 커플로 공존할 수 있는 곳으로 매만져지고 있다.

    와일드맨의 딸 루시에 대해 꽤 많은 얘기를 들었다. 그는 종종 루시와 전화를 하거나 문자를 주고받았는데, 루시가 기숙사 학교를 싫어하는 걸 알기에 잘 지내는지 확인하는 거라고 그가 설명했다. 미국에서 우리 가족은 모두 공립학교에 다녔기 때문에 사립 기숙사 학교를 보내는 것이 공감 가지 않았다. 와일드맨 말로는 루시가 십대 초반이 되었을 때 바스켓 레인지의 동네 학교가 제한적이게 느껴졌다고 한다.

    루시의 사진들을 봤다. 영화 배우같은 입술에 긴 밤색 머리, 날씬한 보디 라인. 최근 모델이 되는 것에 관심을 가져 포트폴리오를 만들기 위해 수업을 받기 시작했다고 한다. 비록 자신의 이름이 붙었어도 루시 마고 농장이나 와인 브랜드의 후계자가 될 것 같지는 않아 보였다. 이 사실에 와일드맨은 섭섭해하지 않았다.

    베트남에서 돌아왔을 때 새로운 강아지를 맞이하게 됐다. 이번에는 에너지 넘치는 검정과 황갈색의 오스트레일리언 셰퍼드로 루루라 이름을 지어 주기로 했다. 우리의 두 반려견이 함께 있으니 어찌나 귀여운지. 우리는 오후 내내 테라스에 앉아 유기농 캄파리를 넣어 만든 스프리츠를 마시며 두 강아지가 서로에게 엉켜 놀며 싸우는 모습을 구경했다. 강아지들의 노는 모습을 바라보던 그때 와일드맨은 루시가 내일 집에 올 거라 했다. 학교 방학이 시작되어 한동안 함께 머물 거라고 말이다.

루시가 올 거라는 건 이미 예고 됐지만, 다음날 텃밭에서 따온 케일과 고추를 부엌 아일랜드에 올려놓고 있는데 안 쓰는 방에서 루시가 불쑥 나와 나는 적지 않게 당황하고 말았다. 사실 그 방은 원래 루시 방이지만, 한 번도 연결 지어 생각해본 적이 없었다. 탱크 톱과 쇼츠를 입은 루시는 휴지에 코를 풀며 나를 응시했다.

가서 허그라도 해야 하나? 손을 흔들까? 나는 어색하게 미소를 짓기 시작했는데, 인사말을 건네기 전 와일드맨이 집안 어딘가에서 등장해 우리를 정식으로 소개해줬다. 루시는 내게 거의 한마디도 하지 않은 채 자신의 아빠에게 토스트를 해달라고 했다. 그는 이내 빵을 굽기 시작했다. 기말고사 시험 스트레스로 루시가 감기에 걸렸다고 한다.

루시는 다시 방으로 들어가더니 쭉 거기서 나오지 않았다. 크리스마스가 되기 전 며칠 동안 나는 루시가 두꺼운 양말을 신고 긴 머리를 포니테일로 묶은 채 집 안을 돌아다니는 모습을 관찰했다. 그 애는 매일 아침 샤워를 길게 하고는 스스로 토스트를 만든 뒤 방에 갖고 들어가서 나오지 않았다. 유일하게 방에서 나올 때는 점심 시간, 저녁 시간, 그리고 화장실을 갈 때뿐이었다. 그리고 공교롭게도 내가 화장실을 가야 할 때면 루시가 늘 들어가 있었다. 매번.

"루시, 또 샤워…하는 거야?"

문에 대고 물었다.

하지만 아빠의 못된 여자친구처럼 보이기 싫어 더 이상 말하지 않았다. 와일드맨은 딸의 잦은 샤워를 "청소년이라 그렇다"고옹호했다. 어느 날 아침 화장실이 너무 급해 왼쪽 다리를 꼬았다가 오른쪽 다리를 꼬기를 반복하면서 루시가 샤워를 마치고 머리를 말릴 때까지 30분을 기다리느니 밖에 나가 해결해야 하나 고민하고 있을 때, 내가 16살일 때도 이런 행동을 했는지 기억을 더듬어봤다. 내가 청소년일 때는 혼자 쓰는 화장실이 있었기 때문에 공감하려 해도 되지 않았다. 힘든 시간을 겪고 있을 루시에게 연민을 느껴야 하는 게 맞지만 이상하게 루시를 보면 그게 잘 안 됐다. 내 남자친구의 딸을 어떻게 대하고, 이해해야 하는지 도무지 몰랐다.

한 시간이 지나서야 드디어 샤워할 차례가 주어졌다. 그런데 물을 틀었을 때 찬물만 흘렀다. 아무리 기다려도 뜨거운 물이 나오지 않았다.

집에 공급되는 물은 태양열로 데워지기 때문에 뜨거운 물은 늘 한정적이다. 결국 따뜻한 물로 샤워하려면 내일까지 기다려야 했다. 나는 씩씩거리며 옷을 다시 입고는 욕실에서 나오기 전, 루시가 여기저기 널브려 놓은 메이크업 브러시와 화장품을 한 방에 쓸어 서랍 안에 넣어버렸다. 자기 아빠를 닮아 정리를 못하는 게 분명했다. 사용한 휴지들도 쓰레기통에 집어던졌다. 그리고 부엌으로 가 루시가 그냥 둔 3일 치 아침 식사 그릇을 설거지했다.

더 이상 이 집의 불편한 기운을 모른 척 할 수 없었다. 그렇다고 그에게 아픈 손가락과도 같은 딸에 대해 불만을 늘어놓을 수도 없었다. 루시에 있어 특히 예민하게 반응하고, 아빠로서 그래야 마땅했다. 갑작스러운 이별을 감내해야 했던 사람들이 아닌

가. 그러다 문득, 내게는 이곳 힐스에 신세 한탄을 늘어놓을 친한 친구가 단 한 명도 없다는 사실을 깨달았다.

잦은 부부싸움을 하고 끝내 이혼을 한 부모 밑에서 자란 나는 어릴 적부터 내 감정을 털어놓을 믿는 구석이 하나 있다. 바로 일기장이다. 일기장은 나를 가장 안전하게 느끼게 해주고, 사람들에게 절대 직접적으로 하지 못하는 말도 자유롭게 써 내려갈 수 있는 공간이다. 루시가 농장에 온 지 일주일 정도 됐을 때, 나는 테라스에 앉아 오후 햇살을 만끽하고 펫낫 한 잔을 마시면서 내가 내 발로 걸어들어온 이 삶에 대한 망설임에 대해 과감하게 써 내려갔다.

내 의지와 상관없이 몇 년간 싱글이었기에 그동안 감정의 기복과 내 부족함, 무능함만 다스리면 된다고 생각했다. 게으른 룸메이트 말고는 다른 사람이 어질러 놓은 것을 치울 일이 없었다. 와일드맨을 사랑하게 된 만큼 우리의 차이점을 직면할 때가 왔다. 그중 책 읽는 것을 정말 좋아하는 나와 달리, 와일드맨은 극심한 난독증으로 활자 읽는 것을 기본적으로 어려워했다. 헤밍웨이 작품을 한 번도 읽지 않았다는 것을 슬로베니아 여행 때 알게 되어, 호주에 오면서는 와일드맨에게 《무기여 잘 있거라》 한 권을 선물했는데, 그 책은 여태 펼치지도 않은 채 방치되어 있었다. 풍수지리를 중요하게 여기는 나와 와일드맨의 무질서한 라이프스타일 또한 안 맞아 보였다. 그럼에도 그는 부드럽고, 참을성 있으며, 잘생겼고 같이 있으면 정말 즐거웠다. 거기에 내추럴 와인 생산자로서는 많은 영감을 주는 사람이다. 마음에 있는 것을 일기장에 다 토해내고 종이에 쓰인 말들을 보니 이 감정을 정리해 다시 잘해볼 수 있을 것 같았다.

크리스마스 날이 되자 루시는 엄마와 함께하기 위해 아들레이드로 내려갔고, 와일드맨과 나는 둘만의 시간을 되찾았다.

유대교인 나에게 크리스마스 당일은 즐기는 척하며 어색하게 보내는 날로 기억된다. 어느 크리스마스 날에는 브루클린 집에서 혼자 히터를 빵빵하게 틀고 레드 와인 한 병을 낀 채 책을 읽으며 보낸 적도 있다. 그런데 이번 크리스마스는 왠지 다를 것 같았다. 우리는 크리스마스 날 아침에 바구니를 케일로 꽉 채운 뒤 강아지들을 데리고 애런과 더 아리스톨로지스트 셰프들이 사는 집으로 걸어갔다. 애런은 퀸즐랜드에서 왔고, 올리와 브리는 멜버른 출신인데 굳이 크리스마스라고 본가로 돌아갈 마음이 없다고 했다. 그래서 근처에 친척이나 가족 없는 우리끼리 모여 크리스마스를 만끽하기로 했다.

유칼립투스 숲을 지날 때 코알라를 볼 수 있을까 하고 목을 쭉 뻗어 관찰했다. 그 지역에서 몇 번 본 적이 있다.

"이 정도면 가까이서 보는 건가?"

와일드맨은 우리가 서 있는 길 바로 옆에 있는 나무를 가리키며 말했다.

그 나무에는 내 눈높이에 커다랗고 복슬복슬한 코알라가 풀을 먹고 있었다. 내가 선 위치에서 코알라의 검고 긴 발가락이 훤히 보였다. 야생 코알라는 절대 만지거나 쓰다듬으면 안되는 것을 익히 알고 있었다.

우리는 가던 길을 마저 갔다.

"수확 기간에 여기로 돌아올 것 같아?"

와일드맨이 가볍게 묻는 척했지만 높아진 목소리 톤에서 이 말을 언제 할까 오래 고민한 것을 알 수 있었다.

무방비 상태에서 받은 질문이라 어떻게 답해야 할지 몰랐다. 마지막으로 가바와 통화했을 때 그녀는 댄이라는 미국인과 사귀고 있다고 했다. 가바는 행복해 보였고 파리를 즐기는 것 같았지만 내게 언제 파리로 돌아올 건지, 그리고 우리가 오픈할 와인 바 계획에 대해서 재촉했다.

"아직 잘 모르겠어."

내가 답했다.

"프랑스 비자를 받을 수 있는지 아직 기다리고 있거든. 뉴욕을 떠나기 전까지만 해도 승인이 안 나서, 심사 과정이 한 번 더 남은 것 같아."

몇 개월간 둘이 커플로 함께 살고 있었기에 그의 입장에서 아직도 프랑스에 살기 위한 비자 타령이냐고 생각할 수 있다. 호주에 함께 하겠다는 얘기를 하지 않으면 그가 여태껏 보낸 시간에 대한 의문을 가질 수도 있겠다는 생각이 들었다. 내 발언을 수습하려고 가볍게 말을 이었다.

"그리고 와인 만들 때 나 정말 도움 안 돼. 모스 형제네서 내 모습 봤어야 해. 나는 와인 마시고, 따르고, 그에 대해 쓰는 것을 잘 하지 만드는 데에는 재주가 없어."

시냇물을 지나 애런의 집으로 향하는 마지막 언덕을 올라가기 시작했다. 왼쪽에는 거대한 회색 소들이 무리 지어 아직 남은 봄의 풀을 뜯어 먹고 있었다.

"그럼, 당연하지. 난 절대 당신이 꿈을 저버리길 바라지 않아. 그래도 여기 몇 개월간 와서 내년 빈티지 와인 만드는 건 할 수 있잖아."

와일드맨이 설득력 있게 말했다.

마음이 슬슬 열리기 시작했다.

"레이첼이 직접 와인 한 배럴을 만드는 거야. 그걸로 돈도 조금 벌고, 학자금 대출도 갚고. 그러고도 프랑스로 돌아가고 싶으면 그때 돌아가도 돼."

그는 내 재정 상태가 좋지 않다는 것을 알고 있다. 대학원 학자금 대출받은 게 크다. 오로지 내가 수익을 가져갈 수 있게 배럴 하나에 와인을 만들어보라는 그의 제안은 사실 굉장히 고마운 것이다. 그런데 내 상황이 나아질 때까지 잠시 도와주려는 게 아니라, 아예 들어와 살기를 바란 것임을 나는 눈치챘다. 거기에 하루 종일 함께하고, 집안일을 하면서 와이너리에서 같이 일한다는 것이 어떨지 상상이 잘 안 갔다. 또 배럴 한 통 분량의 와인으로 수익이 얼마나 날지도 가늠이 안 갔다. 모든 게 현실적이지 않아 보였다. 그런데도 프랑스 비자를 받기 위해 들인 무수한 노력과 가바와 함께 세워 온 계획이 있음에도 와일드맨의 제안에 흔들린 것은 사실이다.

그의 손을 꼭 붙잡고 생각해보겠다고 말했더니 그는 어깨를 으쓱하곤 윙크를 날렸다. 그날 밤 우리는 굴과 새우, 내추럴 와인이 끝이지 않는 만찬을 즐겼다. 내추럴 와인 커뮤니티의 다른 사람들도 합류해 애런, 올리, 브리와 함께 우리는 동이 트도록 남호주의 밝은 별 아래 웃고 춤을 췄다.

크리스마스 다음 날에는 강아지들을 산책시키러 나갔다. 비포장도로 위에서 둘은 내 앞으로 열심히 가더니 목적지인 시냇물에 다다랐다. 이곳은 주민들 사이에 바스켓 레인지 공영 수영장이라고 불리는 곳으로 많은 이들의 발자국이 이미 언덕 아래로 샛길을 만들어 놓았다. 시원한 물에 발을 담근 채 강아지들의 용감한 수영 시도에 웃음을 터트리며 한 시간 동안 행복한 시간을 보냈다.

집에 돌아오니 와일드맨이 부엌 테이블에 앉아 쌓아놓은 서류들을 보고 있다.

"우리 왔어! 당신은 어떤지 모르겠지만 나는 시원한 와인 한 잔 마셔야겠어."

나의 인사에 반응조차 안 하는 그의 눈을 바라보자 이상한 느낌이 들었다. 그의 미간에는 주름이 지어져 있었다. 이 집에 머물다 떠난 루시 때문에 마음이 복잡한 건가 싶었다. 언제 다시 만날지 모르는 상황이기에 당장의 이별이 와일드맨에게는 당연히 타격이었을 것이다.

그날 저녁 테라스에 앉아 간단히 식사 하려던 때다. 와일드맨은 피시 소스, 간장 소스, 참깨로 드레싱 한 샐러드 몇 가지를 준비했다. 깊은 생각에 잠긴 듯한 그는 젓가락을 이용해 조용히 먹기만 했다. 그가 이렇게 말을 안 하는 건 처음이었다. 자려고 누웠을 때, 와일드맨은 한 시간 동안 휴대폰으로 무언가를 했고 나는 제이디 스미스의 소설을 읽었다. 평소 같으면 자기 전 내게 굿나잇 키스를 한 뒤 꼭 껴안고 등과 어깨를 부드럽게 쓰다듬어줬을 텐데, 와일드맨은 내게 등을 돌린 채 잠이 들었다.

그가 보여준 감정적 거리감은 내게 충격이었다. 갑자기 런던에서 새벽 3시에 그 와인 바 주인과 오래 얘기했다는 이유로 다퉜던 일이 떠올랐다. 다음날 일어났을 때 와일드맨은 부엌에서 커피를 만들고 있었다. 내가 부엌에 들어섰는데 눈길도 주지 않았다.

"혹시 무슨 일 있어?"

내가 물었다.

그는 티 나게 움찔하더니 천천히 나를 향해 몸을 돌렸다.

"내가 당신한테 충분치 않아?"

그가 씁쓸한 톤으로 물었다.

"당신이 원하는 삶이 이게 아니라면, 나를 원하지 않는다면, 그냥 지금 여기서 멈추는 게 좋겠어."

그가 말을 멈추고 나를 빤히 쳐다봤다.

"무슨 말을 하는 건지 모르겠어."

내가 고개를 저으며 답했다.

"조금 전까지만 해도 행복한 가족이었는데…"

내 머릿속에는 강아지들이 우리의 아이들과 같았다.

"갑자기 내게 이렇게 차갑게 대하는 이유를 모르겠어. 무슨 일이 있었던 거야?"

우리는 그대로 서서 서로를 쳐다봤다. 그러고 얼마 지나지 않아 이유를 알 것 같았다. 내 형광 핑크 몰스킨 일기장을 침대 옆 협탁 위에 덩그러니 올려둔 게 생각났고 등에서 식은땀이 흘렀다.

내 추측이 맞는지 확인해야 했다.

"혹시 내 일기장 읽었어?"

너무 세게 몰아가나 싶었는데 와일드맨은 부정하지 않았다. 그가 변명을 늘어놓으려 하자 나는 가장 최근에 썼던 내용을 떠올려봤다. 그가 상처 입을만한 얘기들이었다. 너무 놀라 나는 침실로 뛰어가 방문을 닫았다. 그는 문밖에 서서 대화를 이어 나가려 했고, 나는 옷을 갈아입으며 일기장을 집었다. 문을 열고 그를 지나쳐 뒷문을 통해 집 밖으로 뛰쳐나갔다. 그가 내게 하는 말들을 들으려 하지 않은 채. 도로로 향하는 나를 향해 계속 부르는 와일드맨의 목소리가 들렸다. 정작 나왔는데, 어디로 가지? 차도 없고, 걷는 거리엔 아무것도 없고, 이런 이야기를 털어놓을 친구도 없었다.

나는 우리가 크리스마스를 보냈던 애런의 집까지 멈추지 않고 걸었다. 그러다 셰프 중 한 명이 주말을 해변에서 보내기 위해 차에 짐을 싣는 것을 발견했다. 내 상태가 엉망인 것을 눈치챈 그는 내게 집 문이 열려있으니 들어가 편하게 있으라 하고는 떠났다. 그리하여 혼자 화를 분출할 수 있게 됐다.

이 집의 테라스에 서면 아름다운 바스켓 레인지의 광경이 한눈에 들어왔다. 아보카도와 자몽 나무, 이웃이 기르는 강렬하게 붉은 꽃밭까지. 한 시간 동안 울다, 일기장에 감정을 써 내려가기를 반복했다. 모든 것을 뱉어냈다. 와일드맨과의 관계는 열정적이지만 지구 반대편에 존재하기에 무의미하다고. 그래서 호주에 머물 필요가 없다고. 결국 나는 파리로 돌아가 내추럴 와인에 대해 글을 쓰고, 비자가 승인되면 가바와 함께 와인 바를 오픈하는 것이 맞다고. 가바와 비스트로 종이 테이블보에 끄적여 세운 와인 바 계획이 실현 가능하다고 믿고 싶었다. 와인 바를 열 수 있다는 것이 사랑에 성공한다고 믿는 것보다 현실적이고 더 말이 됐다. 특히 와일드맨이 나의 신뢰를 저버린 이 순간엔 더더욱.

갑자기 모든 퍼즐이 들어맞는 느낌이 들었다. 몇 주간 아침에 혼자만의 시간을 보낼 기회가 없었다. 파리와 뉴욕에서는 수많은 시간을 혼자 카페에 앉아 책을 읽고 일기장에 글을 끄적이며 시간을 보냈던 내가 와일드맨에 의해 그동안 숨이 막혔던 것이다. 누군가와 연인 관계라는 것은 감정적으로 감내해야 하는 부분이 큰데, 오랫동안 싱글이었던 내겐 익숙치 않은 과정이었다. 내가 필요한 건 나만의 시간이라는 것을 그에게 어떻게 설명할 수 있을까? 내가 감정적으로, 또 지적으로 성장하기 위해서는 일기를 쓰던, 친구들과 수다를 떨던 나만의 방식으로 느끼는 감정을 내뱉고 정리할 수 있는 자유가 필요하다는 것을. 그렇지 못하면 그를 제대로 사랑할 수 없다는 것을 말이다.

최근 몇 주를 곱씹어 보니, 와일드맨에게도 편하지만은 않은 시간이었겠다고 깨달았다. 나는 분명 변덕스러운 모습으로 그를 긴장하게 했을 것이다. 어느 날은 이곳에서 함께할 거라는 희망을 심어줬다면, 또 다른 날은 프랑스로 돌아가고 싶다고 말해 우리 관계에 불확실성을 내비쳤을 테니 말이다. 그야말로 불안정한 밧줄 위를 걷고 있다고 느꼈을 것이다. 전처가 떠난 지 1년이 채 되지 않은 지금, 이런 감정은 그에게 잔인했다.

안으로 들어가 이 집의 맥주가 저장된 곳을 찾고는 올리브와 치즈를 냉장고에서 꺼내 다시 테라스로 나와 아침으로 먹었다. 드디어 진정되는 것 같았다. 평화도 잠시, 바로 와일드맨의 부산스러운 랜드로버 소리가 들렸다. 그는 양팔에 강아지들을 하나씩 들고 들어왔다. 나는 믿을 수 없다는 듯 눈을 부릅떴다. 내가 어딨는지 찾아내는 건 그에게 너무 식은 죽 먹기였다. 그리고 강아지들을 데리고 와 내 마음을 풀려고 한 속셈이 훤히 보였다. 그는 5분간 같은 자리에 서서 대화를 시도했다. 입을 꾹 담은 나를 이기지 못하고 그는 되돌아갔지만, 강아지들을 내 곁에 뒀다. 한 시간 동안 알피와 루루가 노는 모습을 보고 나는 다시 천천히 집을 향하는 언덕길에 올랐다. 그는 아직 내게 사과하지 않았고, 나는 아직 그를 용서하지 않았다. 그렇다고 애런네 집에 밤새 있을 수는 없었다. 신뢰를 깬 것에 대해 해결을 해야만 했다.

와일드맨은 나를 보자 굉장히 반가우면서도 민망해하는 표정이었다. 그는 자신이 만든 피노 누아 한 병을 열어 잔에 따른 뒤 내게 건넸다. 처음엔 와인만 마시며 정적이 흘렀다가, 이내 우리는 대화를 시작했다. 나는 이 새로운 관계에 적응하기 위해 나만의 공간, 나만의 시간이 필요하다고 얘기했다. 그리고 이 관계가 너무 급속도로 진전돼 부담스럽다고도 털어놨다. 그는 자신이 불안증이 있음을 인정했다.

"분리불안장애겠지."

내가 심리상담사처럼 정정하니 그가 어깨를 으쓱했다.

그러고는 다시는 내 일기장을 읽지 않겠다고, 내 프라이버시를 존중할 것이라고 약속했다.

우리는 강아지 털 범벅이 된 소파에 앉았다. 언덕 너머로 불타는 태양이 지는 광경을 보다 곁눈질하니 시커먼 파리들이 부엌한 켠에 날라 다니는 것이 보였다. 파리 잡는 끈끈이 테이프를 붙여야 하고 소파 커버도 세탁해야 했다. 아무일 없다는 듯이 앉아서 와인만 마시고 있을 수가 없었다. 이 집을 깨끗하고 쾌적하게 만들지 않으면 우리의 관계도 이 집의 거미줄에 걸려 비극적으로 숨이 끊어질 것 같았다.

와일드맨이 목을 가다듬었다.

"남아공에서는 어렸을 때 맨발로 뛰어다니고 벌거벗은 채 수영을 하고 물고기도 잡았어. 학교는 내키는 대로만 다녔고."

그가 얘기했다.

그리고 자신의 극심한 난독증 때문에 책을 읽거나 글쓰기가 어렵다고 다시 일러줬다. 유럽에서 그가 써준 시를 떠올렸다. 공책을 찢어 손으로 조심스럽게 쓴 시. 철자나 문법이 꽤 많이 틀렸지만, 그의 선한 마음과 진정성은 정확히 느껴졌다.

"내 부모는 두 분 다 전문 기자였어."

내가 말했다.

"바닥부터 천장까지 책이 가득 꽂혀 있었고. 그런데 나는 농업이나 와인 양조 쪽에는 아는 게 없어."

말은 안 했지만, 이 말도 하고 싶었다. 뜨거운 물이 상시 나오지 않는 집에서 사는 법을 모르고, 당신 딸의 양엄마 역할을 어떻게 해야 할지, 아내로 어떻게 살아야 할지 모르겠다고.

서로의 차이점 중 몇 가지는 해결책을 찾지 못했다. 그럼에도 우리 둘을 가장 끈끈하게 이어주는 것은 바로 내추럴 와인과 이를 만드는 정신임은 확실했다. 이 유대감 하나로 다시 한번 관계를 시도해보기로 했다. 이것으로도 충분하기를 바라며. 와일드맨은 재차 수확 기간 때 왔으면 좋겠다고 말했고 그때마다 나는 생각해보겠다고 답했다.

나는 일기장에 와일드맨의 잘못과 지적 미성숙함을 지적했다. 그런데 정작 나의 부족함은 생각하지 않았던 거다. 내가 스스로를 제한하고 어디까지 갈 수 있는지 실험해보는 게 두려운 건 아니었을까?

우리가 나눈 대화 이후, 나는 와일드맨과 한 번 더 잘 지내보기로 했다. 그러나 12월이 끝나가자 수확 기간에 다시 호주로 돌아올지 점점 불확실한 마음이 들었다. 매거진을 창간한 지 얼마 되지 않았고, 두 번째 호를 만드는 데 집중하고 싶었다. 프랑스로 돌아가 보졸레처럼 한 번도 가보지 못한 와인 산지도 방문하고 싶었다. 내추럴 와인에 대한 책을 쓰고 싶었는데, 그 글을 쓰는 장소로 파리만 한 곳이 또 있을까? 어쩌면 가바가 투자 자금을 확보해 우리의 와인 바 튜스데이 아담스, 혹은 확정되는 다른 이름의 그곳 오픈이 드디어 진행될지도 모른다.

와일드맨과 나는 새로 산 스노클링과 오리발 세트를 들고 아들레이드 남부에 있는 조용한 해변으로 갔다. 모래 위에 선탠을 즐기는 무리를 지나 바다색이 순수한 터코이즈색인 한적한 작은 만에 도착했다. 스노클링 마스크를 제대로 끼고서 와일드맨의 손을 잡고 들어가 바위 사이를 뒤뚱뒤뚱 걸어 어깨까지 물이 닿는 곳으로 갔다. 물속으로 다이빙해 산호초를 관찰했다. 그 주변에는 말미잘, 성게, 작은 물고기로 가득했고 심지어 문어도 발견했다. 문어의 희고 회색의 촉수는 물결의 리듬에 따라 흔들거렸다. 나는 황홀한 광경을 느끼며 선헤엄을 쳤다. 그리고 해안으로 돌아와 플라스틱 잔에 와인을 따라 마셨다.

12월 31일 밤은 아리스톨로지스트에서 보냈다. 이곳은 아들레이드 힐스와 아들레이드 주민들을 비롯해 와이너리에서 인터십을 하는 타지 사람들로 가득 차 있었다. 스몰 굿즈 샤퀴테리와 핸드메이드 로컬 치즈를 아리스톨로지스트에서 직접 만든 빵과 함께 곁들여 먹었다. 그동안 경험한 뉴 이어스 이브 중에 가장 즐겁고 흥겨웠던 날로 기억한다.

며칠 뒤 나는 뉴욕으로 향하는 24시간 비행을 위해 나섰다. 뉴욕에는 두 가지 목표를 갖고 도착했다. 하나는 뉴욕에 잔류하고 있는 짐들을 버지니아에 있는 엄마 집으로 옮기는 것(친구 한 명이 도와주기로 했다), 두 번째는 프랑스 비자 승인을 받는 것. 비행기 안에서 바스켓 레인지에서의 경험들을 곱씹어봤다. 거대한 유칼립투스와 소나무, 애완동물을 돌보는 것에서 오는 만족감, 사랑해주는 파트너와 동거하는 기쁨과 스트레스까지. 거기에 호주에 머무는 동안 경험한 이곳의 활발한 내추럴 와인 씬도 빼놓을 수 없다. 수확 기간에 돌아오라는 와일드맨의 제안은 여전히 열려있었다. 나는 이른 시일 내에 결정하겠다고 했고, 그는 내가 당연히 올 거라고 믿는 눈치였다. 와인을 만드는 것과 사랑은 내가 감당할 수 있는 범위를 벗어나는 것 같아, 나는 마음의 결정을 내리지 못한 상태였다.

뉴욕에 도착하니 거센 눈보라가 내렸고 나쁜 소식까지 전해졌다. 〈테르〉의 동업자들이 눈보라 때문에 각각 마이애미와 뉴욕주 북부에 발이 묶인 것이다. 우리는 뉴욕에 모여 하루 이틀간 현재 진행해야 하는 업무를 함께 보고, 향후 〈테르〉 계획을 세우기로 했었다. 트렁크를 끌고 눈 쌓인 윌리엄스버그 거리를 걷다 보니 이전 직장 우바 와인스까지 왔다. 추억도 잠시, 신세 질 친구의 소파로 나는 향했다.

다음 날 아침 프랑스 대사관으로 가기 전, 커피를 마시기 위해 토비스 이스테이트에 들렀다. 이곳은 브루클린에 살던 시절 글을 쓰기 위해 들렀던 나만의 카페다. 오랜만에 들러 핫초코와 노트북을 앞에 둔 패딩 입은 사람들을 지켜봤다. 옆 테이블에서는 한 여자가 두 명의 남자에게 자신의 휴대폰을 보여주며 데이팅 앱에서 받은 메시지에 답을 어떻게 할지 상의하고 있었다. 남자들은 앱 속 남자의 프로필 사진 의상을 비판했다. 실패했던 지난 날의 수많은 온라인 데이트를 회상하니 미소가 절로 지어졌다. 과연 지금의 내가 처음 보는 사람과 원나잇스탠드를 할 수 있을지 궁금해졌다. 그런 즉흥적인 감정에 반응하는 것은 과거의 레이첼만 가능한 거겠지?

휴대폰 전화벨이 울려서 보니 가바다. 나는 바로 받았다.

"레이첼, 미안… 바빠?"

가바의 목소리만 들어도 무슨 일이 있음을 직감할 수 있었다.

뉴욕에 오자마자 눈보라가 났다는 얘기를 인사말처럼 얘기하고 나니, 가바가 깊은 한숨을 쉬었다.

"할 말이 있어… 나… 임신했어."

곧바로 머릿속에 몇 가지 이미지가 스쳐 갔다. 하나는 웨이페러 선글라스를 끼고 스카프를 멋지게 맨 가바가 마레의 인도에서 유모차를 끄는 모습이다. 다른 하나는 우리 둘이 음악을 세게 튼 바 뒤에 서서 깔깔거리며 웃고, 잘생긴 파리 남자들에게 내추럴 와인을 잔에 따라주는 모습이다.

가바가 댄이라는 미국인을 만난 지는 몇 달이 안 됐다. 아직 만나기 전이지만 가바가 그를 좋아하는 건 확실했다. 그리고 이제 그녀는 엄마가 될 것이다. 최근 트렌디한 비스트로에서 새로 일을 시작하게 됐다며 그녀가 들떠있었다. 이렇게 된 이상 그 비스트로는 결국 그만두게 될 거다.

가바가 엄마가 되고 싶다는 얘기를 들은 적이 없었는데, 통화로 얘기하기를 전에 진찰했던 의사가 그녀에게 불임이라고 했었단다. 그럼에도 자연의 신비는 그 의사가 틀렸다는 것을 증명했다. 댄이 가바의 전등을 갈아주기 위해 들른 날, 둘은 피자를 주문하고 와인을 마시다 눈이 맞았는데, 누군가 콘돔을 사러 나가기 귀찮아한 그날 생긴 일로, 누가 과연 임신을 예상할 수 있었을까? 실제 가바는 매우 행복한 듯했다. 그녀는 내가 아는 사람 중 가장 흥미롭고 똑똑한 사람이기에, 살짝 와일드한 구석이 있긴 하지만 훌륭한 엄마가 될 거라 믿었다.

하지만 내가 상상한 두 번째 그림, 우리가 파리에서 함께 열고자 했던 바에서의 우리의 모습은 이제 절대 이뤄질 수 없는 건가? 업타운에 위치한 프랑스 대사관에 들어설 때까지 나는 답을 찾지 못했다. 들어가서는 마지막 서류를 제출했고, 여권에 비자가 부착됐다. 이제 나는 프랑스에서 1년간 합법적으로 살 수 있었다.

마침내 뉴욕을 떠날 때가 온 것이다. 내추럴 와인 수입사에서 일하던 친구 메간은 필라델피아에서부터 운전해 브루클린으로 와 나의 남은 짐들을 싣고 함께 버지니아까지 가줬다.

"너무 고마워."

큰 도움을 준 메간에게 말했다.

뉴욕을 떠난 지 6개월이 되자 대부분 친구들과 연락이 끊겼다. 파리로 이주할 계획을 세웠을 때 뉴욕 친구들을 잃게 될 거라고는 생각하지 못했었다. 하지만 메간과 함께 나눈 수많은 내추럴 와인은 우리의 관계를 더 끈끈하게 했다. 실연과 실직의 순간에 우리는 서로에게 힘이 돼줬다. 지구 반대편에 떨어져 있더라도 이 관계는 끊기지 않을 것 같았다.

메간의 오래된 세단을 타고 뉴욕을 떠나면서 그녀에게 와일드맨과의 로맨스와 우리가 함께한 멜버른, 시드니, 베트남에서의 모험을 얘기해줬다. 그의 농장과 레스토랑, 또 새로운 양조장을 기념해 연 파티, 강아지들과 골짜기를 내려다보며 마신 모닝커피, 루시를 만났을 때 느낀 불안감 등을 다 얘기했다.

"레이첼, 그는 좋은 사람 같아."

메간이 말했다.

"너가 행복하다니 기뻐. 그래서 수확하러 호주에 다시 갈 거야?"

메간의 질문에 대답을 못 했다. 프랑스에 1년을 살 수 있는 비자를 방금 받지 않았는가? 나는 무얼 원하는지, 내게 필요한 게 무엇인지를 곰곰이 생각해봤다. 파리로 돌아간다는 건 또다시 자유롭게 남자를 만날 수 있고, 프리랜서로 기사를 써 돈벌이를 간간이 하면서 〈테르〉 잡지의 다음 호를 준비하는 거겠지? 임신해서 인생의 가장 큰 변화를 경험하고 있는 가바와 내가 정말 계획대로 와인 바를 열 확률이 얼마나 될까?

"잘 모르겠어."

마침내 메간에게 답했다.

"그는 사랑이 가득한 사람이야. 진정성 있고 남호주에서 정말 대단한 업적을 이뤘어. 근데 상처를 많이 받아서 집착하고 질투심이 많아. 자주 싸울 때마다 이 사람을 믿어도 되는지 의심되다가 사랑을 나누거나 훌륭한 식사를 함께 먹으면 내 소울메이트라고 생각돼."

말하고 지쳐버린 나는 메간이 이 상황을 정리해주길 바랐다.

나는 파리로 가야만 했는데, 어떻게 한 남자로 인해 내 모든 계획이 틀어질 수 있는 걸까?

메간은 어깨를 으쓱하더니 창밖을 응시했다.

"내가 보기에 사랑인데?"

나는 눈을 깜빡였다.

사랑은 바로 이런 걸까?

곧 백악관에서 10킬로미터 채 멀지않은, 내가 다닌 고등학교 바로 옆에 있는 엄마의 버지니아 집에 도착해서 짐을 풀었다. 메간에게는 고마운 마음에 저녁을 샀고, 그녀는 다시 필라델피아로 돌아갔다. 그리고 나는 침실에 들어서서 뉴욕에서 갖고 온 대학원 인류학 교과서와 다 읽은 소설책들을 청소년기 물품들로 이미 꽉 차 있던 책꽂이에 꽂았다. 그러다 내가 어렸을 때 좋아한 책, 《돌레르의 그리스 신화 이야기》를 발견했다. 다시 읽다가 내가 가장 좋아하는 페르세포네의 이야기를 읽게 됐다. 페르세포네의 어머니 데메테르는 대지의 신이다.

어느 날 페르세포네는 산책을 하고 있었는데 지하 세계의 왕인 하데스가 그녀를 보고 사랑에 빠지게 되었다. 그는 자신의 지하 동굴로 그녀를 끌어내렸다. 소중한 딸이 납치된 것을 알게 된 데메테르는 절망에 빠져 해가 비치지 못하게 했다. 결국 온 세상은 영원한 겨울에 갇히게 됐다.

신계의 카사노바로 알려진 페르세포네의 아버지 제우스는 데메테르에게 이성적으로 생각하라 부탁했다. 끝나지 않는 겨울은 대지에 가뭄을 낳았고 땅은 황폐해졌다. 결국 데메테르가 농부들에게 밀을 심고 보관하는 법을 일러주어 사람들은 간신히 살아남을 수 있었다. 마침내 하데스와의 협의를 통해 페르세포네는 1년 중 절반 동안 지상에 돌아올 수 있게 됐다. 그 기간에 데메테르는 땅에 생기를 불어넣어 생명이 자라고 꽃이 필 수 있게 했다. 나머지 반년이 되면 페르세포네는 다시 하데스의 지하 세계로 돌아갔고 지상에는 겨울이 찾아왔다.

이 신화의 내용은 내게 유독 와닿았다. 마치 지금 내가 인생에서 겪고 있는 감정이 작가가 되는 꿈이나 꿨지 커리어 고민이나 대출, 인생의 동반자를 만나 가족을 이루는 고민 따위는 전혀 몰랐던 유년 시절과 묘하게 연결되는 것 같았다.

그렇게 도망치고 싶던 엄마 집으로 돌아와 어릴 적 내 방에 서 보니 그간 했던 고민에 대한 답을 얻었다. 나는 와일드맨에게 전화를 걸었다. 호주는 지금 새벽 1시지만 나는 그에게 내 결정을 당장 얘기해야만 했다.

Nine

두 번째 라 디브

    라 디브 부떼이 행사에 다시 한번 참석하기 위해 1월 중순 프랑스로 돌아갔다. 가바를 만나고 와일드맨과 함께 루아르로 향할 계획이다. 어렵게 얻어낸 내 1년짜리 체류증이 있기에 나는 당당하게 입국했다.

    샤를 드골 공항에 착륙하고 나서 내가 제일 좋아하는 파리 '호텔'로 대중교통을 타고 갔다. 바로 가바의 소파이다. 이제는 가바의 집도 소파도 바뀌었지만, 오래된 뉴욕 친구가 있는 공간만큼 내게 안정감을 주는 곳은 없다. 그녀 또한 인생의 큰 변화를 겪고 있었다.

    가바는 파르멍띠에 거리의 스튜디오 아파트로 이사했다. 걷는 거리에 약국부터 지하철, 내추럴 와인 바가 모두 모여있는 황금세 권이다. 근처 바에서 바텐더로 일했는데 낮에는 임신 초기 입덧으로 침대 누워있는 날이 많았다. 가바가 쉬는 동안 나는 음침한 파리의 겨울비를 뚫고 도시를 누볐다. 브랑쿠시의 조각 작품 전시를 본 뒤, 랜덤한 카페에 들어가 카페 크렘을 주문했다. 지금쯤 따뜻할 호주의 농장을 떠올리며 추위를 이겨보려 했다. 호주 생각에 안정을 찾는 와중에도 나는 인정할 수밖에 없었다. 나는 아직도 파리를 온 마음을 다해 사랑한다는 것을. 하지만 한 사람을 사랑하는 것은 도시를 사랑하는 것과는 비교할 수 없다는 걸 깨닫기 시작했다.

바에서 와인 한잔을 하던 어느 날 밤, 나는 가바에게 계획이 바뀌었다고 고백했다. 라 디브가 끝나면 다시 아들레이드로 돌아갈 것이라고. 어깨를 으쓱한 그녀는 더 많은 와인 양조 경험을 하는 것은 좋을 거라고, 또 언제든 파리로 돌아오면 자신과 지내도 된다고 쿨하게 말해줬다.

일주일 뒤 와일드맨이 도착했고 우리는 기차를 타고 쥐라를 비롯해 프랑스의 와인 지역을 여행했다. 한 주간 도멘 드 록타방 Domaine de l'Octavin 의 알리스 부보 Alice Bouvot, 도멘 데 미루아르 Domaine des Miroirs 의 켄지로 카가미 Kenjiro Kagami, 오렐리앙 르포르와 같은 유명 생산자들을 만나 간이 망가질 정도로 마시고는 루아르로 향했다. 라 디브에 도착했을 때는 이미 지쳐있었지만 그건 시작에 불과했다.

내가 라 디브 부떼이에 참석한 건 두 번째지만 와일드맨과 커플로 참석한 건 처음이다. 우리는 빈속에 오이스터와 뱅상 라발 Vincent Laval 의 샴페인을 들이키며 축제에 동참했다. 장시간 서 있어야 했지만 편한 와인메이커 부스 덕에 그나마 견딜 수 있었다. 그리고 안면이 있는 뉴욕, 파리, 런던의 내추럴 와인 전문가들과 마주쳐 5분에 한 번씩 양 볼에 키스하며 인사해야 했다. 오후 3시에 샌드위치를 먹고 5시엔 에스프레소를 마시고서, 행사장 장소였던 동굴을 빠져나와 애프터 파티 장소로 향했다. 인산인해를 이루는 거리에서 춤을 추고 파리의 네오 비스트로인 셉팀의 셰프가 요리해주는 리조토를 먹고(팜 투 테이블 레스토랑을 네오 비스트로라 부른다), 손에는 가메가 든 잔이 들렸다. 생우유 치즈를 한 입 먹을 때마다 내 몸의 세포들이 깨어나는 듯했고 프랑스 와인메이커들과 에디트 피아프 노래를 떼창하며 새벽까지 흥에 겨워 놀다 지쳐 쓰러져 잤다. 그리고 다음 날은 프랑스 게스트 하우스의 한 종류인 지트에서 느지막하게 일어나 마치 그림같이 눈이 쌓인 광경을 감상했다.

파리에 돌아와서는 우리가 가장 좋아하는 비스트로, 레 자를로에서 저녁 식사를 했다. 이곳의 시그니처 메뉴인 소시지, 매시드 포테이토와 그레이비는 속을 뜨끈하게 해줬다. 이후 샤르트뢰즈를 한 샷씩 하고 식사를 마무리했다. 와일드맨은 아들레이드로 돌아가는 비행기에 올랐고, 나는 곧 뒤따를 참이었다.

프랑스에서의 마지막 밤, 가바는 일을 하러 갔고 나는 남반구로의 긴 비행을 대비해 일찍 자려 했다. 칼칼한 목을 달래기 위해 소파에 누워 차를 마시고서 지난 몇 주간을 떠올려 보았다. 아르부아의 알리스 부보 집에서 구운 감자와 몽도르 치즈를 먹은 저녁 식사, 소뮈르 와이너리에서 셀 수 없는 종류의 와인을 시음한 것, 밤새 파티하고 새벽에 들어와 프랑스 시골 한 가운데서 와일드맨을 꼭 껴안고 따뜻하게 잠을 청한 것. 잠이 들려는 찰나에 문이 열리고 가바가 들어왔다. 그녀의 손에는 남프랑스 랑그독 지역의 와이너리인 라 소르가 La Sorga 의 스파클링 레드 와인이 들려있었다. 이 와이너리는 완벽하지 않고 어디로 튈지 모르는 와인을 만드는 것으로 널리 알려졌는데, 마실 때만큼은 모두가 행복했다.

내 절친과 마지막으로 한잔 하는 것을 거절할 수 없었다. 가바와 나는 이 순간 서로에게 가장 솔직했고, 둘 다 인간이기에 완벽할 수 없음을 인정했다. 꼼꼼하게 계획하고 일을 벌이기보다는 무작정 뛰어든 것이 사실이었고 그저 운명에 맡겨보려 한 것을. 우리 둘 다 이런 사람이다.

"가바."

내가 하품하며 말을 끊었다.

"나 이제 정말 자야 해."

소파가 누우라고 나를 부르는 듯했다.

"그럼 그럼."

가바는 자신의 방으로 가려 일어났다.

나는 베개를 매만지고 몇 시간이라도 자기 위해 눈을 감았다.

갑자기 내 팔을 꾹 부여잡는 손이 느껴졌는데, 가바였다. 잡은 힘이 꽤 셌다. 나는 가바의 힘겨워하는 눈빛을 봤다.

"제발 가지 마, 레이첼."

그녀가 말했다.

"제발 나를 떠나지 마."

나는 어떤 말을 해야 할지 몰라 머뭇거렸다. 가바는 자신의 갑작스러운 고백을 부끄러워하며 팔을 놓았다. 나는 가바의 어깨를 쓰다듬어 주었다.

"널 떠나는 게 아니야. 난 당연히 돌아와. 네가 출산하는데 내가 없으면 되겠어?"

그렇게 가바는 잠이 들었고 다음 날 내가 공항에 가기 전에는 잘 가라는 인사를 해줬다.

아이가 태어나면 가바의 자유는 어떻게 될까? 가바와 댄은 연애 초반이라 콩깍지가 씌었지만, 서로에 대해 아는 게 많지 않아 보였다. 그날 가바는 아이가 태어나면 댄과 함께 살 집을 보러 다녔다. 와인 바를 열겠다는 우리의 꿈은 어떻게 되는 걸까? 무엇보다 우리의 우정은 어떻게 변할까? 가바가 나를 가장 필요로 할 때 떠나는 것 같아 마음이 편치 않았다.

오페라를 연상시키는 까치들의 지저귐이 들리자 이상하게 깨지는 유리가 떠올랐다. 천천히 눈을 떠 차갑고 평온했던 핑크빛 새벽하늘이 따뜻한 아침 풍경으로 바뀌는 것을 바라봤다.

직전까지 누워있던 와일드맨의 침대 쪽 자리엔 그의 온기가 남아있었다. 부엌에서 나는 커피 메이커의 소리와 작은 강아지의 살랑거리는 발소리가 들렸다. 침실 방문을 활짝 연 뒤, 나는 다시 침대로 들어갔다. 금세 털북숭이 친구들이 침대 위로 올라와서는 신나 뒹굴었다. 알피와 루루는 서로 먼저 쓰다듬을 받겠다고 경쟁하듯 날쌔게 움직였다.

나는 둘의 부드러운 몸통을 쓰다듬으며 이른 시간의 평온과 고요함을 누렸다. 침실로 다가오는 와일드맨의 발소리가 들리면서 커피의 향도 함께 흘러 들어왔다. 곧 사각팬티만 입은 그가 등장했다.

"좋은 아침이야!"

그는 침대 옆 협탁에 뜨거운 머그잔을 올려놓고 옷을 입기 시작했다.

"알렉스 픽업하러 후딱 공항에 다녀올게."

그가 말했다.

맞다. 독일에서 오는 젊은 인턴이 오늘 도착한다고 했다. 그리고 곧 런던에서 라파엘이, 또 뉴욕 더 텐 벨스 와인 바에서 일하던 프랑스 여성 세브가 마침 호주에 있어 조인할 것이다. 이들 셋은 루시 마고의 2018년 빈티지를 돕기 위해 오는 것이고, 와일드맨과 나와 함께 지낼 것이다. 집에 있는 방 갯수를 세어보니 인원 초과 상태다. 보아하니 내가 일하기 위해 서재로 쓰는 이 집에서 유일한 '나만의' 공간이, 곧 소파베드에서 취침할 라파엘의 임시 숙소 방이 될 것이다.

우리의 로맨틱한 집이 굉장히 복잡해질 예정이다.

Ten

그린 가메

"좋은 아침!"

뉴욕에서 오랜 산 세브지만 그녀는 여전히 프랑스 억양이 강한 영어를 구사한다. 이른 아침임에도 그녀는 팬에 달걀을 넣어 열정적으로 스크램블 에그를 만들고 있었다. 옆에는 알렉스가 접시에 바나나를 썰고 있다. 나는 눈을 깜빡이고 손으로 비볐다. 우리의 조용했던 아침은 인턴들의 등장으로 굉장히 분주해졌다.

와일드맨은 사각팬티에 부츠만 신은 채 집 밖에서 직접 만 담배를 피우며 커피를 마시고 있었다. 내가 프렌치 프레스를 집으려 하자 라파엘이 낚아채 커피를 따르더니 내게 건넸다.

"여기."

그가 미소 지으며 말했다.

토스터기에는 구워진 빵이 퐁하고 튀어 올랐고 라파엘은 빵을 집으러 몸을 돌렸다.

"타이밍 좋네!"

와인 라벨을 자를 때 썼던 울퉁불퉁한 표면의 테이블에 나는 커피잔을 올려놓고 앉았다.

이내 테이블 위는 아침 식사로 세팅됐다. 스크램블 에그가 프라이팬 채 올라왔고 과일과 버터 바른 토스트가 놓였다. 모두가 먹기 시작했다. 와일드맨이 들어와 토스트 하나를 집고는 무언가를 찾듯이 집 안을 누볐다. 나는 몇 입 먹은 뒤 강아지들에게 먹이를 주기 위해 일어났다. 강아지들은 집 밖 무성한 잡초와 펜넬 덤불 사이에 땅을 파느라 바빴다.

아침 7시가 되자 다 먹은 접시들이 싱크대에 놓였고 우리는 모두 와일드맨의 랜드로버에 몸을 구겨 탔다. 한도르프 마을을 향해 달리는 차 안은 선크림과 담배 냄새로 가득했다. 차와 연결해 끌고 가는 트레일러의 달그락거리는 소리를 중화시킬까 하고 잔잔한 일렉트로닉 음악을 틀어봤다. 그게 효과적이었는지 차 안 사람들은 모두 잠이 들었다.

와일드맨은 나를 툭 치더니 백미러에 비친 모습을 보라고 눈으로 말했다. 세브는 알렉스의 어깨에 머리를 대고 잠이 들어 있었다.

"인턴 로맨스네."

그가 말했다.

루시 마고 수확 기간에 이렇게 많은 인턴이 온 건 처음이라고 했다. 그래서 이 인원이 작은 집 하나에 어떻게 공존할지 생각을 못 했다고 한다. 결국 서로를 위해 거실 공간을 재배치해야 했다. 포도 수확을 안 하는 주말에 인턴들과 가구를 옮기고 집 안 공간을 다시 세팅했다. 싱크대와 오븐, 냉장고를 부엌 아일랜드 옆에 놓으니 제대로 된 부엌의 모습을 갖추는가 싶었지만 그럼에도 여전히 각종 냄비와 프라이팬이 여기저기 널려있었다. 〈굿 하우스키핑〉 잡지 표지에 나올만한 집은 아니지만, 전보다 한층 더 실용적이게 변신했다. 소파 위치도 옮기고 바닥을 깨끗이 쓸었다. 심지어 창틀에 자리 잡아 천장까지 닿는 거미줄도 제거했다.

나는 와일드맨의 무릎에 손을 얹었다. 그는 운전에 집중하는 모습이었지만 수확하러 가는 밭의 포도 상태와 양조장으로 갖고 왔을 때 어떻게 작업할지를 생각하는 게 분명했다. 몇 달 전까지만 해도 비어있던 그의 새 양조장은 어느새 나무, 스테인리스 스틸, 세라믹 에그 등 각종 재질의 숙성통으로 꽉 차 있다. 지난 몇 주간은 피노 누아, 피노 블랑과 샤르도네 포도를 수확했다. 산도를 유지하기 위해 평소보다 일찍 수확한 이 포도들로 스파클링 와인을 만들 예정이다. 거대한 전기 압착기는 그래서 이미 여러 번 가동해봤다.

한도르프 이름에서 알 수 있듯이, 이곳은 독일인들이 아들레이드 힐스에 와 처음 식민지로 삼은 마을이다. 루시 마고 농장에서는 차로 45분 거리다. 가는 길에 와일드맨이 설명해주기를 한도르프에 있는 포도밭에서 7~8년 전부터 수확했는데, 그 당시 밭의 주인인 롭은 자신이 기른 포도를 사 갈 사람을 구하지 못해 힘들어했다고 한다. 와일드맨은 깔끔하면서 캐릭터 있는 와인을 만들어주는 그곳의 편암 토양이 마음에 들었다. 거기에 농약 등의 화학 약품 사용을 최소화했다는 것도 한몫했다. 하지만 당시 소비뇽 블랑, 샤르도네, 피노 블랑, 메를로와 피노 그리만 재배하던 롭의 포도밭에 와일드맨은 더 다양한 품종을 키우고 싶었다. 롭에게 구매한 포도로 와인을 몇 년간 만든 뒤 와일드맨은 포도 품종을 늘려보자고 제안했고, 롭은 받아들였다. 와일드맨은 포도 그루를 주문한 뒤 흥미로운 품종이라 여겼던 카베르네 프랑, 산지오베제와 호주에서는 희귀종인 가메를 접목하기 시작했다.

바로 어제 피노 블랑과 피노 그리 수확을 마치고 와일드맨은 가메의 익은 정도를 굴절계를 이용해 확인했다. 셀러에 돌아왔을 때는 알렉스가 지게차로 피노 블랑 포도를 압착기에 넣어 즙을 짜고 세라믹 에그 숙성통에 넣는 것을 지켜봤다. 피노 그리의 줄기를 제거한 뒤 포도알과 껍질을 며칠간 함께 발효하기 위한 작업을 마치자, 와일드맨은 가메를 수확할 때가 왔다고 모두에게 알렸다. 양조장에서의 모든 일을 끝내고 밤 11시에 드디어 저녁 식사를 했다. 잠이 들고 몇 시간이 채 지나지 않아 우리는 다시 10개의 포도나무 열 앞에 서서 가메 포도를 따기 위해 졸린 눈을 비비며 양손에 양동이와 전지가위를 들었다.

"좋은 아침!"

태국과 라오스에서 온 전문 피커들이 먼저 와 있다. 그들의 리더 샘은 와일드맨, 롭과 함께 수년간 수확 일을 했기에 이 포도밭을 누구보다 잘 아는 사람이다. 피커들은 천으로 얼굴을 가리고 긴 소매를 착용해 뜨거운 해로부터 피부를 보호했다. 라프, 알렉스, 세브와 나는 굉장한 속도로 포도를 따는 전문 피커들이 가득 채운 양동이를 받아 나르는 역할을 했고, 딸려 온 잎이나 상한 포도알을 걸러내는 작업도 맡아서 했다.

첫 번째 가메 열의 수확이 끝날 때쯤, 와일드맨이 내게 와 가벼운 입맞춤을 했다.

"나는 압착기 청소하러 갈게. '스모코' 좀 남겨줘."

그러고는 차를 타고 떠났다.

스모코는 호주에서 휴식을 일컫는 말이다. 담배 휴식에서 이름이 유래했지만 지금은 전문 피커들 덕분에 휴식 때 먹을 수 있는 동남아시아 음식을 의미한다. 루아르에서 휴식 때 먹은 바게트와 커피보다 훨씬 구미를 당겼다.

랜드로버가 시야에서 사라지자마자 혼란이 시작됐다.

"아 씨, 이건 뭐야?"

몇 열 떨어진 세브가 짜증 내는 게 들렸다.

라파엘이 포도 따는 걸 멈췄고 샘은 절반 정도 찬 양동이 앞에 서 있었다. 샘이 들어올린 포도송이는 가메 특유의 짙은 보라색 껍질이 아니라 부분적으로 샛초록색이었다. 즉 베레종^{véraison} * 단

---

* 열매를 맺었을 때 초록색인 포도알이 익는 단계에서 백포도는 황금색, 적포도는 진한 검보라색으로 변하는 과정.

계를 거치지 않은 포도다.

확인해보니 대부분의 가메 포도들이 부분적으로 샛초록색이다. 이런 상태인데 왜 와일드맨이 오늘 수확하라고 한 건지 모두가 의아해했다. 어제 와서 굴절계로 측정했기에 이 상태로는 알코올 도수가 굉장히 낮게 나올 것을 알고 있었을 텐데 말이다. 아니면 몇 개 열의 포도만 측정해 잘못 안 걸까? 이 많은 포도는 이제 어떻게 되는 건가? 마실만한 와인을 만들 수 있기는 한가? 알 수 없는 상태로 수확을 계속하고 있을 때 샘이 휴대폰을 귀에 댄 채 내게 다가왔다. 와일드맨에게 이 상황을 알리기 위해 통화하는 중이었다.

"나보다 레이첼이 말하면 더 들을까 해서."

그가 내게 말했다.

끈적이는 손으로 샘의 휴대폰을 받아 귀에 댔다.

압착기를 청소하는 물소리가 수화기 넘어 크게 들리는 걸 보니 그는 이미 양조장에 도착한 듯 하다.

"저기, 있잖아."

샛초록 포도를 이상하게 쳐다보는 피커들을 바라봤다.

"왜 오늘 가메를 따는 거야? 아직 안 익었어. 여기 있는 모두가 어리둥절하고 있어."

와일드맨의 답은 간결했다.

"응 알아. 계속 따."

너무 정신없어서 대충 답하는 걸까? 전화를 끊고 샘에게 휴대폰을 돌려준 뒤, 방금 들은 대로 전했다.

불안한 샘이 와일드맨에게 다시 한번 전화를 걸고서야 드디어 정리됐다. 익은 송이만 따고 아직 샛초록인 포도는 하루 더 익게 두라는 것. 우리는 다시 포도나무 열 사이를 다니며 익은 포도만 골라 땄다. 가끔 덜 익은 상태에서도 수확한다고 들은 적 있는데 이건 일러도 너무 일러 보였다. 라프, 세브와 알렉스는 짜증을 내고 있고 전문 피커들은 지체된 속도가 마음에 안 드는 모양이었다. 피커들은 수확한 포도 무게로 일당을 받기 때문에 오늘 적어진 포도양이 만족스럽지 않을 것이다.

해가 높이 떴을 때 우리는 스모코를 위해 멈췄다. 샘과 전문 피커들이 롭의 금속 작업실 옆 풀 위에 알록달록한 밀짚 매트를 깔았다. 스모코 메뉴는 매일 바뀌는데 샘의 밴에 있는 아이스박스에서 음식이 차례로 나오자 우리는 흥분을 감추지 못했다. 오늘 전문 피커들이 준비한 메뉴는 그들이 키우는 텃밭에서 딴 초록 잎과 허브 모음으로 쌀국수를 볶은 것, 프라이드 치킨 윙과 쌀밥, 작은 생 가지와 매운 고추, 레몬그라스 소시지와 핑크 소시지다. 라프, 알렉스, 세브와 나는 뜨거운 쌀밥을 양껏 덜어 동그랗게 뭉친 다음 소스가 있는 요리에 푹 담가 먹었는데, 우리의 식성 좋은 모습을 전문 피커들이 흐뭇하게 바라봤다. 너무 먹어 땀까지 흘리며 나무 아래 누워버렸다. 몇 시간 더 수확해야 하는데 과식으로 몸이 무거워졌지만, 차려진 맛있는 음식을 보고 차마 멈출 수가 없었다.

내추럴 와인 운동에 가장 상징적인 포도가 있다면 아마 가메일 것이다.

프랑스 남부의 보졸레 지역에는 와인을 만드는 레드 품종으로 오직 가메만 기를 수 있도록 허용된다. 콧대 높은 프랑스 와인 애호가들에게 보졸레는 장기 숙성이 가능한 보르도나 고가의 피노 누아가 있는 부르고뉴에 비해 높이 평가되지 않는 지역이다. 다채롭고 맛 좋은 이 가메 품종을 경멸했던 과거가 있을 정도다.

수백 년 전엔 부르고뉴 전역에 가메를 심었다. 그러나 가메가 주는 산미를 불쾌하게 여긴 한 부르고뉴 공작은 1395년에 부르고뉴에서 가메를 영구 퇴출했다. 그리고는 오직 피노 누아만 기를 수 있게 했다. 18세기 혁명 이후 귀족적인 가치만 따르지 않기 위해 많이 발전한 프랑스지만, 여전히 가메에 있어서는 콧대를 세우고 하찮게 본다. 매년 11월에 열리는 보졸레 누보 축제만 봐도 알 수 있다. 발효가 막 끝난 와인을 파리 길거리에서 행인들이 고주망태가 될 때까지 아무 생각 없이 마시니 말이다.

1980년대 후반에 보졸레 지역의 명성이 매우 나빠졌다. 보졸레 와인메이커들은 하나같이 심플하고 특색없는 와인을 풋내 나는 상태로 선보인다고. 그들은 '샵딸리자시옹 Chaptalisation'이라는 방식을 종종 적용했는데, 이는 발효 중인 포도즙에 가공 설탕을 다량으로 넣어 알코올 도수를 높이고 맛을 조정하는 편법이다. 이렇게 해서라도 상업적으로 와인을 팔겠다고 생각한 것이다. 이런 상황에서 마르셀 라피에르 Marcel Lapierre 라는 사람이 실험을 하나 해보기로 한다. 그는 보존제, 즉 이산화황 SO2 를 아예 넣지 않고 더 맛있는 와인을 만들 수 있는지 확인하고자 했다.

라피에르는 보졸레의 화학자이자 와인메이커인 쥘 쇼베^{Jules Chauvet}와 함께 와인을 만들기 시작했다. (쥘 쇼베는 오늘날 내추럴 와인 양조의 선구자로 여겨진다.) 쇼베는 이미 자신의 임시 와이너리에서 이런 시도를 해보고 있었다. 이산화황을 넣지 않은 라피에르의 실험 결과가 맛있고 결함 없는 와인인 것을 확인한 그는 지인들에게 오로지 포도로만 와인을 만들 수 있음을 알렸다. 자신의 조부모 세대가 원래 와인을 이렇게 만든 걸 알았지만, 보존제나 다른 첨가제를 넣어야만 상업적으로 팔리는 와인이 된다고 그간 세뇌됐던 거다. 보존제를 넣지 않으면 와인이 식초로 변한다고 믿을 정도였다. 쇼베와 라피에르는 기술력과 섬세한 보살핌이 있으면 훌륭하고 맛있는 내추럴 와인이 만들어짐을 증명했다.

시간이 흘러 라피에르는 장 푸와야르^{Jean Foillard}, 기 브르통^{Guy Breton}, 장-폴 테브네^{Jean-Paul Thévenet}라는 보졸레 와인메이커들과 함께 프랑스는 물론 전 세계에 양질의 양조법을 전파한 인물로 이름을 알린다. 이들의 미국 수입사 커미트 린치가 '4인방'이라는 별명을 붙여줬는데, 이제는 그들을 일컫는 명칭이 됐다. (이 네 명 외에도 사실 한두명이 더 초반 실험에 참여하긴 했다.)

이 4인방은 와인 업계에 변화를 불러일으키기까지 길고 힘든 싸움을 이겨내야 했다. 그들이 포도밭에 화학 약품 사용을 줄이자, 사람들은 제정신이 아니라고 했다. 이산화황 없이 와인을 발효하고 병입하는 것은 위험이 커 어리석어 보였기 때문이다. 그럼에도 그들은 이 방식을 고집했고, 긴 시간 끝에 그들의 와인을 이해하고 좋아해 주는 사람들을 만났다. 처음 반응이 온 건 파리에서다. 전설적인 셰프-소믈리에팀인 라켈 카레나와 필립 피노토가 그 가치를 알아봤다. 그들이 운영하는 벨빌의 비스트로 르 바라탕Le Baratin은 유기농에 보존제 무첨가 와인을 지지한 첫 레스토랑 중 하나다. 식재료 본연의 맛을 최대치로 끌어올리는 것에 초점을 맞추고 격식을 차리지 않은 르 바라탕의 애티튜드는 요즘 시대의 젊은 파리 셰프들에게 많은 영향을 주었다. 르 바라탕은 여전히 양질의 음식과 와인을 마실 수 있는 곳이다.

프랑스 전역의 와인메이커들이 마르셀 라피에르에 대해 듣고 그에게 배우기 위해 보졸레로 향했다. 르네 모스도 "마르셀을 만난 것"이 얼마나 큰 영감을 주었는지 얘기한 바 있다. 더 많은 생산자들이 내추럴 와인을 만들려고 시도하면서 라피에르의 영향력은 프랑스에 널리 퍼졌다. 4인방을 비롯해 그들과 함께 내추럴 방식으로 와인을 만든 주변 사람들 덕분에 이제 보졸레 지역의 테루아는 부르고뉴만큼이나 가치를 높이 평가받고 있다. 보졸레의 10개의 크뤼에서 만들어지는 와인은 장기 숙성이 가능하고 고가에 판매될 정도다.

가메는 특유의 다채로움이 가장 큰 매력이다. 가볍다고 생각되면서도 깊이와 구조감이 느껴지는 품종이다. 롭의 한도르프 밭에는 대목에 5가지의 각기 다른 가메 클론이 접목됐다. '클론'은 원 품종의 복제품으로 자른 가지를 따로 양묘해 기른 것이다. 각각의 클론은 껍질과 즙의 색은 물론 맛 또한 다르다. 하지만 이 클론 식물들은 여기저기 접목되어 이제 구분이 불가능하다. 한때 소비뇽 블랑이 나던 포도나무에 가메 가지를 접붙이기 했다고 자신이 피우는 품종을 바꿀 수 있다는 게 신기할 따름이다.

와일드맨의 접목 작업 덕분에 우리는 최초의 호주 가메 와인을 만들 수 있게 됐다.

그런데 이렇게 샛초록인 상태로 수확해서 과연 제대로 된 와인으로 만들어질까? 와일드맨의 선택을 믿고 싶었지만 마음이 놓이질 않았다.

와일드맨이 수확된 포도와 우리 인턴들(나 스스로 인턴이라 생각하진 않지만)을 데리러 한도르프 밭에 돌아왔을 때, 그는 수확된 가메를 점검했다. 만족하는 표정이었다. 반면 우리는 힘들고 지친 상태를 감출 수 없었다. 아직 끝난 게 아니라 양조장으로 돌아가 오늘 수확한 것을 작업해야 했고, 바로 다음 날이면 오늘처럼 일찍부터 포도 수확을 해야 했기에 마음을 놓을 수가 없었다. 아직 2018 빈티지 기간은 절반밖에 지나지 않았는데 육체적 피곤함이 극에 달했다.

그날 저녁 와이너리에 돌아와서 나는 세브, 라프와 함께 피노그리 펀치다운 작업을 했다. 발효되고 있는 포도 위에 생성된 캡[**]을 다시 즙에 적시기 위해 몸의 무게를 이용했다. 캡이 마르면 와인에 들어있는 효모와 박테리아를 안 좋게 자극해 각종 결함이

[**] 포도즙이 발효되면서 과육이나 껍질이 표면 위로 떠 올라 생기는 일종의 막. 산소와 노출된 상태로 캡을 두면 상할 수 있어 이를 다시 바닥으로 가라앉히는 '펀치다운' 작업을 한다.

생겨날 수 있어서다.

그 사이 알렉스는 가메를 지게차로 높이 들어 거대한 스테인리스 스틸 탱크에 부어 넣었다. 이렇게 들어간 가메는 포도 껍질을 제거하지 않고 며칠간 함께 두어 껍질에서 나오는 진한 색감과 탄닌, 특유의 맛을 와인에 입힐 거다.

이런 작업 후에 먹는 저녁 식사 자리에선 모두의 누적된 피로도가 느껴졌지만 그럼에도 분위기를 띄우려 애썼다. 요리 당번은 모두가 돌아가며 공평하게 하고 다른 사람들은 세팅을 맡기로 했기에, 오늘은 세브와 내가 스파게티를 만들었다. 식탁에서 라프가 각자의 접시에 나눠주자 내가 와일드맨에게 물었다.

"그나저나 오늘 수확한 가메는 어떻게 할지 정했어? 초반에 딴 샛초록 포도가 꽤 들어가 있을 텐데."

와일드맨은 뒤로 기댔다. 하루 종일 먹는 걸 보지 못했는데도 손대지 않는 그의 접시에서는 따뜻한 스파게티의 김이 올라왔다.

"도수가 낮은데 맛있는 와인을 만들어보려고."

그가 답했다.

"성공할 수도 있지. 매년 다르니 어떻게 될 지 나도 몰라."

그가 어깨를 으쓱거렸다. 그게 바로 와인메이킹이긴 하다. 매년 예측 불가한 것.

다음 날 아침 롭의 밭으로 다시 갔을 때 와일드맨은 우리에게 안 익은 가메까지 모조리 따라고 지시했다.

"아예 정신이 나갔는데요?"

전문 피커들이 가득 채운 가메 양동이를 집으며 내가 샘에게 중얼거렸다.

    피커들의 포도 따는 속도는 너무 빨라서 우리는 약 18킬로그램 무게의 양동이를 들고 나르는 일에 한계를 느꼈다.

    "어떤 와인이 만들어질까? 익지 않은 포도를 넣으면, 가망이 없는 거 아녜요?"

    샘은 모르겠다는 제스처를 하며 나름 중립적이려고 애썼다. 전문 피커들이 불평하지 않게 비위를 맞춰가며 와일드맨의 지시를 따라야하니 그야말로 중간에서 고생이 많다.

    이틀간 포도밭의 다른 쪽 포도들을 따고 다시 가메 밭으로 돌아오니 다행히 쨍쨍한 햇볕 아래 잘 익은 상태였다. 이 중 일부는 나의 와인을 만드는 데 사용할 것이다. 어떻게, 어떤 와인을 만들지는 정하지 못했다. 와일드맨이 가르쳐준 대로 포도 알맹이부터 줄기까지 씹어서 맛을 느끼는 데에 집중했다. 줄기는 누가 먹어봐도 '초록초록' 했는데 덜 익은 채소를 먹는 느낌이었다. 그럼에도 줄기를 제거하고 싶진 않았다. 나는 좋은 퀄리티의 아티자날 치즈를 먹을 때 가운데 크리미한 부분은 물론 겉껍질까지 같이 먹을 때 서로를 중화시켜주는 그 맛을 좋아한다. 같은 맥락에서 포도도 그렇게 다뤄볼까 했다. 대부분의 와인메이커들은 줄기를 제거하는데, 이는 발효될 때 산소량이 줄어 발효가 더 안전하게 될 수 있기 때문이다. 하지만 나는 포도가 '완전체' 상태로 발효되길 바랐다. 전문성을 갖고 내린 결정이라기보다는 직감을 따랐다.

    그날 저녁, 알렉스가 운전한 우리 차가 농장에 들어서자 와일드맨이 우리를 보고 양조장에서 뛰어나와 차량 유리를 두드렸다.

"빨리 와봐, 빨리!"

그가 자신을 따라오라고 손짓했다.

우리는 모두 씻고 싶은 마음이 간절했지만 양조장으로 와일드맨을 따라갔다. 처음 수확한, 샛초록 포도까지 들어간 가메가 탄소 발효 중인 스테인리스 스틸 탱크 앞에 섰다. 그는 다리가 부러진 잘토 잔을 탱크의 하단 입구에 갖다 대고 밸브를 열어 연한 붉은빛 액체가 조금 흘러나오게 했다. 그 잔을 알렉스에게 건네자 알렉스는 향을 맡고 맛을 본 뒤 우리에게 넘겼다. 잔이 내게 들렸을 때, 포도 수확 때문에 손이 완전히 검게 변한 것을 발견했다.

아직 와인이 되진 않았지만 와인을 향해 가는 맛을 살짝 띄고 있는 포도즙은 솔직히 맛있었다. 샛초록의 풋풋한 맛이 나긴 했지만 그 외에도 후추, 카레, 산딸기 잼과 빨간 사과 맛도 느껴졌다. 마음에 들었다. 무척 마음에 들었다. 와일드맨은 자신감이 넘쳐 보였다.

"너네는 이 포도 따지 말자고 했지?!"

그 포도로 이런 와인이 만들어질지 그는 알았을까? 아마 아닐 것이다. 그는 발효가 될 정도의 딱 적당한 양의 당분이 포도에 있다는 믿음 정도를 갖고 있었을 것이다. 와일드맨은 봄에 가볍게 마시기에 훌륭한 와인으로 만들어질 거라 자신했다. 그가 순간에 한 선택이 명중한 거다. 그리고 추측해보는데 자존심 때문에도 일단 따고 보자고 했을 수도 있다. 그조차도 그 순간 불확실했을 수 있지만, 그럴 때 교과서에서 해답을 찾기보다는 직감을 믿고 밀어붙인 그의 성격이 낳은 결과다.

    나는 나만의 가메 와인을 만들고 있다.

    6개월 전만 해도 모스 가족 와이너리에서 바보 같고 쓸모없는 사람처럼 느껴지지 않았나? 그런 내가 와인을 만들다니. 무엇보다 와일드맨이 강하게 권유했고, 그는 나에 대한 믿음이 짙어 보여 한 번 시도해보기로 했다.

    우리가 샛초록 가메를 보고 머리를 싸매고 있을 그때, 나는 이미 와인 한 종을 만들고 있었다. 샤르도네와 피노 누아로 만든 펫낫이다. (샹파뉴 지역의 가장 흔한 이 두 품종을 조합했기에 '베이비 샴페인'이라 생각해도 좋다.) 펫낫용 포도는 이미 압착이 됐다. 약간의 붉은 빛을 주기 위해 피노 누아는 48시간 동안 껍질을 제거하지 않은 채 커다란 나무 발효통에 담아뒀다. 와일드맨이 쓰라고 준 압착기에 내가 직접 다 옮겨 넣었다. 피노 누아와 샤르도네는 섞지 않고 따로 숙성통에 담아 일주일간 발효 중이다. 스파클링 와인을 만들기 위해서 발효가 끝나기 전에 병입하는 것이 내 목표다.

    이제 내 손에 들어온 이 가메 포도로 어떻게 와인을 만들지 결정할 차례다. 와일드맨이 한 것처럼 탄소 발효를 해볼 수 있다. 보졸레에서 흔히 쓰는 이 방식은 탱크 속에 포도송이를 통째로 넣고 공기가 통과하지 않게 막아버려 포도알 안에서 발효가 일어나게 하는 것이다. 아니면 전통적인 발효법으로 만드는 것이다. 즉, 커다란 나무 발효통 안에 포도를 며칠간 발효시키는 것. 이 방식을 택한다면 수천년간 와인메이커들이 해온 대로, 맨발로 포도 위에 올라타 즙을 낼 것이다. 그리고 하루에 두 번 펀치다운 작업을 해 캡이 마르지 않도록 해야 한다. 나는 후자를 선택했다. 매일 와서 즙 상태를 확인하고 언제 압착할지 그동안 배운 지식으로 결정 내릴 수 있어 변수를 줄일 수 있다고 생각했다. 그리고 탱크 속에 포도를 가둔 채 마냥 기다리는 것보다 훨씬 역동적이고 재밌어 보였다.

피노 누아 발효에 사용했던 똑같은 나무통에 와일드맨이 지게차를 이용해 가메 두 상자를 부어줬다. 나는 바지를 벗고 통을 올라타 들어갔다. 루비 컬러의 액체가 발목까지 차더니 점프를 할 때마다 알알이 터지는 게 느껴졌다.

점프하고, 또 점프하고, 다시 점프하고. 마냥 신이 났다. 와이너리 건너편을 보니 세브와 알렉스가 사용할 배럴을 준비 중이다. 회전 장치에 눕히곤 고압 세척기의 뜨거운 물로 배럴을 씻었다. 고압 세척기의 소리가 무척 강렬했지만, 세브와 알렉스가 틀어 놓은 메탈리카 노랫소리가 더 크게 들렸다. 그 와중에 압착기가 작동하는 소리도 들렸다. 그리고 내가 있는 양조장에는 와일드맨이 늘어놓은 잡동사니가 사방에 흩어져 있는 게 보였다. 여기엔 잭해머가, 저기엔 배럴 부속품들이, 고급스러운 라벨지는 용도를 알 수 없는 것들과 뒤섞여 양동이 안에 던져져 있고…

생각이 정리되지 않았다. 발목 아래에 포도즙이 몇 인치 정도 생긴 걸 보고 일단 여기까지만 하고 멈추기로 했다. 나무통에서 나와 다리를 닦고 바지를 입었다. 통 위에 깨끗한 침대 시트를 덮

어두고 고무줄로 고정시켜 놨다.

그리고 호스로 손을 닦았다. 이 양조장 안의 난장판에서 잠시 벗어나야만 했다. 모두가 각자 할 일로 바쁜 것을 확인하고 혼자만의 시간을 갖기로 했다. 양동이를 하나 들고 포켓 나이프를 집어 길가에 있는 텃밭으로 향했다.

그때 알피와 루루가 발 밑에 나타났다. 경사진 자갈길 위에서 미끄러지지 않기 위해 나는 조심스럽게 걸었다. 그리고 텃밭에 도착했을 때 케일 이랑으로 가 한 묶음씩 따기 시작했다. 점심에 활용할 참이었다. 강아지들은 주변에서 뒹굴고 있고 새들의 지저귀는 소리와 살랑이는 바람을 느끼니 이런 평화가 또 어딨나 싶었다.

하루 종일 와이너리에서 일하는 것은 솔직히 나와 맞지 않는다. 너무 시끄러운 데다 수많은 기계 사이에서 일해야하고, 정말 정신이 없었다. 와일드맨의 와인 제자가 되고 싶지도 않은 데다 〈테르〉 잡지를 계속 만들고 와인에 대해 글을 쓰고 싶었다. 수확 기간이 시작되기 직전에 나는 〈임바이브〉 매거진에 스페셜 컬래버레이션 와인을 출시하는 와인메이커들에 관한 기사를 기고했다. 새로운 기회가 계속 열리는 프리랜서 기자 일과 〈테르〉 출판일로 내 커리어는 충분히 자리를 잡았다고 생각했다.

케일과 토마토 몇 개로 가득 찬 양동이를 들고 다시 언덕 위로 터벅터벅 올라갔다. 새로운 양조장을 짓기 전까지 와일드맨이 와인 라벨 부착 작업을 했던 작은 초록색 양조장을 지날 때 수바루 포레스터 한 대가 피노 포도밭 위에 차를 멈췄다. 더 아리스톨로지스트의 셰프 올리와 브리였다. 그들은 자신들이 집에서 마실 와인을 만들기 위해 와일드맨의 양조장을 잠깐 사용하려고 왔다.

"레이첼, 잘 지냈어?"

그들의 인사에 나는 조금 전까지 가메 위에 두 발로 뛰었다고 답했다. 그들은 차 트렁크를 열더니 나무짝과 메탈 트레이를 하나씩 꺼냈다. 그것은 심플한 수동식 바스켓 프레스였다. 전기식 압착기가 발명되기 전, 모든 와인메이커들이 사용했던 그 수동식 압착기다.

그들을 따라 양조장으로 들어가니 내게 바스켓 프레스가 어떻게 작동되는지 보여줬다. 그리고 갑자기 주변 환경을 둘러봤다. 저 앞에는 피노 밭, 아래에는 텃밭, 그리고 또 캥거루들이 자유롭게 뛰어다니는 숲. 와일드맨이 있는 새 양조장에서 나는 소리가 희미해지더니 갑자기 머리가 바쁘게 돌아갔다. 그리고 작은 양조장 안에서의 내 모습이 명확하게 보였다. 아이디어가 떠올랐다.

4일 뒤 나의 가메를 맛보고 압착할 때가 됐다고 판단했다.

"깊이 있는 맛과 충분한 탄닌이 느껴질 정도로 껍질과 적당히 발효된 것 같아."

나는 와일드맨에게 자신 있게 말했다.

그에게 내 계획을 설명했다. 나는 셰프들이 갖고 온 낡은 바스켓 프레스만으로 내 가메를 압착할 것이라 했다. 내 두 손과 몇 개의 양동이만으로 이를 성공시킬 거라고.

와일드맨은 내 계획에 찬성했다.

"발효통 갖고 내려갈게."

그가 트랙터에 올라타며 말했다.

그는 커다란 체와 기다란 빨간색 플라스틱 호스를 갖고 내려오라고 지시했다. 나는 삽도 챙겼다. 그리고 거대한 바퀴가 공포감을 자아내는 오래된 녹색 트랙터 앞에 부착된 지게 발을 조심스럽게 움직이며 와일드맨은 포도 500킬로그램을 들어 올렸다.

작은 초록 양조장으로 내려와서 나무 발효통 위에 올려둔 시트를 걷어내고 까치발을 한 채 안을 조심스레 들여다봤다. 안에 발효되고 있는 포도는 내가 위를 밟아 생긴 프리런 즙 한 레이어로 덮여있다. 쿰쿰한 효모와 체리 콜라의 달콤함, 또 톡 쏘는 이산화탄소가 뒤섞인 아로마가 코를 자극했다.

트랙터의 지게 발을 이용해 와일드맨은 발효통을 들어 올렸다. 그는 트랙터에서 내려와 커다란 체를 발효통 안에 떨어뜨리고 그 체 안에 호스를 넣었다. 그는 호스 반대 부분에 입을 대고 빨아들이기 시작했다. 나도 해봤는데 웬만한 폐활량으로는 불가능한 작업이다. 이 방법은 전기 펌프를 사용하지 않고 프리런 즙을 나오게 하는 최적의 방법이다.

"됐다. 또 뭐 도와줄까?"

그의 진심이 느껴졌다. 그러나 와일드맨의 얼굴을 보니 그가 해야 할 수만 가지의 일들을 생각하고 있음을 알 수 있었다. 그에게 고맙다고 하고 다시 언덕 위로 보냈다. 나는 다시 혼자 남겨졌다. 쫓을 캥거루를 기다리고 있는 알피와 루루 빼고.

삽과 양동이를 이용해 절반 정도 발효된 포도를 바스켓 프레스에 옮겨 담았다. 효모에서 나는 과실 향과 시큼하고 흙 향이 내는 강렬한 냄새를 맡으니 오히려 힘이 부쩍 났다. 육체적으로 힘들고 땀이 많이 나는 작업인 데다 어깨가 정말 아파졌다. 그런데 루비 색의 액체가 드디어 압착기에서 나와 바닥에 있는 양동이에 흐르는 것을 보자 다시 에너지가 충전됐다. 내가 내쉬는 숨을 들으며 나는 압착기를 채웠다. 모든 포도가 바스켓 프레스 안에 담기자 나는 무거운 나무 반원을 하나씩 들어 올렸다.

압착기 위에 뚜껑처럼 덮이도록 반원을 조정했다. 그러고는 긴 손잡이를 돌려 반원을 누르게 하고, 그 반원이 포도를 꾹 눌러 압착시키도록 했다.

클릭-클락, 돌릴 때마다 손잡이에서 소리가 났다.

즙이 더 빨리 양동이 안으로 흘렀고 금세 가득 찼다. 새 양동이로 교체하고 압착되어 나온 즙은 운반대 위에 올려 둔 배럴 안에 부었다. 즙의 향은 황홀했고 색은 천상의 색이었다.

내가 만들었다고 자신 있게 말할 수 있는 내 첫 와인을 만든 순간이다.

Eleven

페르세포네의 가을

바스켓 프레스로 작업하는 것은 보통 일이 아니었다. 상체 전체의 힘을 실어 손잡이를 돌려 포도에 무게가 가해지게 해야 했다. 거기에 발효통 바닥에 남은 포도와 즙을 빼서 옮기는 것은 예상치 못한 복병이었다. 통의 높이가 워낙 커서 어떤 요령을 피워봐도 바닥까지 손이 닿지 않았다. 통 안으로 아예 들어갈까도 고민해봤지만 내게 양동이를 건네줄 사람이 아무도 없지 않은가? 혼자 이 작업을 하려 했다니… 와일드맨이 있는 양조장으로 올라가 누군가에게 도움을 요청해도 됐지만 이상하게 혼자 해내겠노라 고집을 피웠다.

나무통을 양팔로 감싸 안고 온 힘을 끌어모아 한쪽으로 기울였다. 한 팔로 기울어진 통을 지탱하고, 다른 팔로 남은 포도즙을 퍼냈다. 마침내 전량이 압착기에 들어갔다. 차가운 맥주 한 모금과 성취감에 생긴 아드레날린으로 그 후 한 시간 동안 작업을 계속했다. 포도에 천천히 압을 더해 짜낸 뒤 하단으로 흘러나오는 즙을 양동이에 담고, 숙성시킬 배럴로 옮기는 작업을 했다.

누군가 지나가다 봤다면 이런 식으로 나무통에서 즙을 꺼내는 사람은 처음 봤다고 말할 것이다. 어찌 됐든 나는 나만의 방식으로 해내고 있었다. 배럴은 압착된 신선한 가메 즙으로 거의 가득 찼다. 온몸의 근육이 불타는 것 같았다. 아직 끝난 게 아닌 게, 이제 압착기를 다시 해체하고, 압착된 포도 잔여물이 '케이크' 모양으로 뭉쳐진 덩어리를 빼내고, 바스켓 프레스 곳곳을 물로 깨끗하게 청소하는 일이 남았다.

해가 질 때쯤, 집으로 터벅터벅 걸어가서 샤워실이 빌 때까지 차례를 기다렸다. 라프, 세브, 알렉스와 와일드맨의 모습을 보니 그들도 길고 고된 하루를 보낸 게 분명했다. 와일드맨은 부엌에서 저녁 샐러드에 넣을 당근을 채칼로 썰고 있다. 그의 허리를 뒤에서 양팔로 감싼 뒤 날갯죽지에 대고 깊은숨을 내뱉었다.

"밑에서 재미 좀 봤어?"

"응."

내가 답했다.

"재미라고 할 수 있지. 오늘은 어땠어?"

"압착기를 돌려놨어."

그가 창문 너머 보이는 양조장을 바라보며 말했다. 압착기는 콘크리트 바닥 위에서 굉장한 소리를 내며 돌아가고 있었다.

"자정쯤에 마무리될 것 같아. 저게 끝나고 오늘 밤 한 판 더 돌리진 않을 것 같은데, 봐서."

내일 카베르네 프랑을 수확할 거라며, 내가 만들 와인용으로 원하는지 물었다.

나는 생각에 잠겼다. 애초 계획은 와인 한 배럴만 만드는 것이 아니었나? 하지만 이제야 발효와 압착 기술이 몸에 좀 벤 것 같은데, 굳이 멈출 필요가 있을까? 나중에 맛을 비교하기 위해 다른 품종 와인도 만들어보면 좋을 것 같다는 생각이 들었다. 그리고 종수가 많아지면 더 많은 나라에 선보일 수 있을 거다.

드디어 내가 씻을 차례가 되자(이쯤 되면 당연히 뜨거운 물은 동이 났지만, 씻을 수 있는 것에 감사했다) 그에게 카베르네 프랑도 받아 와인을 만들어보겠다고 대답했다.

카베르네 프랑을 수확하는 작업은 가메 때보다 훨씬 수월했다. 모든 포도가 일단 잘 익어있다. 밭에서 바로 따 먹어봤을 때 포도는 청색 피망을 연상시키는 피라진 맛이 강했다. 보르도에서 많이 사용되는 이 카베르네 프랑 특유의 맛이다.

아침과 오후 내내 포도를 수확한 뒤 나는 초록 양조장에 카베르네 프랑 두 통을 앞에 두고 서 있었다. 총 500킬로그램의 양이다. 수확 때 사용한 양동이들을 씻고 스펀지로 들러붙은 포도 껍질을 닦고 있는 동안 와일드맨은 내가 작업할 카베르네 프랑을 트랙터로 옮겨뒀다.

가메에 사용한 나무 발효통에 카베르네 프랑 포도를 퍼서 담고는 통 안으로 들어갔다. 20분간 포도 위를 점프하며 밟았다. 점프하면서 줄기를 제거하고, 걸러내야 하는 게 있는지 확인하는 작업을 병행했다.

포도 위를 폴짝 뛰고 있자니 지난 1년간의 일들이 떠올랐다. 참 많은 일들이 있었다. 다소 실망스러운 이성 관계에 가슴앓이를 하고 짐을 싸서 8년간 집이라 부른 도시를 떠났다. 친구들과 이별하고 조지아로 가 와일드맨을 만났다. 혼자 파리로 가 끔찍했던 폭염과 에어비앤비를 견뎌야 했고 와일드맨이 보낸 꽃다발로 마음의 위안을 얻었다. 루아르로 가 수확을 돕고 파리에 온 가바와 도시를 누볐다. 그리고 인디 잡지도 창간했다.

그만 멈추고 통에서 나와 상태를 점검했다. 적당히 으깨지고 즙이 나와 발효할 준비가 됐다. 온 몸이 땀으로 범벅이 됐고 근육통이 찾아왔다. 몸은 그럴지언정 내면은 정화되고 평화로웠다. 소용돌이 같았던 지난 1년과 와일드맨을 향한 이끌림이 원을 이루는 듯했지만, 나는 여전히 이 모든 것이 어디로 향하는지, 앞날이 아직 그려지지 않았다.

그래도 뉴욕이나 파리에서 심란한 것보다 이곳에서의 혼란 상태가 훨씬 감내할만했다. 여기서는 그래도 직접 키운 채소로 건강하게 먹고 내추럴 와인을 한없이 마시지 않나? 사방에는 자연이 펼쳐지고, 유칼립투스와 거대한 소나무의 향연과 각양각색의 새들이 평화롭게 날아다니는 곳이다. 캥거루들은 언덕을 따라 뛰어다니고 숲 안에 길을 만들어놓기도 한다. 양떼는 자유롭게 돌아다니는데, 짖어대며 쫓는 강아지들에게서 도망치느라 울타리를 벗어나 이웃집 포도밭을 누비는 모습도 보인다. (와일드맨이 양들 때문에 종종 이웃의 항의 전화를 받곤 했다.) 이 모든 불협화음에서 묘한 조화가 느껴졌다. 왜 그런지 서서히 깨달았다. 생태계 위기와 인구 과잉 상태를 겪는 도시에 비해 시골에서의 삶이 훨씬 더 매력적이게 느껴져서다.

4일 뒤, 밤낮으로 포도 위를 점프하고 펀치다운을 몇 번 더 한 뒤, 발효 중인 카베르네 프랑을 맛보니 압착할 때가 왔다. 이를 와일드맨에게 알리러 언덕을 올라가서는 필요한 장비를 챙겼다.

와일드맨의 양조장 안은 각자의 작업으로 분주했다. 알렉스는 압착기에 넣을 포도를 지게차로 올리고 있고, 세브는 통 바닥에 남은 포도와 즙을 싹싹 긁어모으고 있다. 일을 도우러 온 다른 인턴들이 수확 때 사용한 양동이를 씻는 중이었다. 라프를 보니 한 통에서 다른 통으로 호스를 이용해 즙을 힘겹게 빼내고 있는데, 고군분투 중인 그의 모습이 곧 나를 보는 것 같았다. 와일드맨은 이 모든 상황을 통솔하고 맛보고 냄새 맡기 위해 사방을 뛰어다니고 있다. 그에게 가 카베르네 프랑을 압착할 준비가 됐다고 얘기했다.

"내려갈게."

그가 말하고 트랙터에 올라타 갈 준비를 하자, 나는 뒤따르며 재빨리 깔때기, 깨끗한 배럴 마개와 다른 필요 용품들을 챙겼다. 와일드맨이 트랙터 지게 발에 빈 배럴과 체를 싣자 나는 조수석에 올라탔고 우리는 언덕을 내려갔다. 트랙터 문에 매달려 앉

있는 내 모습을 본 와일드맨이 미소를 지었다. 그는 진심으로 행복해 보였다. 초 단위로 결정을 내리고, 모든 것을 손으로 직접 작업하고, 내추럴 와인 양조에 대해 우리 모두를 멘토링 해주는 그는 지금 자신의 전성기를 누리는 듯했다.

도착해 와일드맨이 배럴와 체를 트랙터에서 내리자, 나는 조심스럽게 발효통 커버 시트를 들어 올려 절반 정도 발효된 포도 상태를 확인했다. 먼저 프리런 즙을 해결해야 했다. 와일드맨이 지게 발로 발효통을 들어올리기 시작했다. 우리는 펌프기를 사용하지 않기 때문에 중력의 힘이 많은 도움이 된다.

"사이펀 해볼래?"

그가 물었다.

"응 한 번 해볼게."

호스를 입에 물고 온 힘을 다해 빨아들였다. 와일드맨이 벽에 기대더니 그의 휴대폰에서 힙합 음악을 틀었다. 요하네스버그에서 유년 시절에 좋아하던 남아공 그룹의 노래라고 했다.

사이펀을 시도한 것이 이제 서너 번째인데 여전히 불가능한 일처럼 느껴졌다. 너무 빨아들였더니 흉곽이 조여왔다. 즙이 흐르도록 아무리 흡입해봐도 실패했다. 갑자기 화가 치밀어 올랐다.

"젠장, 못하겠어!"

와일드맨이 휴대폰을 하다 말고 내 쪽을 바라봤다.

"내가 해줄까?"

나는 어깨를 으쓱하고 짜증을 내며 자리를 비켰다. 도멘 모스 와이너리에서 도움되지 못한 그때의 나로 돌아간 것 같았다. 2분이 채 되지 않아 와일드맨은 사이펀으로 즙이 흐르게 하는 데 성공했다. 그가 내게 호스를 건네주자 나는 호스를 머리 위로 높이 든 뒤 이리 저리 흔들어 즙이 배럴까지 흐르도록 했다.

"도와줘서 고마워."

숨찬 호흡을 내뱉으며 말했다.

"뭘, 이런 걸 갖고."

와일드맨이 가볍게 답했다.

배럴이 프리런 즙으로 차기 시작했다. 이제 압착기에 포도를 퍼다 넣을 차례가 됐는데 와일드맨이 삽을 들더니 나란히 서서 작업하기 시작했다.

가메를 압착할 때는 일종의 흐름이 느껴졌다. 심지어 명상하는 듯했다. 그런데 지금은 모든 것이 산만했다. 와일드맨이 튼 노래부터 마음에 들지 않았다. 1990년대 라디오에서나 나올법한 그저 그런 힙합 음악이었다. 거기에 와일드맨의 기운이 나와 맞지 않았다. 포도를 너무 재촉해서 막 푸는데, 여기 일을 빨리 끝내고 다른 일을 하려고 서두르는 것 같았다. 물론 저 위 양조장에서 할 일이 태산 같겠지만 그의 재빠른 손놀림이 나의 리듬을 깨는 듯했다.

"나 이제 혼자 해도 될 것 같아. 가봐도 돼."

내가 말했다.

"아냐, 도와줄게."

압착기에 삽으로 푼 포도를 넣으며 와일드맨이 답했다.

도움이 안 됐다. 바스켓 프레스의 개념 자체가 기계의 도움 없이 한 사람이 혼자 할 수 있게 설계된 것이다. 말 그대로 느리게, 정교하게 하는 작업이다. 이 과정이 즐거워서 가메 말고도 다른 품종으로 와인을 더 만들어보겠다고 한 거였다. 와인을 만드는 과정 중 가장 친밀하고 직감적인 작업이었다. 결과물만큼이나 이 과정이 내게 중요했다.

"아니 정말 괜찮아, 제발. 아니 내 말은, 다른 할 것도 많잖아."

그가 멈추더니 나를 몇 초 쳐다봤다.

"미안, 도와주려 한 것뿐이야."

그 말에 짜증이 나 쏘아붙였다.

"내가 언제 도와달라 했어? 그리고 이 노래는 뭐야? '내' 와인 만들 때만큼은 내가 듣고 싶은 노래를 틀어야 하는 거 아냐?"

"안 도와줘도 되면, 그래, 갈게!"

와일드맨도 잔뜩 화가 났다.

"어, 제발 가줘. 고마워."

몇 분도 안 돼 그는 트랙터에 올라타 다시 언덕을 올라가고 있었다. 조용해진 오후, 알피와 루루가 내 곁을 지키는 가운데 나는 천천히 압착기를 다뤘다. 포도가 절반 정도 압착기에 들어갔을 때, 나는 그 위에 올라타 몸의 무게로 꾹 눌러 포도를 더 담을 공간을 확보했다. 그러고 반원을 장착해 손잡이를 돌렸다.

압착 작업이 끝나고 기계를 해체해 포도 잔여물이 만든 '케이크'를 플라스틱 쇠스랑으로 쪼갠 뒤 빈 통에 쓸어 담았다. 모든 장비를 깨끗하게 씻어 정리하고 보니, 이 모든 작업이 4시간 만에 끝났다.

말도 못 하게 지쳤지만 한편으로는 기분이 날아갈 것 같았다. 내가 만든 이 모든 것이 (거의) 내 것이었다.

나는 싱글맘인 엄마가 가장인 집에서 자랐기에 독립적인 여성상은 내게 중요하게 각인돼 있었다. 그러니 나는 나만의 공간이 필요했다.

다음 날 산지오베제를 수확하고 있을 때 와일드맨이 이 품종으로도 와인을 만들겠는지 물었다. 도움 없이 혼자 만든다는 전제하에 그러겠다고 했다.

늦가을로 들어서자 농장의 전반적인 에너지가 바뀌었다. 포도 수확은 80% 정도 마무리했기에 이제 다른 것에 신경 쓸 때였다. 발효되는 과정을 꼼꼼하게 모니터링해 건강하고 안전하게 발효되고 있는지 자주 확인해야 했다. 그 과정에서 VA$^{\text{volatila acidity}}$ (휘발성 산)가 없는지, EA$^{\text{ethyl acetate}}$ (초산 에틸)라 불리는 박테리아 문제의 일종이 발생하진 않는지 점검한다. 이런 상황을 예방하거나 알아채기 위해서는 펀치다운 할 때 코로 냄새 맡으며 조짐을 확인해야 한다. 그리고 배럴을 반드시 가득 채워둬야 하며 모자랄 경우 다른 배럴에서 와인을 덜어와 부어 넣는다. 껍질과 함께 스킨 콘택트 상태로 발효해 둔 경우에는 와일드맨이 더 자주 테이스팅을 해 압착할 완벽한 순간을 놓치지 않으려 했다. 너무 일찍 압착해버리면 맛에 깊이가 덜 느껴질 수 있고, 너무 오래 두면 거칠고 우아하지 못한 와인이 탄생한다.

발효 중인 와인들이 어느 정도 방향을 잘 잡아 진행되는 게 확인되자 이제 와일드맨은 전반적인 농장 상황에 관심을 돌렸다. 따뜻한 아침 햇살을 뚫고 강렬하고 시원한 바람이 부는 어느 날 와일드맨이 우주복 같은 수트를 입고 등장했다. 달로 가는 게 아니라 벌집으로 향하는 거다. 텃밭 옆 숲의 한 부분을 차지하는 작은 양봉장이다.

와일드맨이 벌통을 향해 송풍기를 대면 벌들이 잠시 집을 떠난다. 그러면 그 안으로 손을 넣어 벌집이 만들어진 나무 집기를 꺼낸다. 나는 멀리 떨어져서 이 모습을 지켜봤다. 몇 년 전 암벽등반을 하러 갔다가 벌에 쏘여 아나필락시스 쇼크가 온 적 있다. 이번 수확 중에 벌에 쏘였을 때 별일이 일어나진 않았지만 그래도 일부러 가까이 가진 않으려 했다.

벌집이 와이너리로 무사히 옮겨졌을 때는 꿀을 채취하는 것을 도왔는데, 나는 몇 시간 동안 바닥에 앉아 벌집의 꿀이 체를 통해 꿀병 안에 들어가게 했다. 참 단순한 작업이지만 벌들이 만든 이 오묘한 결과물에 매료됐다.

한 주가 다 갔을 때쯤, 와일드맨이 우리에게 양동이를 들고 따라오라고 하더니 이웃의 포도밭으로 향하는 길로 걸어갔다. 포도밭을 지나니 가파른 언덕을 내려갔는데, 도착한 곳에 올리브 나무들이 있었다.

"저기는 코로네이키와 프란토이오."

중간 크기와 아주 작은 사이즈의 그린 올리브를 하나씩 가리키며 와일드맨이 말했다.

"그리고 저기는 나의 자랑거리인 칼라마타."

눈물 모양의 열매가 달린 나무를 가리켰다. 포도밭에서 그러듯이, 알렉스가 본능적으로 칼라마타 나무에서 올리브 하나를 따서 입에 넣었다. 그는 역하고 신맛에 인상을 찌푸렸다.

와일드맨이 웃었다.

"소금물에 절이기 전엔 별로 맛이 없어."

올리브를 하나씩 따며 양동이에 담자 올리브 나뭇잎 사이로 비추는 햇살이 우리의 움직임에 따라 춤추는 듯했다. 곧 양동이 다섯 개를 가득 채웠다. 와일드맨은 에너지가 넘쳐 보였다. 스스로 머리를 자르고 면도도 한 상태라 그간 수염에 가려졌던 광대뼈와 목이 드러나니 더 잘생겨 보였다. 그가 미소 짓거나 웃을 때, 세월의 흔적이 보이는 눈가 주름에 유독 애정이 갔다.

"5년 전에 심은 나무들이야."

그가 말했다.

"오늘 처음으로 올리브를 따보네."

"왜? 전엔 병들어서 딸 게 없었어?"

내가 물었다.

"시간이 없었어. 할 일이 늘 너무 많았거든."

새로운 양조장을 손수 짓고, 매년 최소 인원의 도움으로 와인을 만들고, 무성하게 자란 블랙베리를 뚫고 레스토랑에 쓸 채소를 심는 것 모두, 와일드맨이 혼자 감내해야 했던 일이었으니 이제야 그의 고충이 이해됐다. 와일드맨에게 수월한 날이란 없었던 거다. 수년간 열심히 일했기에 오늘 이 순간까지 온 거다. 우리는 집으로 가 수확한 올리브를 절이기 위해 물에 담갔다.

그에 비해 나는 이제 막 그와 비슷한 길을 걷기 시작했다. 와인을 만들고, 강아지를 키우고. 내가 원하는 삶인지는 아직 파악이 안 됐다. 혹시 내가 그의 호의를 이용하는 거면 어쩌지? 그가 주는 사랑과 친절을 받는 척하면서 사실은 파리에서 바를 전전하며 와인을 매일 마시고, 존재하지 않는 사랑 타령을 하고, 외로움을 부정한 채 시니컬하고 가난한 작가로 살고 싶은 건 아닐까?

최근 가장 많은 시간을 보낸 양조장의 한 나무 발효통 앞에 홀로 섰다. 지금은 산지오베제 포도로 가득 차 있다. 셰프의 수동식 압착기는 조립이 완료돼 사용하기만 하면 됐다. 이제 이 산지오베제 프리런 즙을 계획대로 홀로 작업하기만 하면 됐다.

발효통 안에는 꽤 많은 양의 즙이 만들어져있다. 토스카나의 대표 품종인 이 산지오베제는 작업해보니 즙이 꽤 많이 나오는 종이다. 롭의 한도르프 밭에서 이 포도를 수확할 때 와일드맨과 나는 산지오베제가 '광대 크러스티'의 야생적인 머리와 닮았다며 웃었다. 양쪽에 더듬이처럼 잎 다발이 있는 모습이어서다. 아직 이 산지오베제로 만든 이전 빈티지가 없었기에 어떤 맛이 나올지 예상할 수 없었다. 와일드맨이 몇 년 전 이 품종을 접목했는데 이번 해가 되서야 수확할 만한 양의 포도가 자랐다고 했다.

발효통 안 즙과 포도 알갱이를 양동이로 퍼서 압착기에 조심스럽게 옮겨 담았다. 실번 에소 음악을 최대 볼륨으로 틀어놓고 호스에 입을 대고 목을 적신 뒤 작업에 돌입했다. 한동안 문제없이 진행됐다. 한 시간도 안 돼 거의 모든 포도를 압착기로 옮겨 담았다. 발효통 하단에 즙이 좀 남아있는 것만 빼면. 수확 때 쓰는 포도통에 발효통을 비스듬히 걸쳐놓고 안을 들여다봤다. 눈대중으로 봤을 때 거의 30리터 양이었다. 버리기엔 너무 아까운데 발효통이 깊어 바닥까지 절대 손이 닿지 않았다.

나는 수그려서 무거운 발효통을 천천히 바닥을 향해 더 기울여봤다. 남은 즙이 입구 쪽으로 조금 흘러왔다. 양동이 하나를 발로 당겨 가져와서 발효통이 양동이에 맞닿도록 바닥에 눕혔는데, 목표한 착지점을 놓치고 말았다. 발효통의 즙은 순식간에 원했던 양동이 안이 아니라, 내 발아래 사방으로 흘러 퍼지더니 양조장 바닥 전체가 산지오베제 즙으로 뒤덮였다.

"안돼! 제기랄! 안돼!"

양손으로 머리를 쥐어뜯으며 나는 양조장 바닥에 털썩 주저앉았다. 이른 아침부터 늦은 밤까지 쉼 없이 일했던 터라 지쳐있었다. 와일드맨이 롭과 힘겹게 길러내어 내게 고맙게 내준 이 귀한 산지오베제를 낭비하고 말았다.

모두 내 빌어먹을 자존심 때문에⋯ 도움 없이 혼자 할 수 있다고 자만해서.

울리는 영상 통화를 받으니 달팽이 요리, 바게트와 싸구려 맥주 이미지가 눈앞에 보였다.

"너가 지금 내 옆에서 이걸 같이 먹으면 얼마나 좋을까!"

가바가 화면 속에서 말했다.

나는 집 아래 언덕을 향해 담배 연기를 내뿜으며 화면 속 가바를 쳐다봤다. 그녀는 카페 야외 테이블에서 선글라스를 끼고 있었다. 우리가 정기적으로 하는 영상 통화 때마다 가바는 자신의 파리 생활을 미주알 고주알 들려주곤 했는데, 그럴 때마다 유럽이 그리워졌다. 카페 라탄 의자에 앉아 주변 사람들의 무심하지만 세련된 옷차림과 그들의 자신감을 훔쳐보던 나날이 그리웠다.

나는 3일째 똑같은 청바지와 스웨터를 입고 있었고, 로씨 부츠는 해지기 일보 직전이었다.

가바는 드디어 임신 첫 주기를 지나 힘겨웠던 입덧 기간을 넘겼다. 파리는 이제 초봄인데, 댄과 그녀는 패셔니스타들이 많이 사는 동네로 최근에 이사했다.

"며칠 전에 임대 광고 난 가게를 봤는데 우리 바 하기에 완벽해 보였어!"

그녀가 말했다.

나의 브루클린 화장실에 앉아 둘이 담배를 피우며 파리 라이프를 작당모의했던 게 그리 오래전 일이 아닌 듯했다. 애초 약속한 계획을 지키지 못한 내가 나쁜 걸까? 아니면 지금 내 눈 앞에 펼쳐진 풍요로운 호주 삶에 만족하지 못하는 내가 바보인 걸까?

"계속 얘기해봐."

가바는 12구에 우리가 자주 가던 시장에서 멀지 않은 곳에 나이 많은 남자가 운영하는 망해가는 식당에 대해 얘기했다. 그녀 말로 내부는 좀 어두운데, 충분히 가능성이 있어 보인다고 했다. 나무 바닥과 키친 상태가 괜찮았다고.

"여기로 언제 돌아올 거야?"

가바가 묻고 싶은 질문을 했다.

와일드맨과 나는 코펜하겐에서 열리는 와인 행사에 참석한 뒤 프랑스와 이탈리아의 와인메이커들을 방문하는 계획을 세우고 있었다. 무엇보다 호주로 돌아오는 왕복 여행 계획이었다.

"우리는 5월에 일주일 정도 파리에 머물 거야."

내가 대답했다.

"돌아와서 와인 병입하고 마무리 작업해야 해서 오래는 못 있어. 그래도 아기 태어나는 9월엔 다시 파리로 갈 거야!"

"그럼 9월에 파리로 다시 이사하는 거야?"

가바가 긍정적이면서도 집요하게 물었다.

"잘됐네. 프랑스는 아이가 6주 됐을 때부터 육아 지원 제도를 제공해주니, 그때쯤이면 투자자들 유치도 다 됐을 때고, 공간 인테리어 시작하면 되겠다."

공간 인테리어라… 사업 계획이라곤 시작도 안 한데다 관심있는 투자자가 있는 것도 아닌데 너무 앞서가는 건 아닌지. 그럼에도 불가능이란 없지 않나? 킥스타터 펀딩으로 친구 두 명과 함께 잡지를 창간한 내가 아닌가. 와인 바 시작도 별반 다를 게 없지 않을까?

화면에 키스를 날리고 다시 양조장에 가봐야 한다고 했다.

가바에게 인사하는 건 매번 슬펐다. 파리에서 함께한 몇 주 덕에 더욱 끈끈해진 우리의 우정이 잘 유지될지 모르겠다. 그런데 아들레이드 힐스에 마음을 터놓을 친구가 아직 없지 않은가.

지역 내 매력적이라 생각한 여자들은 많다. 그중 근처에 내추럴 와이너리를 운영하는 마농 팜의 모니크 밀턴 Monique Millton 이 있다. 지난밤 언덕과 골짜기를 넘어 산등성이에 있는 마농 팜으로 올라갔다. 이들 커플은 적당한 크기의 포도밭에 바이오다이내믹 치료제와 퇴비를 직접 만들어 자연적으로 기르고, 올리브 나무와 채소 텃밭을 둘이 혼자 관리하는데 그 에너지가 좀 놀라울 정도다. 모니크는 뉴질랜드에서 바이오다이내믹 농법으로 작물을 기르는 가족과 자랐고, 그녀의 파트너 팀은 12월 와일드맨의 새 양조장 오픈 파티에서 디제잉을 한 장본인으로 전직 셰프다. 그들의 집에서 노을을 보며 모니크의 홈메이드 사워도우와 신선한 리코타 치즈를 곁들여 마농 팜 사바냥을 홀짝였다. 사바냥은 호주에서 찾기 어려운 품종으로, 접목하기 전 포도나무는 알바리뇨였던 것 같다고 한다.

모니크는 두 살 된 아들과 농장에서 쉬지 않고 해야 하는 일에 꽤나 바빠 보였다. 내 눈에는 모니크야말로 진정한 농부로 보였는데, 그에 비해 나는 척만 하는 가짜처럼 느껴졌다.

또 근처 마을 유기농 레스토랑에서 일하는 릴리도 매력적인 여자 중 한 명이다. 그녀는 금잔화 연고를 만드는 등 늘 허브를 이용해 각종 자연 제품을 만들고 있다. 루트스톡 와인 페어가 끝난 뒤 텐 윌리엄 스트리트에서 만난 사라도 있다. 사라는 아들레이드 힐스의 와이너리 겸 레스토랑에서 늦게까지 일하는데 종종 더 아리스톨로지스트에 퇴근 후 한잔 하러 오곤 한다. 생각해보니 힐스에는 흥미로운 삶을 사는 정말 많은 여성이 있다. 그러나 힐스는 파리나 뉴욕과는 달랐다. 이곳에서는 새로운 관계를 형성하려면 시간이 좀 걸리는 듯했다. 호주에 3개월 동안 머물렀지만 와일드맨을 빼고는 아무와도 가깝다고 느껴지지 않았다. 단 한 번도 내 연인만이 유일하게 의존할 수 있는 사람이자 친구인 적이 없던 나다.

세브와 나는 수확 기간 시작 때 친구가 됐지만 그녀는 최근 몇 주간 내게 쌀쌀맞게 굴었다. 대화를 시도해봤는데 내 노력이 먹히지 않았다. 나를 향한 그녀의 태도가 변한 이유는 내가 와일드맨의 여자친구여서일 거라는 추측만 했다.

나는 가바가 그리웠고 생기 넘치는 국제도시에서의 재미있는 생활을 갈망했다. 그런 곳에서는 수많은 사람이 오가고 대화가 자유롭게 흐르니까.

버지니아 엄마 집에 갔을 때 나는 만들 와인의 브랜드명을 어떻게 지을지 정했다. (물론 그때는 한 배럴의 와인만 만들 거라 생각했지만.) 그리스 신화 책과 '다운 언더' 지하 세계에 빠지게 된 페르세포네의 이야기에 많은 영감을 받았다. 물론 페르세포네의 실제 이야기는 훨씬 어둡고 자발적으로 지하로 간 것은 아니지만. 그녀의 이름에 나만의 의미를 담아 와인 브랜드명으로 정하기로 했다.

밝은 빛과 어둠, 북반구와 남반구, 연애와 자유에 대한 갈망. 이 모든 것의 갈등과 농사와 계절에 대한 페르세포네의 이야기가 내가 파리로 이사하려던 찰나에, 남호주에서 와일드맨과 함께 와인을 만들게 된 것의 완벽한 해석처럼 와닿았다.

Twelve

자연선택설

"드디어 오후에 좀 쉴 수 있게 해주는구나!"

세브가 알렉스와 라프에게 작게 말했지만, 모두에게 들렸다. 셋은 랜드로버 뒷자리에 끼여 앉아 창문 밖으로 담배 연기를 내보내고 있다. 포도를 따고 양조장에서 일한 지 몇 주가 지나자 모두가 지칠 대로 지쳐있었다. 잠깐의 원기 충전을 위해 와일드맨이 오래된 친구인 자우마^{Jauma} 와이너리의 제임스 얼스킨$^{James\ Erskine}$의 와이너리로 우리를 데려가 가장 최근 만든 와인들을 맛보기로 했다. 그의 양조장도 도로 아래 바스켓 레인지에 자리 잡고 있다.

거센 바람을 맞으며 좁은 길을 따라가 애런과 더 아리스톨로지스트 셰프들이 사는 집을 지났다. 그리고 이탈리아 여성이 매주 요가 수업을 가르치는 주민센터 앞 굽은 도로를 빙 둘러 갔다.

주민센터 옆에는 매일 아침 2시간만 운영하는 작은 우체국이 있고, 따뜻한 계절에 특히 모니터링해야 하는 산불 방지 자원봉사자용 소방서가 있다. 그리고 보니 바스켓 레인지에 도착한 이래 평지대를 본 적이 없다.

자우마는 내가 뉴욕과 파리에서 상당히 즐겨 마신 와인이다. 높은 산미의 신선함이 인상 깊었는데, 그르나슈와 시라로 만든 레드 와인, 슈냉 블랑으로 만든 가벼운 기포의 펫낫을 만드는 곳이다. (자우마 펫낫으로 얼마나 많은 오후 피크닉을 즐겼는지…) 자우마 와인은 바로 알아볼 수 있는 특징이 있다. 대다수의 와인 메이커들이 선호하는 진한 컬러의 부르고뉴식 굴곡 있는 전통적인 병 대신, 자우마는 투명하고 묵직한 샴페인 병을 사용한다. 그리고 코르크 대신 크라운 캡으로 병을 막는다. 라벨에는 제임스의 두 어린 자녀가 그린 그림이 프린트되고 품종, 포도 재배자 이름, 생산연도 말고는 별다른 정보가 쓰여있지 않다.

"어, 왔어요?"

제임스가 랜드로버의 운전석 창문에 머리를 대고 인사했다. 우리는 모두 자세를 바로 하고 미소를 지었다. 제임스는 늘 긍정적인 에너지와 친절함을 내뿜어 함께 있는 사람들에게도 그 기운이 자연스럽게 스며든다. 그는 흰 머리가 섞인 머리를 뒤로 묶었고 눈 주변의 선한 주름은 우리에게 진정성 있는 미소를 지어줄 때마다 더 깊어졌는데, 그게 얼마나 잘생겨 보이는지. 제임스는 와일드맨의 볼에 진한 웰컴 키스를 했다. 우리는 햇빛에 화상을 입은 지친 광대들처럼 차에서 내려, 오늘은 일을 하지 않고 기분

좋게 즐겨도 된다는 사실을 만끽하려 했다.

"그럼, 마셔볼까?"

제임스가 와인잔을 건네며 말했다.

우리는 양조장 안으로 들어가 갓 압착한 포도즙으로 가득 찬 탱크 앞에서 따라주는 즙을 마시며 제임스가 들려주는 이번 빈티지 이야기를 경청했다. 그가 포도를 공급받는 맥라렌 베일 밭이 우리가 수확한 포도와 그리 멀리 떨어져 있지 않지만 그래도 기후가 미세하게 달랐다. 그곳은 포도가 더 빨리 익는데, 이곳만의 기후 조건 덕분에 그르나슈와 시라를 키울 수 있는 거다. 부르고뉴산 품종들은 그래서 아들레이드 힐스내에서도 더 시원한 터에 심는다. 우리가 맛본 즙은 아직 와인이 되지 않은 상태였다. 발효는 마쳤지만 단맛이 조금 남아있다. 나중에 어떤 와인으로 변할지 감으로 상상해봐야 했다.

제임스가 어디론가 사라지더니 몇 분 뒤 여러 병을 들고 나타나서 배럴 위에 올려놓았다. 제임스는 숲속 요정처럼 가벼운 몸짓으로 끊임없이 움직였다.

"아, 이거 완전 추억 여행이잖아!"

와일드맨이 놓인 병을 보자 말했다.

"맞아. 아마 제일 첫 번째지?"

제임스가 조금 특이하게 생긴 불투명한 스윙 유리병을 가리키며 말했다. 밀폐 뚜껑이 있는 이 병은 흔한 와인병이 아니라 물을 서빙할 때 사용하는 게 더 적합해 보였다. 라벨은 '리브 레드[Live Red], 2011'이라고만 쓰여 있었다.

"이걸로 시작하자."

제임스가 말했다.

그와 와일드맨은 올해 빈티지가 어떤지 둘만의 언어로 속닥속닥 얘기하면서 '메르 시라$^{Mère\ Syrah}$'라고 적힌 2012년산 와인을 먼저 열었다. 호주식으로 부르는 시라즈 대신 품종의 프랑스식 이름을 사용한 점이 흥미로웠다. 실크와도 같은 매끄러운 농축됨이 느껴졌는데 뽐내기 위한 와인임이 분명했다.

"당신이 만든 와인인데 이산화황이 들어간 게 생소하네."

내가 와일드맨에게 말했다.

말하지 않아도 이산화황이 입에서 바로 느껴졌다. 어떻게 아는지 말로 표현할 순 없지만 내 혀는 바로 알아챘다.

그는 어깨를 으쓱했다.

"2012년에는 40 정도만 넣었어."

그가 말하는 40은 1리터당 40밀리그램을 말하는 거다.

"당시 호주에서는 말도 안 되게 적은 양이었지."

그의 말에 끄덕였다. 슈퍼마켓에서 파는 대부분의 대량생산 와인은 90밀리그램 혹은 그 이상을, 고급 와인은 40에서 70밀리그램의 이산화황을 넣는 것으로 알고 있다. 내추럴 와인 페어로 이름난 로우 와인은 내추럴 방식의 포도 재배와 양조 방식을 따르기만 하면 70밀리그램의 이산화황이 든 와인도 인정해준다.

그리고는 2011년산 리브 레드를 열었다. 레드 품종을 블렌딩한 와인으로 제임스와 와일드맨이 처음으로 이산화황을 넣지 않고 함께 만든 와인이다.

병 안에서 7년간 숙성된 이 내추럴 와인의 아로마를 천천히 코로 들이마셨다. 클로브와 카르다몸이 다크 체리를 감싸고 있는 향이 내 신경을 깨웠다. 오랜 시간이 지났음에도 훌륭한 와인이었다. 전에도 거의 10년 된 이산화황 무첨가 와인을 마셔봤는데 넘치는 생기와 완벽한 상태에 놀랐었다. 보존제를 넣지 않은 와인이 어쩜 이렇게 아름답게 숙성될 수 있는지, 이런 경험은 할 때마다 경이로울 따름이다. 호주의 내추럴 와인 운동을 시작한 이들의 와인을 시음하며 그 역사를 입으로 체험하는 순간이다. 와일드맨, 제임스, 톰, 그리고 작고한 샘 휴스가 엉뚱함과 우정, 비극을 겪으며 시작한 호주 내추럴 와인의 역사를 말이다.

때는 2010년 1월, 호주인 세 명이 구불구불한 그레이트 오션 로드 해안의 강풍을 맞으며 멜버른을 향해 달리고 있었다. 이들은 13시간의 여정 중에 쉬어가기 위해 제임스 가족의 농장에 잠시 들르기로 했다. 와일드맨의 갓 뽑은 랜드로버 뒷자리에서 소총과 수중총을 챙겼다. 다음 날 아침 다시 멜버른으로 향하기 위해 차에 탔을 때, 뒷좌석에는 그들이 만든 실험적인 와인과 제임스 농장에서 사냥한 것들이 놓여 있었다. 야생 토끼와 염소, 그리고 아이스박스 안에는 수중총으로 잡은 문어와 전복이.

이탈리안 음식 기반의 와인 바 거트루드 스트리트 에노테카 Gertrude Street Enoteca 에 들어서자 이 특이하기 짝이 없는 와인메이커들을 기다리는 인파가 상당했다. 바가 위치한 힙한 콜링우드 동네의 집들은 낮은 빅토리아 시대 건축물로, 지붕은 테라코타 소재이고 테라스의 컷아웃 레이스 문양 외관은 캐스트 아이언으로 만든 것이 특징이다. 이런 집들은 화려한 그래피티와 빈티지 옷, 레코드 가게로 둘러쌓여 상반된 조화를 이뤘고 모던한 호주식이나 반미 샌드위치를 서빙하는 식당으로 가득했다.

여름을 맞이한 멜버른이기에 이곳의 와인 애호가들은 신나게 놀 준비가 돼 있었다. 금발에 머리가 몇 가닥씩 하늘하늘거리는 와일드맨과 안경 쓴 젠틀한 톰, 그리고 그들의 특이한 와인 프로젝트에 대한 소문이 이미 퍼져있었다. 톰은 몇 년간 토스카나에 살다가 바로사에 있는 가족 소유의 시라즈 포도밭을 관리하기 위해 돌아와 그곳에서 와인을 만들기 시작했다. 와일드맨은 2007년부터 아들레이드 힐스의 포도 농장에서 피노와 샤르도네를 사들여 이목을 끄는 와인을 만들었다. 톰과 와일드맨은 한 결혼식장에서 만났는데, 당시 뭐라 부를지도 모를 와인 양조 방식을 고집하던 서로에게 이끌려 금방 친해졌다고 한다.

입가엔 늘 미소가 진, 키가 크고 날씬한 제임스는 수상 경력이 있는 소믈리에 출신인데 다른 일을 해보고 싶어 했다. 그는 남호주의 역사 깊은 와이너리 펜폴즈에 위치한 와인 중심의 유명 레스토랑 매길 에스테이트에서 트레이닝을 받았다. 그런 뒤 아들레이드의 파인 다이닝 레스토랑 오쥬^{Auge}의 와인 리스트를 총괄하며 업계에서 유명해졌다. 시드니나 멜버른에 비해 다이닝 씬이 별 볼 일 없던 소도시 아들레이드의 소믈리에가 상을 휩쓸고 있다는 것에 호주 전체가 놀랐다. 명석하고 언변이 좋은 데다 소믈리에 일에 남다른 열정을 갖고 있던 제임스를 만나보면 그리 놀랄 일은 아니다. 그는 꽤 유명해지고 있을 때 와일드맨을 만났다. 와일드맨이 기본 장비로 와인을 만들기 위해 새로 매입한 바스켓 레인지의 농장을 방문한 제임스는 그곳의 모든 요소에 반했다. 그는 와일드맨에게 오쥬를 위한 전용 와인을 만들어달라고 했다. 그러나 제임스 정도의 명성과 위치에 있는 사람이 실험적인 와인 메이커들과 친하게 지내고 함께 일한다는 소문이 돌자, 그는 윗연배 와인 전문가들에게 대놓고 핀잔을 들어야 했다. 대세 와인이 아닐지언정 제임스는 자신의 선택을 밀고 나갔다.

멜버른으로 향한 이 로드 트립이 있기 얼마 전, 제임스는 유럽 여행을 하던 중 자신의 와인을 만들기로 결심했다. 그는 아들레이드 힐스 와이너리에서 양조 경험을 쌓아 그해 빈티지 와인을 만들어보기로 했다. 와일드맨은 그에게 자신의 공간 한 부분을 사용하라고 선뜻 내주었다. 이렇게 상업적인 효모와 제산제 없이, 극소량의 이산화황만 넣어 만든 와인을 멜버른에 각자 소개하기 위해 제임스, 와일드맨, 톰과 또다른 남호주 와인메이커 케리 톰슨이 출동했다. 그들이 만든 와인은 필터링 작업을 거치지 않아 그 당시 상당히 생소하고 도발적인 와인으로 여겨졌다.

이 넷은 호화로운 거트루드 스트리트 에노테카에 도착했다. 톰은 사냥해 잡은 염소를 침대 시트로 돌돌 말아 어깨에 올려 들고 갔고, 제임스는 신선한 해산물을 담은 아이스박스를 들었다. 이곳의 셰프 브리지트 하프너는 그들이 갖고 온 고기와 해산물을 받아 바로 작업했다. 그러는 동안 남호주 4인방은 바에서 자신들이 만든 탁한 와인을 사람들에게 따라줬다.

"정말 이 와인에 '아무것도' 안 넣었어요?"

와인 평론가 제니 포트가 톰 쇼브룩에게 물었다.

톰은 어깨를 으쓱하더니 대답했다.

"이산화황 아주 조금만요."

제니는 시라즈로 만든 로제 와인의 향을 맡고 마셔보더니 찡그렸다.

"톰, 이 와인은 짠내가 나는 데다 심지어 좀… 찝찝한데? 이건 좀 아닌 것 같아요."

안정제나 제산제를 넣지 않고 필터링조차 하지 않아 거의 날것 같은 톰의 와인은 이 평론가에게 마실 수 없는 수준으로 평가받았다. 그녀는 로버트 파커의 기준에 부합하는 매끄럽고 실키한 질감에 탄닌이 많고 알코올 도수가 센 호주 와인에 익숙해져 있던 것이다. 그런 와인은 항상 필터링되고 첨가물로 맛을 잡는 와인이다.

"찝찝, 맞아 딱 그 표현이에요! 난 무척이나 마음에 든다고요."

톰이 외쳤다. 그는 자신의 와인을 진하게 들이키고 다른 사람들에게 와인을 따라주러 갔다.

제니는 와일드맨에게 다가갔다. 그의 그윽한 눈과 생각에 잠긴 듯 느리게 말하는 톤을 보고 이 네 명 중 '철학좌'를 담당한다고 생각했을 것이다.

"미국 기자 앨리스 파이어링에게 영감 좀 받았나 보죠?"

그녀는 와일드맨이 내추럴 와인계의 대표적인 책을 읽었다고 확신하는 듯했다. 그는 고개를 저으며 누군지 들어본 적도 없다고 답하고는, 호주 밖에서 이런 방식으로 와인을 만드는 사람이 또 있는지 몰랐다고 했다.

"내추럴 와인은 제게 생소한 용어예요."

와일드맨은 이 프로젝트가 무엇보다 자유와 규칙을 깨는 것에 의의를 두는 것이라 설명했다.

그는 전기의 사용 없이 직접 손으로 만든 라벨을 일일이 병에 부착했다. 거기에 물을 주거나, 유기농 재배에 흔히 사용하는 황산구리와 같은 약처리를 아예 하지 않을 목적으로 피노 누아를 심었다. 그는 남들과 다른 방식으로 새로운 것을 만들어내는 것이 목적이라 했다.

"흥미롭네요."

제니는 또 다른 아들레이드 힐스 밭의 피노 누아로 만든 와일드맨의 와인을 시도했다. 그리고 곧 코웃음을 감추며 자신의 메모장에 이렇게 썼다. '어린애와도 같은 평이함', '미완성' 그리고 '생소하게 가볍고 입에 부담스럽지 않은'.

몇 주 뒤 그녀의 시음 기사는 멜버른 신문 〈에이지〉에 다윈의 자연선택설 theory of natural selection에서 이름을 따 '내추럴 셀렉션 띠어리'라는 제목으로 실렸다. 케리의 리슬링 와인을 높이 평가하고 와일드맨과 톰 쇼브룩의 와인이 찝찝하고 결함이 있다고 깎아내렸다. 케리는 얼마 뒤 다른 길을 갔지만, 나머지 셋은 더 끈끈한 유대감으로 와인의 한계를 넘어서는 데 힘썼다. 그리고 이제 자신들의 실험에 이름이 생겼다.

멜버른에서의 시음 행사를 마치고, 셋은 시드니로 운전해 갔다. 밤에는 호주인들이 로드 트립에 늘 갖고 다니는 침낭의 일종인 '스웨그'를 펴서 차 안에서 자곤 했다. 시드니에 도착해서는 음악인이자 와인 업계 종사자인 그들의 친구 샘 휴스와 만났다. 곧 샘을 포함한 이 네 명은 호주 전역과 타지에 '내추럴 셀렉션 띠어리 콜렉티브'로 이름을 알리게 된다.

톰과 와일드맨은 와인 세일즈를 위해 시드니에 왔던 2008년에 샘을 만났다. 모두 독립적으로 와인을 갓 만들기 시작하던 그때, 그들의 우정도 싹트기 시작했다. 〈굿 푸드 가이드〉 잡지를 보다 톰과 와일드맨은 프랑스 론 지역의 아펠라시옹에서 이름을 따온 보클뤼스라는 이름의 시드니 와인 숍에 들르게 됐다. 그곳의 매니저가 샘이었고, 그는 남호주에서 톰과 와일드맨이 만들었다는 색다른 와인을 맛보고 홀딱 반했다.

와일드맨과 톰은 그 당시 어린 자녀를 양육해야 하는 데다 별도의 투자 없이 홀로 와이너리를 운영하고 있었기에 이런 출장을 다닐 때마다 최대한 절약해야 했다. 그래서 그날 시드니 호텔이 너무 비싸 공원에서 잘 거라고 얘기하자, 샘은 자기 집에서 저녁 식사를 하고 하룻밤 자도록 권했다. 샘이 사는 마리크빌은 비주얼 아티스트들이 오래된 산업용 창고를 작업실로 사용하는 동네로 알려졌다. 그의 집에 도착해서 샘은 톰과 와일드맨의 인생을 바꿔놓을 와인을 따라줬다. 바로 북부 이탈리아의 프리울리 지역에서 이산화황을 넣지 않고 와인을 만드는 내추럴 와인의 선구자, 스탄코 라디콘이 만든 스킨 콘택트 와인 '리볼라 지알라'였다.

그 후 2010년 여름에 나선 세일즈 트립에서 톰, 제임스와 와일드맨은 샘과 더 많은 시간을 보냈다. 톰과 와일드맨의 와인을 초기부터 지지해준 시드니의 세련된 바 텐 윌리엄 스트리트에서 수많은 와인을 함께 마셨다. 와인을 마시면 마실수록 이 네 명은 호주의 와인 양조 규칙을 더 깨고 싶어 했다.

"일본인 에모토 마사루가 쓴 책을 읽고 있어."

와일드맨이 어느 날 그들과 텐 윌리엄 스트리트에서 와인을 마시다가 말했다.

"물이 에너지에 반응하는 것에 대해 얘기해. 물이 사랑이나 분노와 같은 사람의 각기 다른 감정과 생각에 노출됐을 때 어떻게 달리 반응하는지 실험했는데, 물의 실제 분자 구조가 완전히 바뀌더래."

자신이 읽은 내용을 읊으며 와일드맨의 눈에 열정이 불타오르는 게 보였다.

"와인으로도 그런 걸 해보자."

그렇게 '에그 프로젝트'가 탄생했다. 제임스는 시드니 북쪽에 위치한 뉴 사우스 웨일스의 헌터 밸리 지역에 레너드 에반스라는 사람이 기르는 포도밭을 안다고 했다. 레너드는 잘 알려진 '퍼블리컨'(호주 사람들이 펍을 소유하는 사람을 이르는 명칭)이자 호주 와인의 초창기 지지자다.

샘이 시드니의 한 창고를 찾은 뒤 30리터짜리 세라믹 에그 숙성통을 구하기 위해 전화를 몇 통 돌렸다. 레너드 에반스 포도밭에서 얻은 500킬로그램의 세미용으로 작업을 시작했는데, 일부는 다른 세라믹 에그 안에서 껍질째 발효시켜봤다. 이들은 에모토의 물 실험을 여기에 적용해보기로 했다. '사랑'과 '증오' 단어를 말하는 육성 녹음을 차례로 틀고, 말과 함께 음악을 배경에 넣어 와인에 들려줬다. 심지어 포도가 자랐던 땅의 흙을 가져와 에그 숙성통 밑에 깔아뒀다. 와인에 생긴 변화를 확인하기 전, 한 달간 이 실험을 진행했다. 그 지역에서 가장 각광받는 품종이 세미용이기 때문에 특별히 헌터 밸리의 세미용을 사용하기로 했다. 제니 포트의 기사 제목을 자신의 프로젝트 이름으로 사용했기에, "아무도 우리를 막을 순 없다"고 외치는 듯했다.

   내추럴 셀렉션 띠어리는 호주 와인 업계가 지향하는 모든 것을 파괴하는 셈이었다. 남을 신경 쓰지 않고 재밌게 만드는 데다 로버트 파커 점수나 수상 경력에 아예 관심이 없었으니 말이다. 손으로 만들어 완성도가 떨어져 보이기도 했다. 그럼에도 시드니에서 만든 에그 숙성 와인, 아들레이드 힐스에서 와일드맨과 제임스가 만든 이산화황 없는 와인, 바로사 밸리에서 톰이 독립적으로 만든 와인이 모두 상당한 언론의 관심과 평론가들의 호평을 받았다. 이 세 명의 와인메이커와 샘이 각기 다른 방식으로 뿜어내는 카리스마가 관심을 끄는 데 한몫 했을 것이다. 함께 있을 때 무엇이든 가능해보였던 이들은 '보이스 오브 더 피플'이라 칭한 이산화황 무첨가 와인으로 가득 채운 데미존*과 에모토에게 영

---

* 최대 60리터까지 담을 수 있는 유리병.

감받은 '러브-헤이트' 실험 와인이 담긴 1리터짜리 달걀 모양 숙성통을 싣고 호주 전역을 차로 다녔다. 심지어 각자 악기를 하나씩 맡거나 보컬 역할을 한 뒤 '내추럴 셀렉션 띠어리'라는 앨범도 냈는데, LP판 수백 장을 찍었다. 이 모든 것은 돈을 벌기 위해 한 것이 아니라 와인을 두고 콧대 높거나 잘난 체하는 사람들을 향해, 자본주의와 연관되지 않아도 됨을 보여주기 위해서였다. 묘한 데다 예측불허였지만 마시는 사람에게 기쁨을 주는 것만큼은 확실했다.

제임스의 바스켓 레인지 양조장에서 세브, 알렉스, 라프와 나는 제임스와 와일드맨이 들려주는 10년 전 이야기에 매료된 채 서 있었다. 이야기 끝에 둘은 말을 잇지 못하고 바닥을 쳐다봤다. 왜 그런지 알 것 같았다. 내추럴 셀렉션 띠어리의 끝이 어떻게 됐는지 나는 이미 들었으니까. 샘이 2012년 말, 갑작스러운 자살로 생을 마감했다.

그런 비극적인 일이 일어나고, 제임스, 와일드맨과 톰은 흩어져 각자의 내추럴 와인 브랜드를 만들었다. 2016년이 되자 루시 마고, 자우마 와인스, 그리고 톰 쇼브룩 와인스 모두 이산화황을 일절 넣지 않은 와이너리로 거듭났다.

제임스가 우리에게 와줘서 고맙다고 인사한 뒤 우리는 그의 '라이크 레이드롭스 그르나슈Like Raindrops Grenache' 한 병을 들고 다시 와일드맨의 농장으로 돌아왔다. 그날 저녁에는 케일 샐러드와 로스트 치킨과 함께 갖고 온 와인을 마셨다. 그 와인은 묵직하고 진했는데, 거기에 다시는 보지 못할, 대체할 수 없는 반짝이는 별을 잃은 사람에 대한 그리움과 슬픔이 느껴졌다.

    4월 말이 되자 모든 와인의 발효가 거의 완료됐다. 인근 와이너리에서 인턴들이 왔고, 와일드맨은 우리를 이끌고 힘겹게 노동한 결과물을 맛보게 했다. 테이스팅하는 내내 언제 포도를 따고, 언제 압착하고, 어떤 품종끼리 블렌딩할지 등의 결정 하나하나가 얼마나 완성될 와인의 캐릭터에 영향을 주는지 다시 한번 깨달았다.
    라파엘, 세브와 알렉스는 유럽으로 돌아갈 준비를 했다. 양조장 밖에서 그들의 굿바이 파티를 열기로 했다.
    파티 이틀 전 새벽에 일어나보니 옆자리에 와일드맨도 강아지들도 없었다. 몸을 일으켜 침대에서 일어났다. 집 뒤에 골짜기를 희미하게 뒤덮은 안개를 바라봤다. 그러고는 탕! 소리가 한 번 나더니, 몇 분 뒤 같은 소리가 들렸다. 어떤 소리인지 인지하고 집 안으로 들어가 커피를 내렸다.
    내려진 커피를 들고 밖으로 나가자 와일드맨이 오래된 트랙터를 끌고 오고 있었다. 트랙터 뒤에는 작은 트레일러가 연결되어 있었다. 평소 집 옆 언덕에서 자유롭게 배회하던 와일드맨의 양이 죽은 채 트레일러 위에 놓여있었다. 강아지들은 신나서 옆에 방방 뛰고 있다. 트랙터가 집 앞까지 오자 와일드맨과 눈이 마주쳤다. 미소를 짓는 그의 눈 주변에 주름이 지어졌는데 미세하게 슬픔 감정이 느껴졌다. 아니면 본인이 방금 해야 했던 일에 대한 안 좋은 마음이 표현된 걸지도.

"굿모닝."

엔진 소리를 넘어 내가 인사를 건넸다.

그 어느 때보다도 농부의 아내처럼 느껴지는 순간이다.

내 시선은 자연스럽게 죽은 동물로 향했고, 비틀어진 머리와 베인 목에서는 피가 흥건하게 흐르고 있었다. 트랙터가 양조장 쪽으로 내려가자 나도 뒤를 따랐다. 총소리에 깼는지 다른 이들도 잠옷 차림으로 양조장에 모였다. 놓쳐선 안 되는 광경임을 모두가 알고 있어서다.

포도로 가득 찬 무거운 통을 트레일러에 들어 올릴 때 사용한 같은 밧줄로, 와일드맨은 양의 다리를 하나씩 묶고는 와이너리 바로 앞 차양막에 매달았다. 아무 말도 하지 않고, 양 외에는 아무도 쳐다보지 않았다. 나이가 많아 몸집이 큰 양이었다. 와일드맨은 양 아래에 양동이를 댔고, 그걸 본 세브와 나는 서로 타바코를 전달하며 빨리 말아 담배를 태웠다. 심플한 포켓 나이프를 쥔 채 와일드맨은 발에서부터 양의 털과 껍질을 벗겼다. 벗겨진 껍질이 뒤집어진 채 양의 어깨에 다다르니 머리가 보이지 않았다. 피는 양동이에 계속 뚝뚝 떨어졌다.

와일드맨이 조금씩 양의 배를 가르기 시작했다.

내가 머문 3개월 동안 함께했던 양이 내 앞에 매달려 있는 것을 보니, 묘한 감정이 느껴졌다. 그리고 마치 하나의 의식처럼 양의 장기를 꺼내는 와일드맨의 모습을 보자, 그동안 경험한 어떤 순간보다 친밀하게 느껴졌다.

그날 밤 아들레이드 힐스의 내추럴 와인계 사람들이 자신이 만든 와인의 매그넘병을 들고 농장으로 왔고, 우리는 다같이 케일과 펜넬 샐러드를 곁들여 양고기 만찬을 즐겼다. 알피와 루루는 근처에서 눈치를 보다 우리가 너무 취해 못보는 틈을 타 그릴에서 양다리를 통째로 들고 도망쳤다. 그 사실을 안 와일드맨과 나는 크게 웃고는 다시 마시고 춤추기 시작했다.

며칠 뒤 인턴들이 유럽으로 향하는 비행기에 올랐고, 까악까악거리는 까치 소리 외에 농장은 한없이 고요했다. 아침 커피를 마시며 나는 더러워진 소파 위에서 알피와 루루를 껴안았다. 소파만이 더러운 게 아니었다. 천장 모서리에는 다시 거미줄이 쳐졌고 타일 바닥은 발자국으로 얼룩졌다. 싱크대에는 접시들이 가득차있다. 집안의 구석구석을 닦고 쓸어야만 했다. 와일드맨은 포도 재배자들에게 받은 인보이스대로 돈을 지급하기 바빠보였기에 나는 내 할 일을 했다. 우리가 유럽으로 떠날 한 달간의 여정이 시작되기 전, 집을 다시 정리해놓기로 다짐했다.

5월 초, 우리가 유럽으로 갈 때가 되자 애런이 농장으로 와 알피와 루루를 봐주고 와인의 발효 상태를 확인해줬다. 떠나면서 나의 페르세포네 와인이 놓인 작은 초록 양조장에 손 흔들어 인사했다. 그곳엔 다섯 종류의 와인 배럴이 있고 펫낫은 이미 병입해 침전물을 제거하기를 기다리고 있었다.

우리는 와일드맨이 초대받은 프리 빈 페스티벌에 참석하기 위해 먼저 코펜하겐으로 갔다. 그런 뒤 샹파뉴, 슬로바키아와 이탈리아로 가 와인메이커들을 방문했고, 마침내 파리에서 며칠을 보내기 위해 도착했다. 파리 도심을 활보하며 다녔고, 이제 확연한 임산부의 모습인 가바와 시간을 보냈다. 가바와 댄은 아기가 태어나는 9월 전에 새로 이사한 아파트 벽을 페인트칠 하고 아기 침대와 기저귀 갈이대를 세팅하는 등, 집안을 손보고 있었다. 가바가 임신과 집 준비로 인해 육체적으로 힘겨워보였기에 밖에 돌아다니진 않았지만 그래도 우리가 가장 좋아하는 레 자를로에서 점심을 함께 했다. 이곳에서 2년 전 루시 마고 비노 로쏘를 마시지 않았는가? 2년보다 한참 전 일 같았다.

점심 코스 사이사이에 가바와 나는 바깥 공기를 마시기 위해 레스토랑을 나갔다 들어왔다.

"내 와인 바 오픈할 때까지 시간이 좀 걸리겠네."

가바가 말했다.

"시간은 걸릴 수 있지만 넌 결국 해낼 거야."

내가 말했다.

가바가 그동안 '우리' 와인 바라 부르던 거에서 '내' 와인 바로 표현을 달리한 것을 알아챘다. 하지만 내가 할 말이 어디 있나? 가바가 맞았다. 나는 파리를 떠나 다시 돌아오지 않을 것이다. 유럽에서 멀리 떨어진 곳에서 나는 와인을 만들고 연인과 함께 하고 있었다. 점심 식사 후 가바와 나는 진하게 포옹을 하고 자주 연락하기로 약속했다.

"아기 태어날 때 무슨 일이 있어도 돌아올게."

나는 선언했다.

24시간 비행해 일주일간 가바네 집 바닥에서 자는 한이 있더라도 나는 이 약속을 지킬 참이었다.

파리에 있는 동안 〈테르〉 2호 발행을 기념하기 위해 라 뷔베트에서 작은 행사를 했다. 미국에 있는 동업자들은 아무것도 하지 않았다. 나는 우리 관계에 어떤 변화를 느꼈는데, 그들은 〈테르〉에 마음이 뜬 것 같았다. 하지만 나의 바쁜 스케줄 때문에 그들과 이 상황에 대해 터놓고 얘기할 시간 없이 하루하루가 가고 있었다. 우리의 유일한 대화는 2호를 주문한 독자와 판매점 배포 방식을 논의하기 위해 주고받은 메일이 전부다.

와일드맨과 둘만의 시간을 보내기 위해 이탈리아로 향했다. 우리는 로마 외곽에 위치한 라지오 언덕에 집을 빌려 내 34번째 생일을 맞이했다. 와일드맨은 바위 사이에 핀 불에 스테이크를 구웠고 탁 트인 하늘 아래에서 우리는 조용히 식사했다.

로마에서 아들레이드로 돌아오자 장시간 비행에 익숙해지는 듯했다. 비행기에 있는 동안 내 삶의 변화를 하나씩 떠올렸다. 그 무렵 호주에서는 우리가 만든 와인이 다시는 재현할 수 없는 와인으로 만들어지고 있었다. 나를 조지아에 초청했던 수입자 크리스 테렐이 와일드맨과 내가 만든 와인을 미국에 수입하기로 했다. 미국에 있는 내 친구들이 내가 만든 페르세포네 와인을 마실 생각을 하니 기분이 날아갈 것만 같았다.

차로 바스켓 레인지로 진입했을 때 기다란 유칼립투스와 소나무를 향해 목을 쭉 뺐다. 하늘에는 회색 구름이 몰려드는 게 보였다. 랜드로버가 텃밭을 지나 집으로 향하자 알피와 루루가 우리를 반기며 짖었다. 강아지들의 소리가 마치 큐 싸인이라도 됐는지 갑자기 비가 바람을 타고 사선으로 쏟아지기 시작했다.

"옆으로 내리는 비네."

와일드맨이 집 앞에 주차하며 말했다.

"겨울이 끝났다는 뜻이야."

"아, 나 비 안좋아하는데."

"식물과 포도밭에는 좋지."

참 그다운 생각이다.

차에서 여행 트렁크를 재빨리 내려 집 안으로 들어왔다.

"땔감을 좀 갖고 올게."

와일드맨이 말했다.

그가 양조장으로 뛰어가니 집 안에 홀로 남겨졌다. 나는 추위에 덜덜 떨며 양손으로 몸을 감쌌다. 지금 이 곳에 있는 게 전에 왔을 때와 왜인지 기분이 달랐다. 일단 춥고 비오는 날씨부터 달랐지만, 그것 말고도 인턴들 없이 와일드맨과 단둘이, 비에 젖어 부엌 유리문으로 나를 빤히 바라보는 강아지들과만 남겨졌다. 수건을 갖고 와서 유리문을 열어 강아지들의 털을 말리기 시작했다. 수건이 젖을 때까지 발바닥도 꼼꼼히 말리고 닦아줬다. 그 순간 나는 더이상 날씨가 좋은 도시에서 사회 생활을 바쁘게 하는 도시여자가 아님을 깨달았다. 이제 이 비 내리는 추운 아들레이드 힐스의 겨울을 보내는 여자로, 외로움과 물음표가 난무한 시기가 될 것만 같았다.

Thirteen

펏낫과 팬트리

6월 초에 심란한 일이 벌어졌다. 유럽에서 보낸 한 달 덕분에 에너지는 충전됐는데, 불편한 진실을 마주하게 된 것이다. 〈테르〉 잡지 프로젝트에 문제가 생겼다. 〈테르〉를 함께 만드는 두 동업자와의 이메일과 전화 통화는 껄끄럽고 호전적으로 됐다. 긴 얘기 끝에 우리는 각자의 길을 가기로 했다. 우리 사이의 물리적 거리를 탓할 수밖에 없었다. 4개월 전 미국에 잠깐 돌아갔을 땐 폭설로 만남이 무산되어 〈테르〉 2호는 온라인으로만 대화가 진행됐고 여러모로 부족했던 게 사실이다. 심지어 나는 내추럴 와인에 초점을 맞춰 잡지의 방향을 잡고 싶었지만, 둘에게는 그리 애착이 가는 주제가 아니어서 반응이 뜨뜻미지근했다.

열정 가득 시작한 프로젝트가 막을 내리자 가슴이 아팠다. 내가 만든 잡지를 뉴욕, 유럽과 호주의 사람들이 들고 있을 때 느낀 뿌듯함으로 이 독립 출판물의 미래를 자신했었다. 기사와 디자인 편집에 더불어 지원 요청 이메일을 지인들에게 보내며 수많은 시간을 투자했다. 〈테르〉와 이별하면 이제 다시 각종 온라인 매체의 의뢰를 받아 프리랜서로 기사만 써야 하는 걸까?

철판 지붕에 떨어지는 빗소리를 들으며 나는 새벽 3시에 깨어 있었다. 동업자들과 이메일을 주고받으며 어떻게든 이 프로젝트를 살려보려 했다. 우리 사이의 거리는 지리적으로도 심적으로도 너무나 멀게 느껴졌다. 이보다 외롭게 느껴진 적이 또 있을까?

와일드맨의 따뜻하고 단단한 손이 이불 속에서 나와 내 팔을 부드럽게 잡았다.

"아 미안, 나 때문에 깼지?"

내가 한숨을 쉬며 말했다.

"끝이라니 믿을 수가 없어."

화면에 손을 댄 채 잠시 멈췄다.

"이 잡지 만드는 게 너무 좋았거든."

그가 고개를 끄덕이며 베개에 머리를 비볐다.

"다른 사람들도 그 잡지를 좋아했잖아. 혼자서도 할 수 있지 않아?"

그 생각을 안 한 것은 아니었으나 두려움이 앞섰다. 잡지를 계속 만든다면 내추럴 와인만 다루는 잡지를 만들고 싶었다. 그런데 뉴욕의 다른 에디터 지인들이 내추럴 와인은 극소수만을 위한 관심사라고 지적했던 게 자꾸 마음에 걸렸다. 사람들이 내가 만든 출판물을 보고 싶어 할지 어떻게 장담하지? 거기에 완전히 새로 시작하려면 자본이 필요한데, 인쇄하는 데 드는 수천만 달러의 돈을 어떻게 마련하지? 사전 예약 판매만으로 자금 충당이 될까?

와일드맨이 다시 잠이 든 뒤, 나는 몇 시간을 더 깨어있었다. 머릿속은 수많은 질문의 답을 찾기 위해 바삐 움직였다. 물리적으로도 라이프스타일적인 면에서도 뉴욕은 이제 나와 너무 먼 곳인데, 여전히 그곳에서 생긴 문제들이 나를 괴롭혔다. 내 출판물을 직접 만든다면 뉴욕과의 심리적 연결고리를 아예 잘라낼 수 있지 않을까? 수년간 여러 나라에서 내추럴 와인을 업으로 삼아온 좋은 사람들을 많이 만났고, 내가 이 일을 한다고 하면 도와줄 이들이 있지 않을까 싶었다.

다음 날 아침 새롭게 고안한 출판물의 계획서를 쓰기 시작했다. 와일드맨과 직전에 보낸 유럽에서의 한 달은 내게 많은 영감이 돼주었다. 특히 슬로바키아에서 만난 스트레코브 Strekov 1075의 와인메이커 졸트 수토 Zsolt Sütő 를 만난 순간이 떠올랐다.

5월 중순쯤, 와일맨드과 나는 슬로바키아의 수도인 브라티슬라바에서 두 시간 거리에 있는 작은 마을에 도착했다. 와일드맨은 더 섬머타운 아리스톨로지스트 레스토랑에서 글라스 와인으로 팔기 위해 스트레코브 1705 와인을 수입하고 싶어 했다. 뉴욕에서 제니&프랑수아가 수입하는 스트레코브 와인을 마셔봤을 때 굉장히 흥미롭다고 생각했기에 와일드맨을 동행하는 것에 나는 신이 나 있었다.

브라티슬라바를 벗어난 뒤 잘못된 길로 들어서는 바람에 우리는 차 안에서 전형적인 말싸움을 했다. 우여곡절 끝에 도착한 스트레코브 1075의 와이너리는 거대한 벽돌 구조로 된 곳이었다. 렌트카를 주차하니 180센티미터 이상으로 압도적인 키의 졸트가 우리를 맞이했다. 한 시간가량 와인병을 따 시음한 뒤, 헝가리 국경과 가까운 이 지역의 특별한 유산에 대해 얘기하다 말고 졸트는 우리에게 어디를 좀 같이 가자고 제안했다.

"포도밭 보러 가죠."

그가 말했다.

"그리고 내 친구 한 놈 만나러 가요. 그 누구보다 훌륭한 내추럴 와인을 만들거든요."

우리는 기쁜 마음으로 응했다.

그의 친구는 작은 동굴 안에 있었다. 방금 본 포도밭에서 멀지 않은 곳에 집 몇 채를 지나니 무성하게 자란 야생 나무와 꽃 뒤로 동굴 입구가 보였다. 광대뼈가 도드라진 작은 키의 남자가 나오더니 우리를 반겼다. 그가 쓴 뉴스보이 캡 사이로 금발의 머리카락이 몇 가닥 삐져나와 있었다. 그는 깨끗한 화이트 셔츠의 윗 단추와 소매 단추를 편안하게 푼 차림이었다. 졸트는 우리에게 자신의 친구 가보르를 소개한 뒤 그가 헝가리어만 한다고 했다. 가보르와 졸트를 따라 우리는 동굴 안으로 들어갔고 일본에서 온 가보르의 부인도 만났다. 그리고 이제껏 경험하지 못한 방식의 시음을 시작했다.

동굴 안에는 몇 개의 배럴만 수용하고 있었다. 통역을 맡은 졸트는 가보르가 1년 중 절반을 함부르크에서 현악기 연주자로 활동한다고 했다. 유기농 밭에서 따온 포도로 내추럴 방식으로 와인 양조를 하는데, 개인 섭취 용도로만 만드는 중이라 했다. 그렇기 때문에 새 병을 사용하거나 관심 끄는 라벨을 부착하는 대신, 배럴에서 바로 사이펀한 뒤 중고 프랑스 와인병에 담아 친구들끼리 나눠 마신다. 유럽 중부에서만 나는 웰시리슬링이나 장크트 라우렌트와 같은 포도로 비상업적 용도로 만든 내추럴 와인이었고, 정말 맛있었다.

시음이 끝나 갈 무렵 바깥 공기를 마시기 위해 동굴 밖으로 나왔다. 가보르는 우리가 시도할 와인을 가지러 여러 번 동굴 안과 밖을 왔다갔다 했는데, 그 때마다 두꺼운 유리로 만든 피페트로 배럴에서 와인을 뽑아 우리의 잔에 덜어줬다. 피페트는 배럴에서 바로 뽑아 맛보는 용도로 디자인된 도구인데 가보르가 사용하는 피페트는 기품있고 아름다웠다. 초승달 모양의 손잡이는 가보르의 두꺼운 손가락이 들어갈 정도의 공간이 있었고 뽑아낸 액체가 담기는 동그란 전구 모양은 유독 우아해보였다.

"이 피페트 너무 아름다워요."

혀가 꼬인 채로 내가 말했다.

아침식사 외에 먹은 게 없는 데다 시음만 몇 시간째 하고 있으니 취할만도 했다.

"앤티크에요? 너무 특별해보여요."

대대로 물려받은 굉장히 소중한 가보일 수도 있겠다는 생각이 들었다. 그럼에도 가보르는 내가 이 도구의 가치를 알아보고 눈이 반짝이는 걸 보더니 무언가를 결심한 듯했다. 대장정 3시간의 길지만 즐거웠던 시음을 마치고 하얀 천으로 피페트를 닦더니 내게 건넸다. 나를 포함해 와일드맨도 손사래를 치며 사양했지만 그는 굳건했다.

나는 그의 베풂에 말을 잃었다. 그의 이런 성향은 내추럴 와인의 핵심이기도 하다. 대부분의 생산자들에게 내추럴 와인을 만드는 것이 사업이긴 하지만 돈을 버는 게 유일한 목적이 아니기 때문이다. 호주로 피페트를 들고 가는 것에 이상하게 예감이 좋지 않았다. 아니나 다를까 며칠 뒤 빈으로 향하는 비행기를 타기 위해 분주하게 가던 중, 피페트는 깨져 산산조각이 나고 말았다.

단명해버린 이 선물의 운명을 보자 내추럴 와인의 본질에 대해 생각하게 됐다. 포도를 재배하고 양조하는데 들이는 그 긴 과정에도 불구하고 섭취하는 데에는 불과 몇 분이 채 걸리지 않는다. 그럼에도 이 와인을 마심으로써 느껴지는 감정적 안정과 생겨나는 동질감은 그보다 훨씬 오래 남는다.

'피페트'라는 프랑스어 단어가 내가 새로 만들 잡지의 목적과 부합하다고 생각했다. 내추럴 와인 생산자와 업계 전문가들의 이야기를 주로 다룰 예정이었다. 시동을 걸기 위해 유럽과 미국의 기자 친구들에게 연락해 〈피페트〉 잡지 창간호의 기사를 의뢰했다. 그러면서 나는 혜성처럼 등장한 내추럴 와인 생산자 모멘토 모리 Momento Mori 에 관한 글을 쓰기 위해 호주 빅토리아주로 갈 계획을 세웠다. 모멘토 모리와는 시드니 루트스톡 와인 페어에서 처음 만났다.

　와일드맨이 트랙터 바퀴를 고치고 병을 주문하고 브로콜리와 컬리플라워가 나고 있는 텃밭을 관리하는 정원사와 얘기하는 등 이런저런 농장 업무를 보고 있는 매일 아침, 나는 커피 한 잔을 앞에 두고 〈테르〉 시절 지원해주었던 사람들에게 이메일을 보냈다. 전 세계 와인 숍, 서점과 기타 다른 매장들이 내추럴 와인에만 집중하는 출판물에 관심을 갖기를 바라면서.

　새 잡지를 준비하며 새로운 영감이 들면서도 묘한 두려움에 사로잡혔다. 아마 정처없이 여기저기 돌아다녀야 했던 지난날의 불안감이 영향을 준 것 같다. 가바와는 전화 통화로 서로의 근황을 공유했다. 가바는 출산 때 도와줄 산파를 정한 것과 수입사를 위해 번역 일을 시작한 것에 대해, 나는 농장에서의 하루하루를 얘기했다. 형제들과 엄마와 페이스타임 영상 통화를 하면서 새들이 지저귀는 소리에 깨는, 언덕을 누비는 양 떼들로 둘러싸인 이곳의 전원적인 모습을 보여줬다. 그럼에도 여전히 내가 겪고 있는 일들을 털어놓을 친구가 호주에 없었다. 〈테르〉의 끝과 새로운 일의 시작을 알릴 친구가 없던 것. 그 와중에 해는 더 짧아지고, 우중충하고 비가 와 늘 축축했다. 호주의 겨울 동지가 다가온 거다. 다행히 우리는 일이 많아 바쁘게 보낼 수 있었다. 다가오는 봄에 릴리즈할 신규 와인들을 준비하고 힘겨운 펫낫 침전물 제거 작업도 시작해야 했다.

　<u>프ㅇㅇㅇㅇㅇㅇㅇㅇ즈즈즈즈즈즈즈즈</u>. 와일드맨은 병의 크라

운 캡을 따고 커다란 플라스틱 통에 만든 구멍에 병의 목을 집어넣었다. 잔여 와인 거품이 나왔고 그와 함께 주석산염이라 불리는 자연적으로 생기는 하얀 결정체와 수개월간 거꾸로 있으면서 병의 입구에 쌓인 죽은 효모와 포도 껍질 찌꺼기가 함께 나왔다. 침전물을 제거한 병에는 액체가 4분의 3만 남는데 이 과정에서 잃게 되는 와인의 양이 얼마나 많은지 깨달았다.

"힘든 과정이지만 나중에 뿌듯할 거야."

와일드맨이 나를 안심시켰다.

그의 말이 맞다. 전에 침전물을 제거하지 않은 스파클링 와인을 땄을 때는 열자마자 사방으로 폭파하듯 뿜어나왔다. 지금 와인을 좀 잃고 말지, 우리 와인을 구매한 소비자가 마시려는 순간 얼굴에 와인을 뒤집어 쓰게 할 수는 없다. 애초에 제대로 완성한 스파클링 와인으로 만드는 게 낫지.

'핫 스터프' 노래에 맞춰 몸을 흔들었다. 추운 온기에 몸을 데워주고 에너지를 좀 올리고 싶어서다. 침전물 제거를 완료한 병에 같은 종류의 와인을 부어 제거할 때 날라간 양만큼 하나하나 다시 채워넣은 뒤 수작업으로 크라운 캡을 씌웠다. 그날 우리는 내가 만든 200병의 펫낫에 이 작업을 반복했다. 따로 발효한 샤르도네와 피노 누아를 나중에 블렌딩해 만든 핑크 와인이다.

"나 좀 바보였다."

내가 말했다.

와일드맨이 무슨 말인지 모르겠다는 표정으로 쳐다봤다.

"말하기도 민망해."

침전물을 제거할 다른 병을 집으며 말했다.

"내가 얼마나 많은 기사에 펫낫을 샴페인의 '더 간단하고 쉬운' 버전이라고 소개했는지 알아?"

틀린 말은 아니다. 고급스럽기로 유명한 프랑스 샴페인은 두 번의 발효 과정을 거친다. 펫낫은 한 번만 발효하지 않는가? 그러나 직접 만들어보니 발효를 한 번만 한다고 해서 더 수월한 게 아니었다. 특히 대부분의 샴페인 하우스들이 기계식 리들러와 침전물 제거기를 사용하는 것에 비해 펫낫은 하나하나 손으로 작업한다.

병입하는 타이밍을 정교하게 맞추는 것이 관건이다. 펫낫은 약간의 잔당이 남아있는 상태에 병입해 발효가 병 안에서 마무리되면서 탄산 기포가 생기게 하는 방식이다. 나의 경우 정신없이 바스켓 프레스에서 작업하고 포도 수확하러 다니느라 피노와 샤르도네를 발효가 끝난 상태로 몇 달간을 뒀다. 그래서 병입하기 전 발효를 다시 작동시키기 위해 갓 압착한 가메 즙을 조금 더해야 했다. 그때 와일드맨은 학생 시절 적었던 노트를 꺼내 정확히 몇 리터 넣을지 계산해줬다. 루시 마고 펫낫은 약간의 당도 있는 상태의 완벽한 타이밍에 병입했다. 어떤 방법이든 결국 펫낫이 되기 때문에 크게 상관없었다. 어차피 내추럴 와인은 규정된 정의가 없으니까.

내추럴 와인을 좋아하는 많은 이들에게 펫낫은 행복의 묘약과도 같다. 기분이 축 처졌을 때 친구들과 마시며 흥을 내거나 주말 모임의 시작하는 와인으로 제격이다. 낮은 도수에 차갑게 칠링한 이 탁한 펫낫과 샴페인을 비교하자면 펫낫은 가죽 재킷을 입은 배드 보이, 샴페인은 샤넬 투피스에 진주 목걸이를 한 여자겠다. 물론 상당수의 샴페인도 내추럴 방식으로 포도를 기르고 양조하는 덕분에 특별한 캐릭터를 갖고 있기도 하다. 샹파뉴 지역에서 포도를 사들인 뒤 정해진 '레서피'대로 스파클링을 만드는 대형 샴페인 하우스와는 차별화된다. 펫낫이 내추럴 와인 운동의 마스코트와도 같은 이유는 차려입기를 거부하는 이미지 때문이다.

    대대로 전해진 이야기에 의하면 첫 스파클링은 16세기 남프랑스에서 실수로 만들어졌다고 한다. 리무 마을의 생산자들이 발효가 끝나지 않은 포도즙을 너무 일찍 병입해버린 것이다. 그 당시에는 나무통에서 바로 따라 마셨기 때문에 와인 병입이라는 것 자체가 잘 없던 때다. 와인이 아직 발효가 안끝난 상태로 병입되면 잔당이 이산화탄소, 즉 탄산으로 변해 발효가 병 안에서 다시 시작될 수 있다. 초반에는 실수로 벌어진 일이지만 이 방식은 추후 스파클링 와인을 만들기 위해 의도적으로 도입됐고 불어로 '메터드 앙세스트랄', 직역하면 '옛날 방식'으로 만드는 것을 말한다. 이는 19세기에 생긴 샹파뉴 지역의 샴페인 제조 방식과 다르다. 샴페인은 발효가 끝난 와인에 효모와 당을 인위적으로 추가한 뒤 병입해 병 안에서 2차 발효를 강제로 유도한다. 그런 다음 셀러 안에서 장시간 숙성시켜 스파클링 와인에 복합미가 더해지도록 시간을 준다. 요즘 시중에 보이는 '메터드 앙세스트랄' 라벨의 스파클링 와인은 사실 온도 조절로 발효를 일부러 멈췄다가 병입할 때 이산화황을 더해 병 안에서 발효가 다시 시작되게 하는 방식을 사용한다. 일반적으로 메터드 앙세스트랄과 샴페인 모두 침전물 제거 과정을 거치는데, 이때 주석산염과 효모가 빠져나오게 되고, 줄어든만큼 포도즙을 추가해 코르크로 막는다.

펫낫은 침전물을 제거해도 되고 안 해도 된다. 제거했다면 다시 코르크로 막지 않고 일반적인 크라운 캡으로 막으면 된다. 펫낫이라는 용어 자체와 그에 대한 이념은 1990년대 크리스티앙 쇼싸르Christian Chaussard에 의해 탄생했다. 그는 부브레에서 와인을 만들던 사람으로, 2012년 트랙터 사고로 생을 마감했다. 부브레 지역의 대표 품종은 슈냉 블랑인데 늦게 수확하면 스윗 와인을 만들 수 있다. 1990년대 후반 어느 날, 쇼싸르는 잔당이 있는 슈냉 블랑을 병입했다. (발효를 멈추기 위해 이산화황을 극소량 넣었을 수 있는데, 완전히 멈추기엔 부족한 양이었을 수도 있다.) 결국 잔당에 의해 병 안에서 발효가 다시 시작됐고 와인에 기포가 생성됐다. 와인을 버리는 대신 꽤 마실만하다 여긴 쇼싸르는 이를 '페티영 나튀렐', 즉 내추럴 스파클링이라 불렀고 과거의 메터드 앙세스트랄 방식임을 인지했다. 다만 펫낫이 메터드 앙세스트랄과 다른 점은 효모나 보존제를 넣어선 안 되고 100% 포도로만 만들어야 한다는 것이다. 그러니 펫낫은 옛날 방식의 업그레이드 버전이라 할 수 있겠다.

차가운 와인과 핑크색 찌꺼기 거품에 손이 쭈굴해지고 발가락이 얼얼해진 뒤 몇 시간이 지나자 오늘은 여기까지 하겠다고 선언했다. 추위를 덜 느끼는 와일드맨이 혼자였다면 한 시간은 족히 더 했을 것이다.

"앉아 알피, 앉아 루루. 잘했어."

집에 들어오자마자 강아지들의 진흙 묻은 발바닥을 닦았다. 덜덜 떨고 있으니 와일드맨은 복도에 있는 오래된 장작 난로에 불을 때러 갔다. 6시밖에 안됐지만 밖은 이미 어둡고 안개로 축축했다. 불이 지펴지자 와일드맨이 거실로 왔다.

"마이 러브, 저녁에 뭐 먹고 싶어?"

자신이 요리할 테니 먹고 싶은 걸 말하라는 그의 방식이 무척 신사적이었다. 이럴 때면 내가 얼마나 사랑받고 있는지 실감났다.

알피의 젖은 코를 쓰다듬기 위해 무릎 꿇고 있던 내가 그를 올려다봤다. 텃밭에는 지금 케일과 근대, 땅콩호박이 풍성하게 자라있지만 저녁으로 무얼 먹을지는 아예 떠오르지 않았다. 내 머릿속에 있는 유일한 생각은 내가 잘못 선택했다는 것이었다. 이들레이드 힐스의 겨울을 버틸 자신이 없었다. 그럼 와일드맨과의 미래는 어떻게 되는 거지?

결국 눈에 눈물이 고이고 말았다. 침전물 제거 후 와인을 채워 넣은 병에 크라운 캡을 수작업으로 일일이 씌우느라 팔에 통증이 심했고 추위는 뼛속까지 느껴졌다. 며칠간 글이라곤 한 글자도 쓰지 않았고, 유럽에서 돌아온 뒤 와일드맨 말고는 아무와도 의미있는 대화를 나누지 않았다. (강아지들과 애런과 레스토랑의 몇몇 사람들과 얘기하긴 했지만.)

"왜 그래?"

그가 걱정 섞인 목소리로 물었다.

나는 일어서서 부엌과 거실이 한데로 합쳐져 마음에 들지 않는 이 공간의 상태를 둘러봤다. 우울해 보이는 이케아 선반에는 냄비와 프라이팬이, 그 옆에는 올리브와 젖산 발효된 야생 버섯이 유리병에 담겨 놓여있다. 접시와 머그잔 옆에는 소금과 피시 소스, 식초가 질서 없게 자리 잡고 있었다. 아리스톨로지스트에서 제분한 밀가루 자루는 열린 채 놓여 바닥에 지저분하게 흩뿌려져 있었는데, 그것만으로도 참극이 따로 없다고 느껴졌다. 입구에는 진흙이 덕지덕지 묻은 부츠가 널브러져 있고 발 매트조차 없어 바닥을 그대로 더럽혔다. 집에 걸레나 빗자루가 있기는 한가? 전에 있던 거는 양조장에서 쓰고 집에 다시 갖다 놓지 않았다.

참다 참다 못해 뚜껑이 열리기 일보 직전이었다.

"내가 원하는 게 뭔지 알아?"

격양된 채 와일드맨에게 쏟아부었다.

"돼지소굴에서 살지 않았으면 하는 거야!"

그는 표정이 굳었다.

나는 멈추지 않고 그간 쌓인 걸 다 뱉어냈다.

"사방에 물건이 있어! 여긴 정말 너무 지저분해. 이런 공간에서 내가 어떻게 글을 쓸 수 있겠어?"

그의 대답을 기다리지도 않고 레드 와인 한 잔을 따른 뒤 화장실로 들어가 버렸다. 반신욕을 하면 기분이 나아질까 하고 물을 받았다. 물이 절반 정도 찼을 때는 온도를 확인하려고 손을 집어넣었다.

"장난해?!"

미지근한 물 상태를 받아들일 수 없었다. 그리고 보니 오늘 해가 별로 나지 않아 저장된 물이 충분히 데워지지 않았던 거다. 유일하게 원했던 따뜻한 반신욕조차 못하게 됐다.

좌절한 채 욕조 물을 비우고 와인 잔을 갖고 복도 벽난로 앞 딱딱한 바닥에 앉았다. 욕조가 완전히 비워지는 꾸르륵 소리가 난 뒤 흘려보낸 물이 집 주변 땅으로 이동하는 소리 위로 부엌에서 와일드맨이 무언가를 두들기는 소리가 났다. 소리만 들어도 그가 잔뜩 화난 게 느껴졌다. 자신의 삶에 나를 두 팔 벌려 환영해서 무지한 나를 와인메이커로 만들어주고, 나를 행복하게 해주려 한 그다. 얼마 전까지 한 달을 유럽에서 같이 보냈는데, 그의 입장에서 내가 너무 많은 걸 바라는 사람으로 보일 거다. 그래도 내 입장이라는 게 있지 않나? 1년 전만 해도 그와 함께 와인이 든 잔을 부딪치며 아늑한 비스트로에서 밥을 먹는 유럽 여행이나 만끽했지, 설마 내가 파리에 사는 꿈을 포기하고 뼈가 시린 추위에 하루 종일 육체적 노동을 하며, 창고 같은 집에서 따뜻한 물로 씻지도 못할 거라고 상상이나 했을까?

와일드맨은 난로에 장작을 던져 넣으며 내 옆에 와 앉았다. 우리는 찌꺼기가 여기저기 묻은 더러운 청바지를 입고 나란히 앉아 있다. 눈을 마주하자 그는 애원하는 눈빛이었다.

"미안해."

그가 말했다.

"나도 우리가 함께 생활하는 집이었으면 해. 결혼했을 때도 나는 혼자 사는 거나 다름없었어. 레이첼이 필요한 걸 알아차리지 못했다면 그건 내가 다른 사람과 함께 사는 것이 익숙하지 않아서 그래."

마음이 누그러진 나는 쏟아부어 미안하다고 했다. 우리는 부엌으로 가 구운 채소와 닭 요리를 해 저녁을 먹었다. 그런데 그가 한 말이 이해되지 않았다. 그의 전처도 이곳에 살았던 거 아닌가? 이런 정리되지 않은 상태에서 어떻게 살았다는 거지? 뜨거운 물도 제대로 안 나오는 이곳에서? 그러고는 깨달았다. 그래서 결혼 생활이 지속되지 못했구나. 각자 느끼는 문제를 외면한 채 함께 해결하려 하지 않은 것이다.

다음 날 와일드맨은 아침 일찍 사라졌다. 돌아와서는 내게 두 가지를 일러줬다. 첫째는 화장실에 연결할 가스 난방을 설치하러 누가 올 거라는 것. 두 번째는 벽돌을 아주 많이 구해놨다는 것. 주말에 그걸로 부엌 옆 빈 방에 팬트리를 만들 것이라 했다. 물론 그 전에 벽을 허물고 바닥의 타일을 그가 제거해야 하지만. 그때까지 팻낫의 침전물 제거 작업에 몰두하기로 했다.

구름진 하늘에 해가 잠깐 나던 며칠 동안은 침전물 제거 작업을 잠시 멈췄다. 그런 아침에는 쥐라의 대표 레드 품종인 트루쏘를 접목해 놓은 근처 포도밭으로 갔다. 거기서 자란 트루쏘로 와일드맨은 한 빈티지의 와인을 만들었는데, 적당하게 익은 자두와 바이올릿, 그리고 부드럽고 우디한 탄닌이 마법같이 어우러졌다.

그런데 그 뒤 이 트루쏘를 수확할 권한을 잃게 됐다.

"이 포도밭에 트루쏘를 힘들게 접붙이기했는데, 뭔 대기업이 직접 밭을 관리한다나…"

와일드맨이 궁시렁댔다.

포도를 기르는 농부들과는 구두로 협의한 것에 그치지 않아 법적으로 할 수 있는 게 없었다. 트루쏘가 자란 포도나무 앞에 수그려서는 와일드맨이 나무통에서 자라난 빈 가지를 하나 보여줬다.

"여기 두 번째 마디 바로 위를 잘라."

그가 가리키며 말했다.

"이건 깔끔하고 똑바로 잘 잘랐네."

그런 뒤 다시 가지를 잘랐다. 이렇게 자른 트루쏘 가지를 양묘해 1년간 뿌리내리게 하는 게 목표다. 그런 다음 우리 농장의 언덕에 심을 거다. 와일드맨이 파리에서 내게 선물했던 가지치기 가위를 들고 그의 옆에서 가지를 잘라 100개 단위로 나눠 구분해놨다. 그날 우리는 루시 마고 와이너리의 미래를 함께 준비한 셈이다.

팬트리를 완성하는 데 5일이 걸렸다. 나는 시멘트와 모래 반죽을 바르고 와일드맨은 수평계를 이용해 벽돌을 정교하게 쌓았다. 전문가를 부르거나 수리를 포기했던 가족과 함께 살았던 터라, 이런 종류의 인테리어 수작업은 처음 해보는 일이었다.

작업이 끝난 뒤 선반을 짜 넣고, 곧바로 여기저기 흩어있던 부엌 관련 용품들을 이곳에 정리해놨다. 다음 날 아침 커피를 따르며 깨끗해진 부엌에 서니 숨이 트이는 기분이었다. 처음으로 내 서재에 평온하게 앉아, 프렌치 도어 창문 너머 양들이 언덕을 떠돌아다니는 모습을 보며 글을 쓰기 시작했다. 〈피페트〉 창간호

작업을 하고 있었는데, 실릴 기사들이 완성돼가고 사람들이 선주문을 해오자 자신감이 붙었다.

팬트리가 생기면서 집 안에서의 생활은 한결 정리가 됐다. 이제는 수확 기간에 오는 인턴들이 머물 게스트 룸과 화장실을 만드는 계획을 세웠다. 그리고 곰팡이가 생긴 가벽과 타일에 찌든 때가 골치인 거실은 아예 새로 만들기로 했다. 이렇게 변화가 있음에도 나는 농장 이외의 삶에서 존재감을 느끼는 게 절실했다.

우리가 사는 지역의 중심지인 아들레이드의 별명은 '교회의 도시'다. 말 그대로 교회가 너무 많아서인데 뉴욕이나 파리처럼 뭔가 활발하게 이뤄지지는 않는 곳이다. 그럼에도 이곳에서의 문화적 탐구를 어떻게든 해보려 했다. 그러기 위해선 해결해야 할 문제가 하나 있었다. 도심으로 가기 위해서는 수동변속기 자동차의 우측 운전대 잡는 법을 배워야 했다.

언제 마지막으로 운전을 했었는지… 뉴욕으로 이사하기 전 24살까지 몰았던 다크 그린색의 아큐라 인테그라 오토 기어 차를 팔아버린 뒤 운전할 일이 거의 없었다. 랜드로버를 갖고 와일드맨에게 수동식 기어 연수를 몇 번 받았다. 긴장해서 핸들과 기어를 온 힘을 다해 잡은 채 바스켓 레인지를 벗어나는 첫 언덕에서 고군분투했다. 그럼에도 어떻게든 수동식 기어를 배우겠다는 의지가 있었다. 그리고 중고 거래 앱을 통해 호주 제조사인 홀든 자동차를 저렴한 값에 구입했다. 내 나이만큼 연식이 오래된 차였다. 그 차로 짧은 거리를 운전해 다녔는데 대부분 우체국만 왔다 갔다 했다.

7월의 어느 토요일 아침, 추적추적 내리는 비가 농장 주변의 언덕을 적셔주고 있었다. 거실의 통창 유리로 내리는 비를 바라봤다. 알피와 루루는 집 바깥에서 뒹굴다 물에 흠뻑 젖어 털이 꼬질꼬질해졌다. 집 안으로 들어오기 전 얼마나 많은 수건으로 닦아줘야 할지 예측이 갔다. 와일드맨은 등을 구부린 채 포도 재배자들에게서 받은 인보이스를 보며 괴로워하고 있었다. 수확 일당과 구매한 포도를 모두 정산해야 할 때다. 며칠 뒤에는 와인을 통갈이한 뒤 병입해 업장에 내보낼 준비를 할 것이다. 와인을 팔아야 지급할 자금이 마련되니 말이다.

휴대폰 화면을 스크롤 하자 유럽 친구들 근황이 눈에 들어와 정신이 팔렸다. 러시아에서 개최되고 있는 월드컵에서 프랑스가 우승을 거머쥘 것 같았다. 가바와 파리의 동네 브라세리에서 시원한 맥주를 마시며 프랑스 축구팀을 목청껏 응원하는 상상을 했다. 상상과 대조되게 농장은 너무나 고요했고 나는 극도로 심심하고 외로운 감정에 휩싸였다.

인터넷에서 댄스 수업을 찾아 그날 오후 아들레이드시로 갈 결심을 했다. 지금 내게 딱 필요한 거였다. 땀 흘리며 음악에 몸을 맡기고 '도시 사람'들과 교류하는 것. 몇 시간 뒤 숲이 아래에 보이는 그린힐 로드 언덕의 커브 길을 홀든 차로 내려가고 있다. 언덕 아래로 아들레이드시가 보였다. 부드럽게 내리는 비에 마치 막이 하나 쳐진 것처럼 도시의 불빛이 희미하게 보였다. 아들레이드시를 넘어서는 회색 겨울 하늘 아래 청자색으로 보이는 그레이트 오스트레일리언 만이 있다. 더 멀리엔 남극 대륙이 있고. 거긴 남호주의 초기 식민지 개척자들이 위험을 무릅쓰고 탐험을 갔던 곳이다.

댄스 스튜디오는 아들레이드시의 중심에 있다. 도착하고 보니 덩치 있는 차가 들어갈 만한 주차 공간을 찾는 게 하늘의 별 따기였다. 20분간 배회하고 곧 수업이 시작할 시간임을 깨닫고는 안내를 읽지도 않고 아무 유료 주차장에 주차하고 스튜디오로 뛰어들어갔다. 결국 5분 지각하고 말았다. 힙합 댄스 수업 도중에 강사가 '힙합의 고장, 브루클린'을 언급하자 뿌듯함에 혼자 미소를 짓기도 했다.

몸이 만들어낸 엔도르핀이 차올라 에너지가 가득했다. 강사에게 감사 인사를 하고 곧 수업을 들으러 다시 오겠다고 했다. 차를 댄 주차장으로 돌아가 주차비를 지불하기 위해 멈췄다.

"아니, 말도 안 돼…"

72분 주차비가 무려 21달러였던 것이다. 댄스 수업보다 비싼 주차비였다.

짜증이 난 채 내비게이션을 켜고 아들레이드 힐스로 다시 운전해 갔다. 내비 앱이 왔던 길과 다른 경로를 안내했는데 바람이 거세게 부는 구불구불한 언덕길이었다. 언덕을 올라 운전하는 과정에서 춤을 췄을 때보다 더 많은 땀을 흘렸다. 맑은 날에도 이 길을 운전하는 것이 쉽지는 않았을 텐데 지금은 심지어 안개가 자욱해 차 앞에 아무것도 보이지 않았다. 사고 내지 않기 위해 나는 최대한 천천히 운행했다.

10분이 지나자 나는 길을 잃었다. 내비 앱은 계속 잘못된 길을 안내해주는 것 같았고 운전하는데 넋이 나가 에너지가 바닥났다. 결국 차를 멈추고 엔진을 끈 뒤 참았던 울음을 터트렸다. 왜 내 친한 미국인 친구가 있는, 편리한 생활이 가능한 파리를 떠나 이 망할 언덕에서 사서 고생을 하고 있는 걸까? 원래도 운전을 싫어한 나였기에 과연 운전하는 게 일상인 이곳에서 살 수 있을지 의문이었다. 그렇다고 운전조차 하지 않으면 내 삶은 와이너리와 농장 업무, 집안일, 그리고 와일드맨과 요리하는 게 전부가 될 것 같았다. 뉴욕에서는 일주일에 최소 두 번은 새로 오픈한 곳에 가서 외식도 하고 와인 시음회도 다녔다. 브루클린과 파리에서 다닌 댄스와 요가 수업들은 불꽃처럼 타오르는 에너지를 진정시켜 차분하게 글을 쓸 수 있게 도와줬다.

결국 농장으로 가는 길을 찾아내 돌아왔지만 내 영혼은 탈탈 털려있었다. 다시 운전하는 게 편해질 때까지 몇 주가 걸렸지만 그 뒤에도 혼자 운전해 나가는 게 꺼려졌다. 결국 댄스 수업에는 다시 가지 않았다. 대신 파리로 돌아가 그 곳에서의 내 삶을 다시 시작할 궁리를 하게 됐다.

병입을 다 하는데는 2주 정도 걸렸다. 먼저 와일드맨의 와인부터 병입한 뒤 내가 만든 레드 와인 다섯 종으로 넘어갔다. 내 카베르네 프랑을 병입할 때쯤 작업이 손에 익었다. 먼저 배럴에서 스테인리스 스틸 탱크로 통갈이를 하는데, 전동 사이펀으로 즙을 옮기는 과정에서 찌꺼기까지 나오지 않게 조심해야 했다. 통갈이는 내게 유독 어려운 작업이었다. 꽤나 정교하게 해야 하는데 적절한 위치에 호스를 꽂은 뒤 와인이 나오다 찌꺼기가 함께 나오기 직전에 멈춰야 했다.

통갈이가 끝나면 탱크를 병입기 위로 올렸다. 이 병입기는 와일드맨이 최근 이탈리아 제조사에서 구매한 고급 기계다. 둘 중 한 명이 빈 병을 줄에 맞춰 꽂아두면 다른 한 명이 반대편에서 다 채워진 병을 뺐다. 가끔 레스토랑 일이 덜 바쁠 때는 애런이 와서 일을 거들었는데, 자신이 만든 와인도 병입할 겸 일을 도왔다. 나는 추위를 이기기 위해 옷을 겹겹이 입고, 일이 끝나면 안개 낀 비오는 길을 뛰어올라 집 안으로 들어갔다. 들어가서는 난로에 불을 지피고 와인 한 병을 따 마시며 저녁 메뉴를 정했다. 대부분 밤 9시에는 취침했다.

모든 와인의 병입을 마치고 가바에게 전화했다.

"여기 언제 돌아올 거야?"

가바가 궁금해했다.

타박 밖에 서서 아침 크루아상과 커피 마실 곳을 고민하는 가바를 상상했다.

"사실 너에게 말할 좋은 소식이 있어."

슬로베니아의 내추럴 와인을 취재해달라는 요청을 받아 8월 중순 이후 슬로베니아 일정이 끝나고 파리로 건너갈 참이었다. 가바는 9월에 출산할 예정이었고 나는 그때까지 파리에 머물어 가바 곁에 있을 계획이다.

"내가 만든 와인 한 병 들고 갈게."

가바에게 약속했다.

프랑스 모스 가족네에서의 첫 수확 경험 이후, 1년이 채 지나지 않아 '내 와인'을 만들었다는 것이 믿기지 않았다.

가바는 이 소식에 무척 기뻐했다.

"너가 너무 그리웠어. 빨리 왔으면 좋겠다."

와일드맨 말고는 내게 이런 따뜻한 말을 하는 사람이 없었다. 그래서 가바와 대화한 후 남자친구 말고도 이렇게 마음을 표현하는 대상이 필요함을 다시 깨달았다.

호주는 미국만큼 땅이 크지만 여러 개의 드넓은 사막이 분포되어 있어 인구수는 훨씬 적다. 6개의 주로 나뉘어 각기 다른 지역적 성향을 지녔는데, 저마다의 원주민과 식민지 역사, 수도, 미기후, 자연경관, 억양, 음식 문화가 있다. 그중 남호주는 문화적으로 보수적인 지역으로 알려졌다. 이 주는 부유했던 영국인 정착민들에 의해 만들어졌기 때문에 죄수 유형지로 시작한 호주 내 다른 주와는 차별화된다.

호주 땅에 살던 원주민들은 다양한 문화를 지닌 부족들을 통틀어서 에보리진이라 부른다. 이들은 가장 오래된 현존하는 문화를 지닌 것으로 알려졌다. 호주의 원주민 문화에는 퀸즐랜드 앞바다의 작은 섬들을 모아 '토러스 해협 제도'의 원주민을 포함하는데, 이들은 현재 멸종했다. 기록에 의하면 에보리진들이 호주 대륙으로 온 것은 50,000년 전이라 한다. 그러나 대영 제국의 영토 확장이 절정에 이른 18세기에 영국 정착민들은 도착해서 호주 땅에 '테라 눌리우스', 즉 주인 없는 땅의 원칙을 선포했다. 다윈의 사상에 의존하던 식민지 개척자들은 원주민들을 죽이고 땅을 빼앗는 것을 정당화하기 위해 그들을 인간으로 취급하지 않았다. 주인이 없는 땅이라는 '테라 눌리우스'의 백인 우월주의 정책은 1977년 호주 법원에서 마침내 폐지됐다. 1992년이 되서야 에보리진들은 자신의 땅을 되찾기 시작할 수 있었다. 그 땅에, 오직 그 땅에만 살고 있었음을 증명하면서였는데 이는 유명한 마보 대 퀸즐랜드 재판으로 시작했다. 에디 마보가 메리암 부족이 메르섬의 토지권을 지니고 있음을 성공적으로 변론하면서 이 재판은 '원주민 토지 권리법' 법안을 위한 근거가 됐다.

어느 겨울, 내추럴 와인 이벤트에 참석하기 위해 태즈메이니아섬으로 가기 전, 이곳의 잔인한 역사를 한 회 다룬 〈퍼스트 오스트레일리언스〉라는 다큐멘터리 시리즈를 봤다. 호주에 온 뒤로 모두가 내게 태즈메이니아의 손대지 않은 자연에 대해 좋은 얘기만 했다. 반짝이는 푸른 호수부터 무성한 숲, 울퉁불퉁한 해안 도로 등. 이 모든 건 더 끔찍한 이야기를 듣기 전이다.

영국인들이 1803년에 호주 대륙에 도착하기 전, 태즈메이니아는 15,000여 명의 팔라와 부족 에보리진 원주민이 살고 있는 섬이었다. 영국인들은 30년에 걸쳐 400명만 남기고 팔라와 원주민을 대량 학살했다. 식민지의 중재자 역할을 한 전도사 조지 어거스터스 로빈슨은 팔라와 부족에게 항복하면 남은 원주민들을 살려주고 땅을 되돌려줄 거라 약속하며 설득했다. 약속을 지키기는커녕 원주민을 전부 배에 태워 태즈메이니아와 호주 대륙 사이 배스 해협의 섬에 데려다놓고 강제 수용소에서 살게 했다.

호주 식민지 역사에 흔한 학대 중 하나다. 위라주리 부족의 후

손인 저널리스트 스탠 그랜트의 책 《토킹 투 마이 컨트리》를 읽으면 백인들이 원주민 마을 우물에 독을 탔음을 알 수 있다. 그리고 '도둑맞은 세대'*에 대해서도. 1905년과 1967년 사이에(그 뒤로도 벌어졌다고 한다) 수천 명의 에보리진과 토러스 해협 제도의 아이들이 부모와 강제로 이별해야 했다. 또한 쿠리 부족 작가 브루스 파스코의 책 《다크 이뮤》에서는 원주민들이야말로 농업의 시초를 보였음을 증명했다. 내가 살고 있는 이 호주는 지금 '깊은 침묵'을 깨고 나오는 중인 것 같다. 예전에는 과거의 불평등과 만행을 숨기거나 부정했지만 지금은 그래도 달라지고 있으니까.

우리는 2018년 빈티지를 병입하다 말고 태즈메이니아로 갔다. 작은 마을임에도 불구하고 호바트에는 활기가 넘쳤다. 최첨단 현대 미술 박물관이 있는 것은 물론 매년 '다크 모포'라 불리는 아트 페스티벌을 개최하기도 한다. 거기에 내추럴 와인을 서빙하는 유명 셰프의 레스토랑도 꽤 많은 편이다. 레스토랑 프랭클린Franklin에서는 '보틀 톱스'라는 시음회가 진행되고 있었고 이곳에서 와일드맨은 호주 전역에서 온 내추럴 와인 생산자들과 나란히 루시 마고 와인을 선보였다. 그중 몇 명은 두세 빈티지만 만들어본 생산자들이었다.

시음회 다음 날 우리는 렌트카를 끌고 이틀 밤을 머물 집을 향

---

*   원주민과 백인 사이에 태어난 아이들을 강제로 격리시킨 당시 호주 정부 정책으로 수천 명의 아이들이 부모 없이 자라야 했다. 이후 '도둑맞은 세대(Stolen Generations)' 시위가 벌어졌고 2008년 호주 수상 케빈 러드가 공식으로 사과했다.

해 태즈메이니아의 남쪽 해안을 달렸다. 호바트를 떠나면서 길가의 한련꽃을 꺾고 누군가의 앞마당에서 작은 레몬을 땄다.

 빌린 통나무집은 기다란 만을 따라 위치해있는데, 이곳은 말 그대로 오이스터 밭이었다. 숙소에 가방만 던져놓고 우리는 청바지를 걷어 올려 물속으로 직행했다. 와일드맨은 작은 나이프를, 나는 자른 레몬을 손에 들고 갔다. 얕은 물에서 열몇 개의 오이스터를 건졌는데, 몇 개는 손바닥만 할 정도로 컸다. 와일드맨의 티셔츠에 받쳐 집 안으로 들고 들어갔다. 활활 타는 벽난로 앞에 앉아 시음회에서 남은 '와일드맨 블랑Wildman Blanc' 한 병을 따라 마시며 내 인생에서 가장 신선하고 짭조름한 오이스터를 후루룩 먹었다.

 다음 날 아침 나는 와일드맨보다 먼저 일어나 만을 바라봤다. 우리는 지구 끝의 끝에 와있다.
 이 순간의 로맨틱한 무드를 느껴야 했는데, 오히려 벅찬 외로움에 사로잡혔다.
 와일드맨이 일어난 뒤 커피를 마시고 아침 토스트를 먹으면서 나는 우울함을 최대한 감췄다. 그리고 유칼립투스 숲을 걸으며 하루를 보냈다. 그곳에서는 캥커루의 더 작은 친척인 포투루 한 쌍을 발견했는데, 격렬하게 짝짓기하는 모습에 크게 웃었다. 그러다 비가 와 산책을 잠시 멈췄는데, 빗줄기가 잦아들기를 기다리며 들고 온 와인과 남은 오이스터를 꺼내 먹었다.
 숙소로 돌아와 와일드맨은 벽난로에 땔감을 채워 넣었고 나는 추리닝으로 갈아입었다.

"영화 보면서 뭐 좀 먹을까?"

그가 제안했다.

와일드맨은 소파 앞 티 테이블에 자신의 아이패드를 올려놓았고, 나는 그사이 과카몰레를 만들어 토티야 칩을 볼에 담았다. 전날 엄청 오래된 SF 컬트 영화 〈바르바렐라〉를 보다 말았다. 일시정지한 부분에서 재생을 다시 누르기 전, 와일드맨의 시선이 느껴져 눈을 마주쳤다.

"전에 몇 번 얘기를 한 것 같기도 한데… 그래서, 그래줄래?"

뒤에 말이 더 나오길 기다리며 그를 빤히 쳐다봤다. 지금 설마… 그걸 물어보는 건 아니겠지?

"나와 결혼해줄래?"

제인 폰다 얼굴이 아이패드 화면에 정지된 이 순간, 싸구려 추리닝을 입고 두꺼운 양말을 신은 나에게, 과카몰리를 앞에 두고, 설마 프로포즈를 하는 거였나? 정말?

태즈메이니아에서 짧은 시간을 보내고 바스켓 레인지 농장으로 돌아왔을 때, 우리는 약혼한 상태나 다름없었다. 그러나 반지를 받은 것도 아니었고 이 소식을 아무에게도 알리지 않은 걸 보니 프로포즈를 받은 상황과 방법이 엇나간 것 같았다. 조금 더 로맨틱한 순간에 프로포즈를 할 순 없던 걸까? 막 건져온 오이스터를 먹을 때나, 아니면 비 내리는 숲에서 와인을 마셨던 때라던지.

그러다 우연히 온라인으로 〈테르〉지를 주문한 멜버른에 사는 내추럴 와인 애호가이자 본업으로 보석을 만드는 사람을 알게 됐다. 이 모든 것은 운명처럼 느껴졌다. 그 사람에게 로즈 골드 링에 호주산 블루 사파이어가 세팅된 반지 제작을 의뢰하고 와일드맨이 예약금을 냈다.

나는 농장과 와이너리 일상으로 돌아왔다. 잡지 편집일을 하고 근처의 다른 내추럴 와인 생산자들과 한잔하고, 아리스톨로지스트에서 식사하고, 강아지들과 산책을 하며. 와일드맨은 루시 마고의 라벨 부착 작업을 시작했는데 보기만 해도 힘들어 보였다. 먼저 라벨에 들어갈 그림을 손으로 그린 뒤 컴퓨터로 글씨를 더했다. 그리고 가정용 프린터기로 인쇄한 다음 작토 커터 칼로 잘랐다. 완성된 라벨은 하나하나 접착 기기를 통과시켜 병에 손으로 직접 부착했다. 나의 페르세포네 와인 라벨을 디자인하고 인쇄해줄 곳이 따로 없어서 와일드맨의 라벨 작업법을 따라하기로 했다. 그렇다고 아예 똑같이 하기는 싫어 그가 사용하는 일본 화지 대신 미술 용품점에 가서 수채화 종이를 사왔다.

우리는 몇 시간동안 각자의 와인에 라벨 작업을 했고, 나는 저녁이 되서야 〈피페트〉 업무를 볼 수 있었다. 비가 잠시 멈출 때면 피노 포도밭 근처에 시원하게 뻗은 소나무 아래에서 오렌지색 야생 맛젖버섯 수십 개를 채취했다. 집에 가져가서 버터와 함께 볶아 파스타에 넣어 먹었다.

이후 모멘토 모리의 데인과 한나 존스 커플을 인터뷰하기 위해 빅토리아주로 갔다. 이탈리아 품종을 주로 사용하며 스킨 콘택트 화이트 와인을 만드는 모멘토 모리는 최근 각광받는 와이너리 중 하나다. 내 또래인 데인과 한나는 독학으로 농사와 양조법을 배웠다고 한다. 방문했을 때 한나는 만삭이었는데 그래서인지 피부에 광이 났다. 포도밭에 달팽이가 들어오지 못하게 오리를 키우는데, 그녀가 오리에게 먹이를 던져줬다. 모멘토 모리를 떠난 뒤 멜버른에 들러 유명 내추럴 와인 바에 갔다. 아들레이드에서 70분만 비행하면 멜버른처럼 활기 넘치는 도시가 있다는 것이 위로가 됐다.

몇 주간 집을 비운 뒤 돌아오자 와일드맨이 포옹과 키스로 따뜻하게 맞이해줬다. 그는 내가 없는 동안 루시를 만나고 왔다.

"얘기했어?"

내가 물었다.

나는 아직 엄마에게만 약혼 소식을 알렸다. 사람들에게 어떻게 공개할지 와일드맨과 따로 얘기를 나누지 못했다.

"아직."

그가 천천히 답하고는 루시가 새로 전학 간 학교에서 적응하고 있는데 수업량과 숙제가 많아서 말을 못 했다는 부연 설명을 늘어놓았다. 그런 루시에게 고민거리를 더하고 싶지 않았다고.

그 말을 들으니 오히려 안심이 됐다. 와일드맨에게 내색하진 않았지만 망설여지는 부분이 있었다. 일단 프로포즈부터 다시 했으면 했다. 거기에 결혼이라는 것을 생각해본 적이 없던 나였기에 늘 남의 얘기 같았는데, 실은 두렵기 짝이 없었다. 나의 부모는 내가 아홉 살이었을 때 이혼하고 양쪽 다 재혼하지 않았다. 와일드맨 전에는 남자와 동거조차 해본 적이 없다.

그럼에도 언젠가는 가족을 일구고 싶다는 생각을 몇 년 전부터 하긴 했다. 와일드맨은 나를 그런 대상으로 여기는 게 분명했다. 루시를 대하는 것을 보면 그는 무척 자상한 아빠인 걸 알 수 있다. 수학 숙제를 도와주고 친구들 관계는 어떤지 관심 가져 줬다. 새로 만든 팬트리 덕분에 집안이 훨씬 안락하게 느껴졌고 앞으로도 더 개선해나갈 것이었다. 나만의 서재로 만든 곳의 책상에 앉아 모멘토 모리에 관한 기사를 쓰면서 창밖 언덕을 바라보고 있으니, 언젠가 이 방 한 켠에 아기 침대가 있을 거고 내 옆에는 아이가 있겠구나, 라는 생각이 들어 묘한 기분을 느꼈다.

이런 상상으로 긍정적인 생각과 신나는 기분이 들어야 했는데, 겨울 비가 계속 내려서인지 내 안에는 의문들만 가득했다. 도시 생활이 그리운데다 과연 와인메이커로서의 삶이 내 길인지 판단이 안 섰다.

태즈메이니아에서 돌아오고 얼마 지나지 않아, 친구 사라네 집에서 밤에 파티가 열렸다. 야외 마당에 모인 사람들은 두꺼운 코트에 울 비니를 썼지만 강한 추위에 화덕 앞에 모여들었고, 서로에게 맥주나 와인을 건네며 얼어붙은 몸을 녹이고자 했다. 아무리 추워도 한잔하며 서로간의 근황을 묻고 떠드는 것이 즐거워 보였다. 와인메이커인 이들은 그동안 하루 종일 포도밭에서 겨울 가지치기를 했던터라 이런 모임이 달게 느껴졌을 거다.

"장작 좀 더 잘라올 사람?"

왁자지껄한 사이에 사라의 목소리가 울렸다. 와일드맨을 바라보니 그는 애런과 함께 담배를 말아 피우느라 바빴다.

내 옆에 서있던 레인보라는 이름의 여자가 손을 들었다. 레인보는 남편 개러스와 아들과 함께 바스켓 레인지에 살면서 젠틀포크라는 이름의 와인을 만든다. 레인보는 투명하게 파란 눈에 흡사 천사의 모습과 같은 외모다. 나도 손을 거들까 하는 마음에 레인보를 쫓아갔다. 그런데 레인보가 도끼를 힘껏 들어올려 두꺼운 나무통에 내리꽂는 것을 보고, 한 발짝 물러서있는 게 낫겠다 생각했다. 나무통은 완벽하게 두 동강이 났다. 여자 몇 명이 둘러싸더니 박수치며 환호했다. 나도 같이 손뼉을 치고 있는데, 갑자기 내 자신이 한심하게 느껴졌다. 레인보처럼 저렇게 완벽하게 나무를 자르는 법을 배울 일은 없어보였다. 와일드맨이 없을 때 벽난로를 켜고 싶어 한 번 시도해봤는데 기본적으로 몸이 안 따라줬다. 나는 '힐스 토박이'가 아니었다. 이 모든 것이 나와 어울리지 않았다.

  외로움이 깊어서일까, 여기 사람들과 어울리지 못한다는 생각에 사로잡혔다. 지난 6월 〈테르〉를 폐간해야 했던 충격에서 다시 마음을 다잡지 못한 것 같다. 내 제일 친한 친구는 파리에 있고, 그곳에서 곧 아이를 출산할 것이었다.

  날이 따뜻해졌을 때 와일드맨과 해변에 산책을 하러 나가서 내가 느끼는 감정들을 실토했다. 다소 불편하고 슬픈 대화였다. 8월 중순이 됐을 때 나는 주문한 반지를 취소했고 그곳에서 예약금을 와일드맨에게 돌려줬다. 파리에 있는 친구가 남자친구와 지낼테니 자기 집에 와있으라고 했다. 슬로베니아 와이너리 프레스 투어를 위해 비행기에 올랐고, 일정이 끝나면 파리로 갈 거였다. 그리고 호주로 돌아올 계획은 없었다.

Fourteen

돌아온 벨빌에서

    어떤 여자들은 자기만의 방이 필요하지만, 나는 무슨 이유에서인지 나만의 도시가 필요한 듯했다. 내 생각을 자유롭게 펼칠 수 있고 방해 없이 글을 원 없이 쓸 수 있는 도시. 도로를 걸을 때 나는 구두 소리의 리듬에 맞춰 하염없이 걸을 수 있고 감정적 복받침에도 평온함을 느낄 수 있는 곳. 알고 보면 계속 같은 곳을 빙빙 돌고 있을 수도 있지만, 그것만으로도 나는 만족할 수 있었다.

    눈을 떠보니 파리의 8층 스튜디오 아파트다. 친구가 고맙게도 자신의 집을 전대해줬다. 창문에 커튼도 달지 않은 작은 부엌에서 프렌치 프레스가 만들어내는 커피 향을 한껏 들이마시고, 근처 세네갈 모스크에서 들리는 대화 소리를 기분 좋게 들었다. 파리의 루프탑들은 가을 햇살에 더욱 빛나 보였다. 이런 맑은 평일 아침에는 몽마르트 꼭대기의 사크레 쾨르 대성당의 꼭지점까지 훤히 보였다. 8층 높이의 계단을 내려가니 다시 멀리 있는 빵집까지 걸어가기 귀찮아 빈속에 커피만 마시기로 했다. 그런 뒤 〈피페트〉 다음 호에 실릴 슬로베니아 와인 기사 초안을 마무리하기 위해 책상에 앉았다. 창간호는 예정대로 인쇄를 마쳤다. 1~2주 안에 파리에 도착할텐데 빨리 받아보고 싶어 참을 수가 없었다.

팬티 바람으로 글을 썼다. 아무도 안보는데 뭐 어떤가 싶었다. (길건너 건물에 담배 피우며 창문 앞에 있는 청소년들에게 보일 수 있지만 그들이야말로 나를 조금도 신경쓰지 않을 거다.) 슬로베니아 포도밭에서 경험한 토착 품종 레불라로 만든 강한 탄닌의 오렌지 와인 기억이 나, 한 시간가량 기분 좋은 회상에 잠겼다.

휴식이 필요할 때는 일어서서 스트레칭을 한 뒤 작은 아파트를 돌아다녔다. 나의 개인적인 생각들을 필터링 없이 나열한 일기장은 침대 옆에 보란듯이 펼쳐 놓았다. 어젯밤 먹은 음식 그릇이 싱크대에 그대로 있는데도 부끄럽지 않았다. 누군가에게 잘 보일 필요없이 이곳에 혼자 있지 않나?

정오가 되자 A.P.C. 첼시 부츠를 신고 건물 계단을 조심스럽게 내려갔다. 밖으로 나와서 한 블럭을 걸어 누들 가게로 향했다. 내가 제일 좋아하는 자리에 앉아 보분 한 그릇을 주문하고 가방에서 책을 꺼냈다. 며칠 전 가바와 강을 건너 셰익스피어 앤 컴퍼니 서점으로 가 관광객들 사이에 줄을 서서 영어로 된 미셸 우엘벡 최신작을 손에 넣을 수 있었다. 차가운 버미첼리 국수 위에 돼지고기 튀김 롤, 채 썬 당근, 짭조름한 소고기가 올려진 보분에 레몬

그라스와 고수를 비벼 먹으니 더할 나위 없이 행복했다. 거기에 이 한 그릇의 가격은 고작 10유로. 점심을 먹은 뒤엔 다시 아파트로 돌아가 조지아 와인에 대한 기사를 편집할 예정이다.

이른 저녁이 됐을 때 노트북을 닫았다. 가죽 재킷에 가벼운 스카프를 두른 뒤 다시 계단을 내려가 벨빌 지하철역 입구로 향했다. 역 앞에는 직업 여성들이 일할 준비를 하고 있다. 그녀들은 검정색 그물 스타킹을 신고 긴 검정 머리를 풀은 채 아시아 슈퍼 앞을 서성였다. 그들의 강인한 정신력에 속으로 경의를 표한 뒤 지하철역 안으로 내려갔다. 30분 뒤 11구 지상으로 나왔는데 아직 주민들의 하루 일과가 끝나기 전인지 동네가 유독 고요했다.

가바의 아파트에 가기 전, 들를 데가 있었다. 초록색으로 페인트칠한 오래된 나무 문을 밀어 열곤 셉팀 라 까브에 들어섰다.

"봉주르."

카운터 뒤의 남성이 말했다.

혼자 있던 그는 높은 셀러에 먹음직스러운 와인을 채우느라 바빴다. 나는 시칠리아의 활화산인 에트나산에서 와인을 만드는 벨기에 출신 프랭크 코넬리센의 네렐로 마스칼레제 품종 와인을 가리켰다. 마침 새로 들어온 와인이다. 어제와 같은 오늘이지만 파리에서는 하루하루가 특별하고 귀했기에 이 와인을 골랐다. 내 삶도, 가바의 삶도 극변하고 있기 때문이다. 종이 봉투에 담긴 와인을 흔들며 셉팀 라 까브 밖으로 나왔다.

1층에 위치한 가바네 집 유리문을 들여다보니 가바와 댄이 소파에 앉아있다. 가바의 시그니처 픽시 컷 머리가 자라 지금은 단

발머리에 앞머리는 눈을 가릴 정도다. 댄은 수염과 안경 덕분에 유독 친절한 이미지다. 문을 가볍게 두들기자 가바가 급히 일어났는데, 허리가 아픈지 표정이 안 좋아졌다. 한 손은 허리에, 다른 손은 커다란 배에 올려졌다. 댄이 문을 열어줬고 나는 둘을 꼬옥 껴안았다. 이제 아기가 언제 나와도 놀라지 않을 단계라 했다.

"밖에 좀 나갔다 오면 안될까?"

가바는 안이 답답했나 보다.

베이지색 코트를 입자 댄이 잘 다녀오라고, 자기는 집에 남아 업무 이메일을 확인해야 한다고 했다. 혹시 출산이 앞당겨질까봐 댄은 출산휴가를 미리 써놓은 상태였다.

우리는 알리그르 시장을 향해 걸었다. 시장 안에 들어서자 상인들이 가격을 쉴새없이 외치는 소리가 들렸다. 핸드메이드 생년 파스타와 햇살에 잘 익은 토마토, 유기농 통마늘을 사서 장바구니를 채웠다. 우리는 걷는 내내 대화를 나눴다. 가바는 가장 최근 산파에게 검진받고 온 이야기를 해줬고 나는 〈피페트〉 창간호의 폭발적인 선주문과 다음달 벨빌의 한 비스트로에서 진행할 론칭 파티 계획에 대해 말했다. 그리고 매일하는 와일드맨 얘기를 또 꺼냈다. 내가 파리에 도착한 몇 주 전부터, 호주의 추운 와이너리에서 여전히 손으로 라벨 작업을 하고 있는 와일드맨은 내게 문자를 계속 보내고 있다고.

"너가 그리운 것 같은데?"

가바가 한 손을 허리에 대고 걸으며 말했다.

"그에 대해 말 할 때마다 밝게 변하는 네 얼굴을 너가 봐야해."

장바구니를 흔들며 가바가 한 말을 곱씹었다. 가바 말이 맞을까? 혼자만의 시간을 보내고 있는 요즘 내 생활에 아주 만족하고 있었다. 그럼에도 밤마다 팔베개를 해주는 와일드맨이 그리웠다. 따뜻한 계절의 농장을 떠올렸다. 황금 시간에 햇살이 거대한 언덕을 비출 때의 그 광경을. 텃밭에서 뽑아 그 자리에서 한 입 베어 문 채소들과 가까이에 발효 중인 와인들이 있다는 점도.

그렇지만 아직 내 인생의 중대한 결정을 내리고 싶지 않았고, 우선 파리에서 보내는 시간과 글 쓰는 여유, 그리고 가바와 함께하는 것이 우선이었다.

가바의 아파트로 돌아와 코넬리센의 네렐로 마스칼레제 와인을 기분 좋게 마셨다. 스모키한 화산과 잘익은 체리 맛이 강한 와인을 심플하게 요리한 파스타와 곁들였다. 모든 면에서 완벽한 저녁이었다.

그날 밤 잠들기 전, 와일드맨에게 문자를 보냈다.

'굿나잇. 잘자.' 그리고 이 말을 더했다. '사랑해.'

아침에 일어났을 때 그에게서 답이 와있다.

'나도 사랑해. 정말 보고싶어.'

며칠 뒤 병원으로 가고 있다는 가바의 연락을 받았다. 그 소식에 나는 벌떡 일어나서 꺅 소리를 지르고 바로 해야할 일에 돌입했다. 지하철을 타러 가는 길에 쿠스쿠스와 달콤한 디저트류를 판매하는 알제리아 식품점에 잠시 들렀다. 병원에 디저트 한 상자를 들고 도착했다. 가바는 페이퍼 가운을 입은 채 병원 침대에 앉아 있고 그녀 옆의 댄은 걱정과 벅차오름이 가득한 표정으로 있다. 가바가 진통을 견디는 내내 댄과 나는 양쪽에서 가바의 손을 잡아줬다. 아이가 나오기 직전에 나는 병실에서 나왔다. 아이를 맞이하는 일은 둘만의 특별한 순간이니.

오후에 뷔뜨 쇼몽 공원에 조깅하러 갔는데 저녁마다 말아 피우는 담배 때문인지 숨이 금방 찼다. 집으로 돌아가는 길에 벨빌을 활기차고 살기 좋게 만들어주는 요소들을 눈에 담았다. 독립서점, 중식과 태국식 식당들, 동네 바, 아시아 마트… 집에 돌아온 뒤 씻고 다시 외출할까 했는데, 딱히 그럴 기분이 아니어서 저녁으로 먹을 두부를 잘랐다.

알자스 리슬링을 잔에 따르고 있는데, 이상하게 파리에서의 삶이 외롭게 느껴졌다. 그리고 피곤했다. 몇 주간 미국인 친구들과 술을 계속 마신 여파다. 이 와인 바에서 저 와인 바로 옮겨 다니며 즐거운 시간을 보냈는데 집에 와 혼자 자려니 뭔가 이상했다. 그리고 가끔씩 배가 너무 아팠다. 몇 달간 텃밭에서 키운 것만 먹다가 식단이 확 달라져서 몸이 놀란 걸까? 벨빌에서 자주 먹는 저렴한 국수에는 상당한 양의 MSG가 들어있을테니. 아니면 내추럴 와인을 너무 많이 마신 걸까?

거기에 다른 증상까지 나타났다. 미국을 떠난 1년 반 동안 잊고 살았던 것.

불안증.

뉴욕에서 그렇게 나를 괴롭히던 것이 다시 찾아왔다.

지난 한 달 동안 새벽 2시쯤 미간에 뻐근한 압이 느껴져 잠에서 깨는 일을 몇 번 겪었다. 점심을 먹은 오후에는 이를 갈고 무의식중에 입술을 뜯고 있었다. 거기에 손의 아토피가 심해져 너무 가려웠다. 불안증을 털어내기 위해 속으로 외쳐봤다. '나 지금 행복해, 알겠어? 나 괜찮다고. 넌 나를 잘못 찾아왔어.' 와인 마시는 횟수를 줄이고 운동 시간을 늘리기로 했다. 그 중 미국 소울사이클의 파리 버전인 '다이나모'에는 숙취를 없애기 위해 아침에 종종 가곤 했는데, 강사가 음악에 맞춰 프랑스어 랩 가사를 쏟아내는 걸 들으면 전력을 다해 자전거 페달을 밟게 된다.

 그날 밤 불안증의 사유가 될 만한 것을 일기장에 적어봤다. 사랑에 대한 혼란, 내가 만든 잡지에 대한 기대, 파리에 있고 싶은 니즈, 그리고 동시에 루시 마고 농장에 대한 그리움. 갑자기 브루클린 시절 상담받았던 심리 상담사가 생각났다. 긴 수염에 자크 라캉의 모든 책을 꽂아두던 그가, 뉴욕을 떠나면 신경증이 멈출 거라고 말하던 내게 코웃음을 쳤다. 과실향이 가득한 와인의 남은 한 잔을 따르고 침대에 누워 휴대폰 속 사진을 들여다봤다. 발효되고 있는 와인 상태를 맛보며 탱크 앞에서 집중하고 있는 와일드맨. 루시 마고 농장에서 자란 식재료를 즐기고 있는 사람들이 있는 아리스톨로지스트를 배경으로 담배를 피우며 보졸레를 마시고 있는 애런, 재스퍼와 와일드맨. 지난 12월 알피와 루루가 아직 작았을 때 양손에 그들을 들고 집 뒤 테라스에 서 있는 상의 탈의한 와일드맨. 밤을 함께 보낸 뒤 새벽 침대속의 와일드맨.

 병원에 다시 가서는 가바와 댄의 아기를 안았다.

"무통주사 꽂을 때 아파 죽는 줄 알았어!"

가바가 말했다.

출산 자체가 별 일 아니라는 듯 캐주얼하게 말하는 가바를 보며 나는 웃음이 났다. 그리고 갓 태어난 로리의 작은 눈과 귀, 보송보송한 머리털을 만지며 신기해했다. 가바의 삶이 예상치 못한 경로로 간 것이 묘하게 느껴졌다. 우리는 바 운영 경험도 없이 무턱대고 파리에 와인 바를 열겠다는 목표를 갖고 이곳에 오지 않았나? 이제 가바는 엄마로서의 삶을 시작했다. 다소 우회해서 도착하더라도 가바가 언젠가 바를 운영하는 꿈을 이뤘으면 좋겠다. 그녀는 누가봐도 뼛속까지 소믈리에니까. 그런데 나는 내 와인을 만드는 과정에서 변화를 느꼈다. 더이상 와인을 소비자로서만 만나고 싶지 않았다. 와인메이커로서의 삶에 매료되고 말았다.

그 뒤 몇 주 동안 〈피페트〉의 다음호에 실릴 기사를 위해 유럽의 다른 지역을 방문했다. 갈리시아에 있는 와인메이커를 만나러 가고, 마드리드에서 팝업 행사를 호스팅하고, 도시별 내추럴 와인 바 가이드를 쓰기 위해 런던에 들르고, 또 바르셀로나에서 열린 트렌디한 푸드 이벤트에 〈피페트〉를 선보이는 등. 모든 곳에서 나와 같은 마음과 생각을 갖은 사람들을 만났는데 그들은 〈피페트〉가 가는 방향을 지지해줬다. 그러다 예기치 못한 일이 생기면서 좋은 기운만 받았던 여정이 삐그덕거렸다. 바르셀로나에서 파리로 돌아오는 길에 여권을 체크인하는 짐에 넣어버려 저렴하게 산 비행기표를 날리고, 비싼 표를 현장에서 다시 산 뒤 6시간을 공항에서 기다려야 한 것이다. 정신적으로 또 육체적으로 무너지고 말았다. 이제 이런 출장은 가지 않기로 했다. 파리에 글 쓰러 온 거 아니었나? 그리고 신생아를 돌보는 가바를 도와주고, 나 자신을 돌보기 위해서 온 거지 않나?

가바와 댄의 아들이 태어난 덕분에 심란한 내 삶에서 잠시나마 관심을 옮길 수가 있었다.

로리가 태어난지 3주가 되고 댄의 출산휴가가 끝나 다시 사무실로 출근해야 했을 때, 내가 로리를 볼테니 가바에게 한 시간동안 동네 튀르키예식 목욕탕에 가서 땀 흘리고 오라고 했다. 가바가 가있는 동안 나는 슈냉 블랑을 마시며 로리를 안고 집안을 왔다 갔다 했다. 로리는 내내 눈을 깜빡이며 옹알거렸다. 로리를 안고 침대에 누워 셀피를 찍은 뒤 인스타그램에 올렸다. 와일드맨이 볼 걸 알았다. 로리에게서 갓 만든 버터와 야생화 향이 났다.

"내가 네 이모야, 귀염둥아."

그에게 속삭였다.

얼마 뒤 와일드맨은 파리에 올 것이다. 전화 통화 중 그는 자신의 프랑스 계획을 대수롭지 않게 내뱉었다. 수입사를 만나야 하고, 영업을 위해 좀 다니고, 누군가의 와이너리에 가 어쩌구 저쩌구에 대해 얘기 나누고, 아, 그리고 파리에서 시간도 좀 보내고. 이번에 오는 게 나를 위해 오는 것은 아니라는 듯.

목욕 후 돌아온 가바가 로리를 안고 소파에 앉았다.

"아, 진짜 고마워. 너무 필요했어."

아들을 바라보며 가바가 말했다.

그리고는 상의를 걷어 올리고 아기에게 젖 먹일 준비를 했다.

"모유수유는 어때?"

해본 적이 없어 어떨지 상상이 안 갔던지라, 아프거나 기분이 이상할 것만 같았다.

가바가 크게 웃었다.

"지루해! 먹이는 데 한 시간이 걸리는데, 휴대폰을 들여다봐도 시간이 잘 안 가."

와일드맨이 파리에 온다고 말하고 싶었는데 가바가 너무 평온해 보이고 로리를 챙겨야할 것 같아 말을 아꼈다. 내일 다시 오겠다고, 필요한 것 있으면 연락하라고 말한 뒤 나왔다. 오래된 건물의 묵직한 나무 문이 닫힌 것을 확인하고 지하철을 향해 걸었다. 그런데 역 안으로 들어가지 않고 계속 걸어 복잡한 바스티유 지역을 지나 센강 쪽으로 갔다. 강을 따라 세워진 고풍스러운 건물들의 통창을 바라보면서 다리를 건넜다. 이쯤되니 셰익스피어 앤 컴퍼니 서점으로 가는 길 정도는 지도를 보지 않고도 갈 수 있었다.

산책하거나 조깅하는 사람들이 다리에서 나를 지나쳤다. 프랑스인들은 못되고 투덜거린다는 고정관념을 갖고 있었는데 내가 본 파리 사람들은 온화하고 성격이 좋아 보였다. 유럽 문화 유산 한 복판에 사는데다 전 세계에서 가장 매혹적이면서 복잡한 언어를 하고 점심부터 와인을 마시는 사람들인데, 표정이 좋아 보이는게 당연한 것 아닌가?

프랑스 비자를 얻기 위해 그렇게 노력하고 마음을 졸였는데… 또 가바와 함께 계획을 세우고, 프랑스어를 열심히 배웠는데 이게 내가 원하는 삶이 아님을 깨닫자 어깨에 힘이 빠졌다. 파리에 오면 와일드맨은 물론 와인을 만들고, 텃밭을 관리하고, 강아지들과 시간을 보내고, 밤에 별이 쏟아지는 하늘을 바라보는 농장에서의 전원적인 삶을 잊을 줄로만 알았다. 예상과 달리 나는 불안증과 외로움에 휩싸였고 그 삶을 그리워하고 있었다. 햇살 아래 춤추듯 움직이는 캐노피 천막 아래에서 올리브를 수확하고 아들레이드 힐스의 자욱하게 안개 낀 아침을 맞이하는 순간을…

다음 날 오후 보르헤스 단편집을 들고 가바의 집에 도착했다.

"내가 읽고 싶었던 책이네! 일단 나가자, 나 하루 종일 안에만 있었어."

가바는 흔들의자 옆에 내가 갖고 온 책을 놓았다.

유모차에 기저귀와 젖병을 챙겨넣고 가죽 재킷 지퍼를 올리며 밖으로 향했다. 딱히 계획은 없었다.

"지금쯤이면 르 바롱 루즈가 열었을 것 같은데?"

내가 제안했다.

가바는 좋다는 표시로 고개를 끄덕였다. 유모차를 끌면서 가바는 걸을 수 있어 너무 좋다고, 약간 오버스럽게 말했다. 눈 밑 다크서클이 유독 도드라져 보였지만 여전히 아름다운 가바다. 아기까지 함께 있으니 어느 때보다 더 자신감 넘치고 강인해보였다.

르 바롱 루즈는 셉팀 라 까브처럼 최근에 유행하는 '뉴 웨이브' 내추럴 와인 바와는 거리가 먼데, 그래서 좋아한다. 세련된 브랜딩은 커녕, 진부한 코믹 산스 폰트체로 바 이름이 적힌 빨간색 어닝이 있는 곳으로, 창문은 커다랗고 문은 언제나 열려있다. 야외에서는 앞치마를 두른 남자가 노르망디에서 온 작은 오이스터를 까서 레몬 조각과 함께 서빙하고 있었다. 실내는 비좁고 정신이 없다. 근처 시장에서 장을 보고 오다 들른 사람들로 바는 미어터졌다. 장바구니를 짊어진 이들은 배럴에서 바로 따라서 주는 와인을 즐기고 있었다. 예전에 와인을 저렴하게 마시기 위해 병이 아닌 배럴채 서빙하곤 했는데, 다행히 요즘은 배럴 속 와인의 퀄리티가 훨씬 좋아졌다.

안으로 들어가서 우리는 역할을 나눠 움직였다. 내가 바로 가서 유기농 소비뇽 블랑 두 잔을 주문하는 동안 가바는 오이스터를 받으러 갔다. 창문을 통해 보니 오이스터를 기다리는 가바는 로리가 울지 않도록 유모차를 리듬감있게 밀고 당기고 있다. 그 모습을 보니 지금 상황이 초현실적이게 느껴졌다. 우리는 불과 1년 전만 해도 브루클린 고속도로 아래 집 욕조에 들어가 담배를 피우며 울고 있지 않았는가?

실내에 유모차 둘 데가 없어 우리는 야외에 서있기로 했다.
"아이고, 착해라."
로리를 보며 한 여성이 부드럽게 말했다.

데리고 다녀도 남에게 피해를 주지 않는 착한 아기 이미지를 얻은 로리 칭찬에 가바는 뿌듯해 하는 동시에 민망해했다. 나 또한 조카같은 로리가 기특하고 자랑스러웠다.

방금 깐 오이스터를 입에 대고 후루룩 먹은 가바가 탄성을 자아냈다.

"9개월 만에 처음 먹는 거야!"

박수를 친 뒤 우리는 잔을 부딪혔다.

"축하해."

로리를 가리키며 말했다.

"정말 아름다운 아기야. 그리고…"

와인을 한 모금 마셨다.

"나도 축하받을 일이 있어. 와일드맨이 2주 뒤 파리에 온대."

내가 와일드맨의 청혼에 응했다가 번복한 일을 가바는 당연히 알고 있다. 그런데 최근 와일드맨과 다시 잘해보려는 마음으로 연락 중인 것은 모른다. 와일드맨이나 나나 그의 파리행이 별일 아닌 것처럼 행동하고 있지만, 사실은 재회의 의미를 지닌다는 것을 알고 있다.

"드디어 만나보네."

가바가 말했다.

"저녁 먹으러 우리 집에 같이 와."

"당연하지."

그리고 와일드맨이 이탈리아 여행을 언급했는데 아직 확실한 건 아니라고 가바에게 말했다.

"이번에 오면 파리랑 유럽에 총 3주 정도 있을 거래. 나는 〈피페트〉 행사를 하러 스위스에 가야하기도 하고."

가바가 고개를 끄덕이며 잠든 로리의 배를 쓰다듬었다.

"한 판 더 할까?"

"와인 아니면 오이스터?"

내가 웃으며 물었다.

"둘 다지!"

가바에게 할 말이 더 있었다. 그날 아침 워싱턴 D.C.행 비행기 티켓을 끊었다. 곧 미국 추수감사절인데, 이때 모든 시그너 가족이 모인다. 내 세 형제들과 그들의 가족, 부모님, 친척들이 함께 보내는 명절이라 나는 오랜만의 만남에 들떠있었다. 어젯밤 와일드맨과 통화하면서 미국에 가는 얘기를 했고, 그에게 나와 함께 가서 내 가족을 만나겠냐고 물었다.

추가로 주문한 와인을 받아오니 로리가 칭얼거리기 시작했다. 가바는 유모차에서 로리를 번쩍 안아 들었다. 담요로 감싸는 동안 로리는 가바를 바라보며 옹알거렸다.

"너 정말 다 가진 것 같아."

내가 무의식중에 내뱉었다.

"로리는 여기서 자랄 거잖아."

우리 옆에서 실크 스카프를 가을 코트 카라 아래로 넣고, 가죽 부츠를 신은 채 수다를 떠는 파리지앵들을 가리키며 말했다.

"걱정마, 레이첼. 우리 와인 바 계획이 구체화되면 너가 다시 파리로 돌아와서 같이 열면 되잖아."

가바의 목소리에는 강한 의지가 느껴졌다. 그게 아니라면 현 상황을 부정하고 있거나.

가바가 담배를 피우러 간 사이 로리에게 젖병을 물렸다. 로리는 나를 뚫어지게 쳐다보더니 눈꺼풀이 스르륵 풀리고, 머리를 한쪽으로 기울이더니 다시 꿈나라로 갔다. 그간 본 것 중 가장 평온해 보이는 장면이었다.

파리에서 기분 전환을 하기 위해 꼭 가는 곳이 있다. 와인 바는 아니다.

두 달간 매주 토요일, 레깅스와 탱크탑을 챙겨 입고 런닝화를 신고 지하철로 마레까지 갔다. 역 출구로 나오면 렌조 피아노가 건축한 파리의 상징, 퐁피두 센터의 붉은 조형물이 보였다. 몇 블럭을 더 걸어가다 보면 빈티지 가게와 카페가 즐비한 텅플 거리에 다다랐다. 그런 다음 사방이 건물로 둘러싸인 거리로 들어서면 기분 좋은 악기 소리가 나는 곳에 도착한다. 1층에서는 피아노, 그 윗층에서는 탬버린, 어딘가에서는 "플리에, 아라베스크"를 외치는 선생의 소리까지 한 대 어우러지는 곳. 이곳에 오면 어디에서도 느낄 수 없는 평온함이 있다. 브루클린에 살 때는 카리브 해와 서아프리카 댄스 수업을 들었는데 파리에서는 새로운 스타일의 춤을 취보기로 했다.

마레 댄스 센터에서 나는 매주 중급 힙합 댄스 수업을 들었다. 후디와 캡모자를 쓰고 오지 않으면 오지 말라고 단호하게 말하는, 강인하게 멋진 긴 검은 머리의 여자 강사의 수업이었다. 그 전날 아무리 내추럴 와인을 많이 마셔 숙취에 몸을 못 움직이는 아침이어도, 어떻게든 수업에 출석했다. 여기는 나 자신의 한계를 끝까지 밀어 극복할 수 있는 곳이다. 대부분의 수강생들은 전문 댄서들이지만 그 외에 청바지를 입고 머리를 길게 늘어뜨린 진지한 표정의 청소년들도 있었다. 제대로 된 힙합 정신을 갖고 온 것 같진 않았지만 어찌됐던 스텝이나 비트를 놓치는 적이 없는 이들이다. 내 수업 첫날 강사가 나를 의심하듯 보며 눈썹을 치켜올렸는데, 수업이 끝나고 "다음주에 봐요."라고 말한 걸 보니 자격이 된다 생각했나 보다. 그 강사와 그 공간에서 춤을 출 수 있다는 것에 더없는 기쁨을 느꼈다.

와일드맨이 도착하기 직전 수업에는 숙면을 충분히 취하고 술은 안마신 상태로 참석하기로 했다. 이제 수강한지 7주 정도가 됐는데, 이날 강사는 나의 등급을 올려줬다. 언제나 동작을 한 템포 느리게 하고 헤매는 하위 그룹 레벨에서 벗어나게 된 것이다. 그날 나는 몸을 비틀고 흔들며, 원으로 돌아 머리카락이 휘날리는 동작을 하며 묘한 자부심을 느꼈다. 우아한 댄서가 되기에는 한참 멀었지만, 제일 못하는 수강생은 아니기에 안심했다. 모든 사람에게 성장할 수 있는 기회를 주는 파리를 나는 그래서 사랑한다.

지금 그 당시 파리 시절을 되새겨보면 마셨던 와인을 다 기억하지도 못한다. 확실한 건 벨빌의 작은 아파트에서 내추럴 와인 기사를 수두룩하게 썼고, 〈피페트〉지를 성공적이게 만들어나갔고, 대단하고 멋진 사람들을 만나고 함께 작업했다는 거다. 가바와 함께 동네 바에서 술을 마신 수많은 날들과 조르바라는 싸구려 그리스 식당에서 밤늦게 파스티스 감초 술을 진탕 마시고 다음 날 후회한 것까지, 이제 소중한 추억으로 남는다. 이 모든 순간 중에 그 무엇과도 바꾸지 않을 것은 로리가 태어난 날 내가 곁에 있었다는 것과 매주 토요일 마레에서 춤을 춘 것. 물론 와일드맨이 도착해 모든 것을 바꿔 놓기 전까지다.

나를 보러 파리에 오는 것이 이제 두 번째다. 1년 전에는 서로를 알아가는 단계의 설레임이 있었다면 지금은 이미 형성된 무언가가 있기에 그게 무엇인지 확인해야 할 차례였다.

아침에 도착한 그는 8층 계단에 숨이 차고 땀 범벅이 되어 내게 안겼다. 전보다 몸이 더 단단해졌다. 한참동안 보지 못한 애인과의 포옹에서 우리가 이번에 꽤나 감정적인 시간을 보낼 것이라 직감했다.

"우리 오늘 가야 할 데가 있어."

부엌에서 물 한 잔을 따라, 내가 글 쓰고 창밖을 바라보며 나만의 프라이빗 뷰를 즐기던 그 테이블에 와일드맨이 앉으며 말했다.

"어딘데?"

그는 내게 도착 날 저녁에 입을 예쁜 원피스를 준비해놓으라고 했었다.

"오페라아아아!"

서프라이즈를 해주고 싶었을 그가 참지 못하고 실토했다.

오페라 단어 끝을 강조하는 것 보니 얼마나 진지한지 알 수 있었다. 그는 오페라를 지독하게 좋아하는 사람이었고, 나와 같이 가고 싶다고 늘 말하곤 했다.

무릎 위로 올라오는 버건디색 아메리칸 어패럴 원피스에 가바집 근처 힙한 샤론 거리에서 산 첼시 부츠를 신는 게 내가 할 수 있는 최선이었다. 이른 저녁에는 아페로를 위해 나갔다. 지나가다 본 매장에 들러 와일드맨이 입을 화이트 셔츠를 하나 구매해 그 자리에서 입혔다. 그 위에 스코틀랜드에서 함께 산 올리브 그린색 재킷을 입었다. 손을 잡고 얘기를 주고받으며 우리는 라 까브 아 미쉘로 향했다. 1년 전에 나를 보기 위해 파리에 온 와일드맨과 함께 갔던 그 작은 스탠딩 바다. 근처에 베스파 스쿠터가 놓인 거 보니 문을 연 게 분명했다.

그곳의 주인 로망과 이울리아는 우리를 보자마자 반겨줬다. 얼마 지나지 않아 우리는 아로마틱하고 톡 쏘는 가벼운 레드 와인을 마셨다. 로망은 삶은 달걀과 마요네즈 특제 소스를 종지에 담아 조용히 놓고 갔다. 와일드맨은 한 병을 더 주문했고, 한 시간 뒤 우리는 〈라 트라비아타〉를 보러 바스티유로 향했다. 결국 늦어서 1막은 공연장 밖에서 화면으로 관람해야 했다. 마침내 자리에 앉게 되자 와일드맨은 귓속말로 이야기 전개를 끊임없이 설명해줬다. 나는 등을 대고 울려퍼지는 목소리에 집중하고 싶었는데 말이다.

그렇지만 내 옆에 와일드맨의 온기가 느껴지는 게 안도감을 주었다. 공연 후 아무 브라세리에서 평범한 스테이크와 감자튀김을 저녁으로 먹고, 밤에는 몇 개월만에 처음으로 한 침대에 누웠다.

다음 날 저녁식사 장소로 가바네 집에서 멀지 않은 작은 비스트로 존스Jones를 예약했다. 이곳은 와일드맨이 파리지앵을 대상으로 시음 행사를 한 곳이자 우리가 따로 와서 식사를 즐긴 곳이기도 하다. 가장 신선한 제철 식재료를 사용해 새로운 요리를 선보이는 이 곳을 우리는 특히 좋아했다. 거기에 직원들은 손님을 친절하고 공평하게 대했다. 존스의 내추럴 와인 셀렉션은 언제나 훌륭했기에 한번도 마셔본 적 없는 와인을 발견하곤 했다.

존스에 가기 전, 우리는 라 까브 폴 베르La Cave Paul Bert에서 가바와 댄을 만나 오렌지 와인을 한 잔씩 했다. 로리는 유모차 안에서 평화롭게 낮잠을 잤고 우리는 아기의 숙면 일정을 주제로 얘기를 나눴다. 그들은 집으로 돌아갔고 우리는 손을 잡은 채 걸어서 존스로 향했다. 에너지 넘치고 마법같은 파리에서 선선해진 저녁 공기를 만끽하며.

로무알드 발로Romuald Valot의 부드러운 보졸레 와인을 절반 정도 마셨을 때, 우리가 앉은 작은 테이블에 주문한 메추라기 고기가 놓였다. 와일드맨은 시드니에서 수입사 일을 하는 조르지오 데마리아가 알려준 소식을 내게 공유해줬다.

대부분의 수입자들이 그렇듯, 조르지오도 자신이 수입하는 와인메이커들과 돈독한 관계를 유지했다. 그런 그가 파네비노Panevino라는 이름으로 이탈리아 사르데냐섬에서 와인을 만드는 지안프랑코 만카Gianfranco Manca에게 벌어진 일이 걱정이라고 했다. 최근 사르데냐에 그치지 않은 우기 때문에 섬 대부분의 포도 수확이 불가능해졌다고 했다. 결국 파네비노가 그해 만들 수 있는 와인이 하나도 없었고, 지안프랑코는 절망에 빠졌다.

"그가 1년간 키운 포도를 아예 못 쓰게 된 거야."

와일드맨이 말했다.

"봄에 45일간 비가 왔대. 그러니 포도나무가 꽃을 피우지 못했지. 이런 일은 상상할 수 없어, 그지?"

내추럴 와인 생산자들은 한 해 키운 포도로 와인을 만들어 생활하는 것을 알고 있기에, 만들 수 있는 와인이 아예 없다는 것이 지안프랑코에게 얼마나 큰 경제적 타격일지 상상이 갔다. 거기에 심리적 우울감은 말할 것도 없을 것이다. 그해 포도 수확을 위해 오랜 기간 밭에 들인 노력이 수포로 돌아간 셈이다.

"조르지오가 우리를 사르데냐로 초대했어."

와일드맨이 메추라기의 가슴살을 자르고 셀러리악 룰라드를 포크로 찍으며 말을 이었다.

"가서 우리가 어떻게 도와줄 수 있는지 보려고. 지안프랑코에게 우리와 함께 호주로 가서 와인을 만들면 어떻겠냐고 제안해보려해. 그럼 그에게 어느 정도의 수입이 보장되잖아."

나는 보줄레 한 모금을 마시고 답했다.

"좋은 생각인 것 같아. 파네비노 와인은 어마어마하잖아. 브루클린 와인 숍에서 일할 때 접해봤어. 그리고 나 사르데냐에 한번 가보고 싶었어."

그 말에 와일드맨의 눈이 반짝이더니 다시 물었다.

"그럼 가겠다는 거지?"

그 질문을 들으니 다시 생각하게 됐다. 파리를 떠나 사르데냐로 가는 건 한 도시에 4일 이상 머물지 못하는 와일드맨에게나 이상적인 계획이다. 그를 14개월간 관찰해보니 다른 사람을 돕기 위해 사는 것 같았다. 특히 호주에서는 막 시작하는 와인메이커라면 두 팔 걷어붙여 돕곤 했다. 내추럴 와인은 서로를 돕고 지지

하는 덕에 존재한다고 믿는 와일드맨이다. 그는 더 나은 농사가 더 좋은 와인을 만들고, 더 윤리적인 방식으로 살고 섭취하기 위해 서로 더불어 사는 글로벌 커뮤니티라고 믿었다.

남을 돕고 싶은 그의 충동을 높이 생각한다. 그러나 갑자기 사르데냐로 즉흥 여행을 떠난다는 것은 비행기를 타는 스트레스를 감내해야하는 것은 물론, 파리에서 보낼 수 있는 시간이 줄어들고 또 내 댄스 수업을 빠져야 가능했다. 벨빌의 비스트로에서 〈피페트〉 론칭 파티를 계획중에 있어서 이 일에 집중하고 싶기도 했다.

"그래서 이렇게 갑자기 사르데냐에 가는 거야? 얼마나? 3일? 솔직히 생각만 해도 좀 피곤하네."

나의 부정적인 톤에 와일드맨이 눈을 깜빡였다.

"안 가도 돼. 안 내켜서 그런 거면 나와 같이 안 가도 돼."

갑자기 우울한 정적이 흘렀다.

나는 한숨을 쉬었다.

"안 가고 싶은 게 아니야. 알다시피 나는 지금 여기서 생활하니 계획된 일정이 있다고. 내게 먼저 물어볼 생각도 안 했잖아."

"지금 물어보잖아."

와일드맨은 메추라기를 아예 입에도 안 댄 채 자신의 빈 잔을 채웠다. 내 잔에는 따라줄 생각도 안 했다. 그는 내가 사르데냐에 가자는 말에 신이 났을 거라 생각했을 거다.

"그리고 일 때문에 가는 것만은 아니야."

그가 내 마음을 바꿔보려는 게 느껴졌다.

"우리 둘만의 시간도 보내려고 했어."

와일드맨이 나를 만나러 처음 파리에 왔을 그때처럼, 나는 결정을 해야 했다. 사랑하는 이 도시에서 독립적으로 혼자 있고 싶어 하는 마음과 나를 진심으로 아껴주는 이 남자와 함께하고 싶은 마음이 또 충돌했다. 와일드맨과의 미래가 있다고 생각하고 싶은 한편 파리에 대한 내 집착을 버리는 게 어려웠다.

나는 파리의 다양한 면이 유독 좋았다. 거기에 에너제틱한 내추럴 와인 씬과 문학적 역사, 그리고 건축물까지. 파리에 지내면서 친해진 몇 명이 있었고, 내게 가족과도 같은 가바가 있지 않나? 그렇다고 가바와 내가 빠른 시일내 와인 바를 오픈 할 것 같지는 않았다. 우리 둘 다 생각하지 못한 인생의 국면을 맞이하고 있으니 말이다.

와일드맨이 왠지 전에 내게 했던 질문을 다시 해보려는 깃도 같았나. 아마 사르데냐에서 하려 했을 것이고.

칼리아리 공항에서 1유로에 맛본 에스프레소는 쌉싸름함과 달콤함의 완벽한 조화를 이뤘다. 렌트카를 찾아서 누리까지 한 시간을 운전해가려면 좀 서둘러야 해서 에스프레소를 빨리 마셨다. 가는 길에 푸른 관목과 단단한 모래 바닥이 차량 창문을 통해 스치듯 보였다. 저가 항공을 타야 해서 이른 아침부터 집을 나서야 했기에 피곤하고 졸린 상태지만 새로운 곳에 대한 동경과 궁금증으로 그래도 관심있게 봤다.

내가 파네비노에 대해 아는 건 세 가지밖에 없었다. 하나는 지안프랑코가 사르데냐 토착 품종이 주를 이룬 11개의 품종을 블렌딩한, 상당한 매력의 스킨 콘택트 화이트 와인 '알바스^{Alvas}'를 만든다는 것. 두 번째는 파네비노 이름은 지안프랑코 가족이 대를 이어 마을의 오랜 제빵사이자 와인 공급자라는 데에서 탄생했다는 것.* 그리고 마지막은 지안프랑코가 비행기를 거의 타지 않고 유행이나 마케팅과는 거리가 먼 사람이라는 것.

와일드맨은 만족스러운 표정으로 운전하고 있었다. 지구의 끝에 사는 것에 익숙해서 이 외딴섬에 온 것이 신나는 것일까?

"내가 만든 와인은 미국으로 잘 가고 있대?"

와일드맨에게 물었다.

내가 슬로베니아로 떠나기 전 운송할 페르세포네 와인 팔레트를 함께 포장했다.

그가 고개를 끄덕였다.

"한 6주면 미국 항구에 도착할 거야."

뉴욕, 포틀랜드, 그리고 다른 미국 지역에 사는 친구들이 내가 호주에서 홀로 수확하고, 발효하고, 압착하고, 병입하고, 라벨을 부착한 와인을 마신다는 생각에 닭살이 돋았다. 호주 내에서는 아들레이드를 비롯해 시드니, 멜버른과 호바트에 있는 와인 숍과 레스토랑에 납품했다.

와일드맨의 도움으로 이 모든 게 가능했다.

"고마워. 정말로."

---

* 이탈리아어로 '파네'는 빵, '비노'는 와인이다.

내가 말했다.

"레이첼이 한 거야. 당신이 와인을 만들었잖아."

그가 답했다.

"그리고 맛도 아주 좋아. 와인메이커가 될 자질이 뛰어나."

"거짓말."

그래도 그의 칭찬에 안심이 됐다.

와일드맨의 휴대폰 속 내비게이션이 누리 마을에 도착했음을 알려줬다. 길가에 차를 멈추자 1층짜리 석조 집에서 검은 머리에 희끗한 수염이 난 키 큰 남자가 나왔다. 구름이 하늘을 가리는 오후, 지안프랑코는 우리가 시동을 끌 때까지 기다리고는 내가 탄 쪽 차 문을 열어주며 미소를 지었다. 차에서 내리자 양쪽 볼에 진한 키스로 인사를 하고, 와일드맨에게 가 똑같이 했다. 우리는 딜곰하고 따뜻한 공기를 들이마셨다.

"가방 들어줄게요."

지안프랑코가 미소 지은 채 영어로 말했다.

그가 우리에게 뒷문으로 들어오라고 손짓하는 순간, 현관문에서 머리를 번으로 묶은 등이 굽은 어르신이 나왔다. 지안프랑코의 어머니로 추정되는 사람은 죽은 새끼 돼지를 어깨에 걸쳐 메고 있었다. 눈이 마주쳤는데 그녀는 가던 길을 멈추지 않고 갔다. 우리는 나무 땔감으로 둘러싸인 석조 구조에 새끼 돼지를 조심스럽게 넣는 그녀의 모습을 지켜봤다.

와일드맨과 나는 서로를 쳐다봤다. 몹시 흥미로운 여정이 될 것 같았다.

Fifteen

비의 신을 달래다

"챠오! 챠오 챠오 챠오오오오오!"

와일드맨과 조르지오는 서로 껴안고 격렬히 인사를 나누었다. 그런 뒤 이 붉은 머리의 수입사 친구는 내게로 와 양쪽 볼에 진한 인사 키스를 했다. 조르지오가 이탈리아에 지낸 지 몇 주 됐다고 했다. 자신이 수입하는 와인의 생산자들을 방문하고 피에몬테에 있는 어머니와도 시간을 보낸 그는 자신이 나고 자란 나라에 서 있으니 그 어느 때보다 빛나 보였다. 지안프랑코네 집 테라스에는 조르지오 외에도 다른 사람들이 더 와있었다. 긴 나무 테이블에 앉은 스타일리시해 보이는 한 남자는 동그란 안경을 낀 채 맥북 노트북을 앞에 두고 있었고, 바닥에는 어린 남자아이가 찰흙으로 만든 장난감을 갖고 놀고 있었다.

"잘 찾아왔구나!"

조르지오는 파네비노가 자기 집과도 같은 곳이라며, 이탈리아에 올 때마다 꼭 들른다고 설명했다. 조르지오는 모든 생산자와 친밀한 관계를 유지했지만 지안프랑코와는 더욱 특별한 무언가가 느껴졌다.

조르지오가 노트북 앞에 앉은 남자를 가리켰다.

"여긴 지안루카고."

이름을 들으니 바로 알겠더라. 지안루카는 '마이 포스터 석스'로 활동하는 내추럴 와인계의 유명 팝 아티스트다. 붓 결이 도드라지게 작업하는 그의 작품은 수많은 내추럴 와인 레스토랑과 이벤트에서 여러 차례 본 적 있는데, 조르지오의 루트스톡 포스터도 그중 하나다. 나는 지안루카와 악수로 인사를 나눴다. 그는 이탈리아 북쪽의 토리노에 살고 있는데 조르지오와 함께 내추럴 와인 생산자들을 방문하는 것을 즐긴다고 했다.

우리가 긴 테이블에 앉자 집안으로 사라졌던 지안프랑코가 단단한 양치즈와 짭조름한 프로슈토를 빵과 함께 내왔다.

머릿속에 이들의 이름을 나열했다. 조르지오, 지안루카, 지안프랑코. 지안마르코라는 사람이 등장하면 헷갈리는 이름 군단이 완성될 것만 같았다. 결국 누군가의 이름을 잘못 부르는 건 피할 수 없을 거라 긴장을 풀고 빵과 치즈를 먹는 것에 집중했다.

"이 빵은 우리 가족이 대대로 사용하는 400년 된 천연발효종으로 만든 빵이에요."

지안프랑코가 내게 이탈리아어로 또박또박 말해줬다. 나는 20

대 초반에 스페인과 남미에 살았고, 이제 프랑스어도 좀 하니 이탈리아어를 어느 정도 알아들을 수 있었다.

빵은 부드럽고 쫀득한 데다 적당히 바삭거렸다.

"너무 맛있어요."

내가 말했다.

지안프랑코가 뿌듯해하며 크게 미소 지으니 눈가의 주름이 도드라졌다. 전 세계에 알려진 와인메이커지만 그는 사르데냐를 떠나는 일이 거의 없으며 아마 유럽 밖을 가본 적도 없을 것이다. 그는 자신의 고향과 가족, 사르데냐의 문화를 중요하게 생각하는 사람임이 분명했다.

오늘날의 이탈리아가 된 지 그리 오래되지 않았다는 것을 잊곤 하는데, 각 지역의 문화는 그보다 훨씬 오래전부터 형성됐기에 그럴 것이다. 리소르지멘토 독립운동에 의해 이탈리아의 국가 통일이 있기 전인 1861년까지만 해도 사르데냐는 피에몬테 왕국의 일부였다. 그 전에는 사보이아 가문의 다스림을 받았는데 그 기간 동안 프랑스의 침략을 막고 봉건주의 체제에 반란을 일으켰다. 이들의 강인한 정신은 추후 토지 사유권 제정법에 의해 억눌리게 됐다. 기록에 의하면 사르데냐의 특별한 언어는 기원전 1800년부터 존재했다. 오늘날 지안프랑코와 그의 가족을 비롯해 사르데냐인들은 '사르도'라 불리는 언어를 사용한다. 이는 카탈루니아와 북이탈리아 영향을 받은 라틴어가 중심이 된 언어다.

지안프랑코의 첫째 아들 이사코가 원형 프레임 안경을 끼고 스웻팬츠를 입은 채 나타났다. 20대의 그는 순수 미술 그림에 남다른 열정을 갖고 있는 청년이다. 그는 포도밭에 양들이 돌아다니는 이 외딴 섬보다 브루클린 힙합 클럽에 더 어울릴 것 같은 모습이었다. 조르지오는 이사코가 매년 파네비노의 라벨을 그린다고 설명해줬다. 그리고 지안프랑코의 아내 헬레나도 만났다. 따뜻함과 온화함이 느껴지는 짧은 백발의 여성이다.

화장실에 가기 위해 집 안으로 들어섰는데 부엌 카운터에서 반죽을 밀고 있는 지안프랑코의 어머니, '논나'(이탈리아어로 할머니)를 봤다. 손의 움직임이 빠르고 정교해 눈을 감고도 할 것 같았다.

다시 밖으로 나왔을 때 논나가 무엇을 만들고 있는지 조르지오에게 물었다.

"이 지역 특별식인 쿨루르조네스에요."

감자, 페코리노 치즈, 그리고 허브를 속으로 넣는 일종의 라비올리라고 조르지오가 설명했다.

렌트카 두 대가 더 들어섰다. 곧 도쿄에 와인 숍을 연다는 일본인이 파네비노 와인을 공급받고자 왔다. 다른 차에 프랑스인 모녀 셋이 내렸는데 그중 한 명은 런던 미슐랭 레스토랑에서 일하는 소믈리에다. 와인 업계 사람들이 계속 방문하는 것에 우리는 크게 놀라지 않았다. 내추럴 와인계에서는 약속을 잡고 직접 방문하는 것이 흔한 일이다. 그래야 와인을 공급받기 위한 관계가 싹트는 것은 물론 와인을 만드는 현장에 와서 내추럴한 방식의 농법과 양조법을 직접 확인할 수 있어서다. 이렇게 와이너리를 방문한 바이어나 수입사들은 자신의 나라로 돌아가 팀원들에게 현지에서 찍은 사진을 보여주며 이야기를 들려줄 거다. 그러면 와이너리에 대한 이해도가 높아지고 소비자에게 이곳 와인을 소개할 때 도움이 된다.

지안프랑코는 해가 지기 전 포도밭을 보여주기 위해 모두에게 일어나 차에 타라고 했다. 그의 집에서 멀리 보이는 언덕을 향해 갔고, 길을 막고 있는 양떼가 지나가기를 기다린 뒤 그가 재배하는 포도가 있는 밭을 향해 갔다.

"이런 포도밭 본 적 있어?"

와일드맨이 내게 속삭였다.

우리 뒤에는 전 세계에서 모인 사람들이 언덕을 함께 오르고 있다.

나는 고개를 저었다. 가파른 경사에 울퉁불퉁한 이 포도밭은 무성한 잎으로 뒤덮여 와이어로도 고정되지 않았는데, 이는 평범하지 않은 모습이었다. 그나마 비슷했던 밭은 남프랑스의 루씨용 지역에서였는데 그곳의 부시 바인은 바다 근처 회색 편암 땅에서 자랐다. 와일드맨은 오레곤, 뉴질랜드, 남호주와 독일의 와이너리에서 일한 경력이 있지만 사르데냐의 지형에 적지 않게 놀란듯했다.

파네비노의 모든 포도밭은 저마다의 특별함이 있다. 어떤 밭은 아예 표토가 보이지 않았다. 포도나무가 밤색 편암 위에 당당하게 자리하고 있는데, 걸을 때 마다 발 밑에서 편암의 서걱거리는 소리가 들렸다. 어떤 밭에는 올리브 나무가 포도나무 사이에 심어져있다.

"이 포도밭 중 몇몇은 거의 100살이에요."

지안프랑코가 자신을 둘러싼 우리에게 설명했다.

작은 규모의 포도밭은 몇 대를 거쳐 가족이 소유한 밭인데 한동안 아예 관리도 못한 채 버려져 있기도 했다. 지안프랑코가 1980년대에 관리하기 시작했고, 트랙터가 다닐 수 없는 경사의 언덕이라 직접 손으로 작업하며 포도밭에 생기를 불어넣었다. 심어져 있는 사르데냐 토착 품종은 처음 들어보는 생소한 이름이었다. 지안프랑코가 한 밭에서 언급한 레드 품종의 이름은 모니카다. 다른 밭에서 가리킨 화이트 품종은 익숙한 모스카토. 또 그르나슈의 사르데냐 버전인 레드 품종 칸노나우는 이 섬에서 가장 많이 재배되는 품종이라 했다. 또 한 밭에 심어놓은 모니카와 칸노나우만 따로 양조해 '피카데^{Pikadé}'라는 와인을 만든다. 지안프랑코는 내가 좋아하는 스킨 콘택트 화이트 와인 '알바스'를 제외하고는 매년 같은 방식으로 와인을 만들지 않는다. 수확할 때가 됐을 때 포도를 맛보고 품질을 확인한 뒤 그해의 블렌딩 계획을 세운다. 생각해보니 와일드맨이 와인을 양조하는 방식과 같았다.

그나마 안전하게 여겨지는 황산구리를 아주 가끔 사용하는 것을 제외하고는 최근 몇 년간 제초제, 살충제, 인공 비료 등 그 어떤 화학 물질을 밭에 뿌리지 않았다. 한동안은 포도밭을 아예 건드리지도 않았는데, 이는 내추럴 와인 생산자 사이에서도 극단적인 방법으로 여겨진다. 그리고 파네비노 와인에는 이산화황을 절대 첨가하지 않는다.

지안프랑코는 강한 화학 약품에 민감한데다 식물이나 와인에 인위적인 약품을 사용하는 것이 비도덕적이라 생각한다고, 조르지오가 통역하며 설명해줬다. 이 포도밭을 정교하고 깔끔하게 관리하는 데 있어 얼마나 많은 시간의 수작업이 들어갔는지 상상해 볼 수 있었다. 그런데 올해 포도를 다 잃었다니. 막 봉우리가 나오고 열매를 맺으려 하는 5월과 6월에 45일간 비가 내렸다는 것인데, 한 해의 수확이 송두리째 날아간 셈이다. 그치지 않는 비로 인한 피해는 해결할 방법이 아예 없었다.

그의 집으로 돌아오니 테라스의 긴 테이블에 15명분의 세팅이 돼 있었다. 와인 잔도 자리에 각각 놓여있었다. 해가 지고 있지만 입고 온 얇은 데님 재킷 덕분에 별로 춥지 않았다. 와일드맨과 나는 조르지오와 지안루카의 맞은 편에 앉았다. 감자 라비올리를 덜려고 하니 누군가 건배 제의를 하겠다고 했다.

장시간 우리에게 투어를 시켜주느라 지치고 배고팠을 지안프랑코가 건배 제의 소리에 눈살을 찌푸렸다. 결국 우리는 2분 동안 한 명 한 명과 잔을 부딪치며 반드시 '눈을 마주쳐야한다'는 규칙을 지키고 나서야 밝은 오렌지 컬러의 '알바스'를 한 모금 마실 수 있었다. 사르데냐의 강렬한 햇빛 덕분에 와인의 도수가 꽤 높은 편이다. 농익은 탠저린 귤과 스파이시한 레몬그라스 맛이 입안을 감돌았다. 그리고 쿨루르조네스를 입에 넣자 페코리노 치즈의 강렬함이 입안을 지배했다. 빵을 하나 집어 접시 위의 오일과 소스를 싹싹 묻혀 입에 넣었다.

지안프랑코의 어머니가 동석하지 않은 이유를 물었다.

"윗 층에서 식사하는 걸 선호하셔요."

조르지오가 알려줬다.

음식을 만들기 위해 힘을 많이 쓴 뒤라 자신만의 공간에서 조용하고 평온하게, 와인 한잔하며 식사하는 논나의 모습을 상상했다.

몇 시간동안 와인을 마시고, 수다를 떨고, 후반에 나온 돼지 로스트까지 먹은 뒤, 호텔로 돌아가는 일본인 손님과 런던에서 온 프랑스인들에게 인사를 했다. 조르지오와 지안루카는 손님용 방에서 자기 위해 집 안으로 들어갔고, 와일드맨과 나는 테라스 근처의 통나무 게스트 하우스로 안내받아 깊은 잠을 청했다.

다음 날 아침 일어나서 보니 우리가 지낸 공간이 올리브 나무와 거대한 참나무 사이에 있음을 알 수 있었다. 우리는 테라스 쪽으로 걸어갔다.

지안프랑코는 에스프레소와 토스트 쟁반을 들고 우리를 맞이했다. 조르지오는 지안루카와 함께 이른 아침 비행기를 타러 이미 떠났다고 알려주면서 우리는 원하는 만큼 더 머물어도 된다고 했다. 그의 영어는 알아들을만 했고 가끔은 유창한 프랑스어로, 또는 이탈리아어를 천천히 또박또박 발음해 내가 알아들을 수 있도록 얘기해 주었다.

"저와 헬레나는 사르데냐 역사의 상징적인 유적지에 갈 건데, 다른 계획이 없다면 같이 가겠어요?"

우리는 기쁜 마음으로 동행하기로 했고 지안프랑코는 준비하러 집으로 들어갔다.

"다행이야."

와일드맨이 에스프레소를 마시며 말했다.

"포도밭 말고 다른 것도 볼 수 있어서."

그의 말에 동의했다.

와인 지역을 방문하면 토질이나 땅 소유 역사에 관해서만 이야기하고 그 지역의 문화나 건축물, 정치에 대해 배울 기회가 없는 게 아쉽곤 했다.

그리고 와일드맨이 이어서 말했다.

"그리고 이따가 바다 보러 가자."

그렇지. 우리는 일만 하러 여기 온 게 아니었지.

우리 넷은 지안프랑코의 세단에 타 한 시간 정도 푸른 언덕을 지나 달렸다. 지안프랑코는 우리가 방문할 곳이 사르데냐의 누라기에 사람들이 비가 오게 해달라고 신에게 의식을 지냈던 고대 물의 신전이라고 가는 길에 설명해줬다.

도착해서 유적지 주변을 걸었다. 지안프랑코는 각 구조물이 어떻게 사용됐는지 설명해줬다. 물을 긷는 우물, 탑과 신전이 보였다. 끊이지 않는 비로 그해의 수확을 모조리 잃게 된 지안프랑코가 비를 내려달라고 기도해하던 신전에 우리를 데려온 것이 어찌나 흥미로운 일인지 모르겠다. 어쩌면 그는 이곳에 옴으로서 조상들이 다음 수확 때는 비의 신을 달래서 자신의 밭을 지켜줄 거라고 믿는 것이다.

헬레나는 조용히 들으며 따라왔다. 지안프랑코의 통역에 의하면, 캄파냐에서 온 헬레나는 이곳에 산 지 수십 년이 됐음에도 여전히 사르데냐 문화에 대해 배우고 있다고 했다. 석조 구조물을 보며 계속 걸은 우리는 피곤함을 달래기 위해 벤치에 앉아 카메라를 바위에 고정해서 비뚤어진 단체 사진을 찍었다.

지안프랑코가 먼 호주까지 와서 와일드맨의 양조장에서 함께 와인을 만들 수 있을지 궁금했다. 그보다 내가 호주로 돌아갈지가 미지수였다. 차 뒷자석에서 와일드맨의 손을 잡고 곰곰이 생각해보니, 그와의 관계를 끝낼 자신이 없었다. 시인의 마음으로 사는 그의 생활 방식과 도덕적이게 농사짓고 와인을 만드는 모습, 그리고 매일 밤 진심으로 나를 안아주는 그가, 사실은 내가 바라오던 사람임을 깨달았다. 물론 파리를 여전히 사랑한다. 하지만 사랑하기 쉬운 곳이다. 그리고 도시는 나에게 사랑을 되돌려주지 않는다. 나와 함께 가족을 이루고 집이 되어주지 않는다.

집으로 돌아와서는 토마토 소스에 요리한 달팽이와 생선 구이로 점심을 먹었다. 와일드맨은 가장 가까운 해변이 어디인지 물었고 지안프랑코는 가는 길을 알려줬다. 지안프랑코 가족 전원이 낮잠을 자길래 나도 동참하고 싶었지만, 와일드맨과 나는 재킷을 걸쳐 입고 렌트카를 타고 해안을 향해 서쪽으로 달렸다.

남호주에 머무는 동안 겨울 구름을 뚫고 해가 날 때면 우리는 와인 한 병을 들고 아들레이드 외곽에 있는 해변을 종종 거닐곤 했다. 그림 같은 풍경이었다. 고운 모래가 끝없이 펼쳐지고 푸른 파도는 부드럽게 치고, 호주의 고대 토양을 드러내는 거친 해안까지. 여름에는 이 작은 만에서 두어번 스노클링을 하기도 했다. 물 속에서 발을 펄럭이며 우리는 손을 잡은 채 몸통색을 바꾸는 오징어와 바위 틈에 숨는 문어를 관찰했다.

바로 그 남호주의 해변에서 얕은 바다에 발을 담그며 알피와 루루를 산책시키던 지난 7월말, 나는 와일드맨이 〈바르바렐라〉가 일시 정지인 상태에서 내게 한 프로포즈 승낙을 번복했다. 호주 겨울의 외로움과 메마름이 나를 정신적으로 힘들게 해 우리 관계가 혼란스럽게 느껴져서다. 특히 1년 사이 진도가 너무 빨리 나간 것도 한몫했다고 그에게 설명했다. 그 당시 나는 유럽으로 도피해야만 했고, 얼마동안 가있을 것인지 답을 주지 못했다.

"나를 사랑하지 않는 거야?"

가슴에 비수가 꽂힌 심정으로 그가 물었다.

진정성 있는 답을 찾는 데 시간이 걸렸다. 그를 사랑했다(맞겠지?). 하지만 내가 무얼 원하는지를 몰랐다. 내가 못된 사람이라는 걸 알지만 나의 불안함과 불확실함을 모른 척할 수는 없었다.

사르데냐에 있는 지금, 우리는 또 다시 길게 뻗은 모래 해안에 와 있다. 산책 나온 동네 강아지들이 보였다. 축축한 모래 위를 조용히 걷고 있으니 와일드맨과 파혼한 그 날이 떠올랐다. 나를 그토록 망설이게 한 것이 우울한 우기와 추운 겨울의 영향이었을까? 아니면 마음을 터놓을 친구가 없어서, 힐스까지의 운전이 힘들어서? 호주로 돌아간다면 과연 이 문제들을 해결할 수 있을지 알 수 없었다. 그런데 생각해보니 나는 그 힘든 뉴욕에서 8년이나

버텨낸 사람이고, 파리에 살 수 있는 비자를 얻어내고 나만의 생활 방식을 만들어낸 사람이다. 언제든 마음만 먹으면 호주에서도 새로 시작할 수 있다.

와일드맨과의 관계가 특별했기에 그 과정이 의미있을 거라 생각됐다. 프랑스로 이주하기 직전에 조지아에서 남아프리카 공화국 출신의 호주 와인메이커를 만나 에딘버러, 슬로베니아와 스페인을 다니며 마음을 열고, 와인과 꿀을 함께 만들고, 강아지들을 키우며, 이국적인 새와 양이 공존하는 눈부시게 아름다운 농장을 집이라 부를 수 있는, 그런 사람을 만나는 것이 어디 흔한 일인가?

그리고 와일드맨처럼 나를 이토록 사랑해주는 사람을 만나는 것 또한, 다시 있을 수 있는 일일까?

와일드맨이 내 손을 꼭 잡으니, 갑자기 발이 모래에 깊게 빠져 걷기가 힘들어진 느낌이다. 내 모든 감각이 고조됐다.

"추워?"

내가 급하게 고개를 끄덕이니 와일드맨이 입고 있던 두꺼운 베이지색 재킷을 벗어 내게 걸쳐줬다. 트랙터 작업할 때 생긴 오일 자국이 소매에 나있다. 우리는 몇 분간 아무말 하지 않은 채 걸었고, 와일드맨이 어느새 목을 가다듬었다. 나는 멈춰서서 그에게 몸을 돌렸다. 그의 눈에는 불안함이 그대로 드러났다.

와일드맨이 한쪽 무릎을 꿇었다. 그리고 주머니에서 작은 상자를 꺼냈다. 그 안에는 몇 개월 전 태즈메이니아에서 약혼하고 주문했던 블루 사파이어가 세팅된 로즈 골드 반지가 들어있다.

"나와 결혼해주겠어?"

그가 물었다.

그의 부드러운 바다색 눈동자와 단단한 어깨, 그리고 상자 안에 반짝이는 반지를 차례로 보았다.

그리고 나는 반지를 꺼내 내 손가락에 끼웠다.

'예스^{yes}, 응'이라는 단어에는 수많은 의미가 담겨있다. 합의일 수도 있고, 미래와 같은 특정 생각에 동의하는 것일 수도 있다. '아이 윌$^{I\ will}$, 그럴게'는 '미래가 있다'는 뜻이다. 그의 비전과 그동안 일궈낸 일들이 내것과 합쳐지고 각자의 방향에 대고 우주에 소리치는 것이 아닌, 말과 생각이 하나가 되어 '우리'가 되는 것.

더불어 '노^{no}, 않을게'의 의미도 포함됐다. 내키는데서 아무렇게나 자라는 야생화이지 않을게, 혼자서 단정짓지 않을게, 나 자신만을 우선 순위에 두지 않을게, 평생 벨빌 아파트에 머물며 고요함 속에 글 쓰고 오후에 베트남 식당에서 국수 먹는 것은 하지 않을게. 이 말들이 포함되어 있다.

응, 당신과 함께하기 위해 어렵게 얻은 자유와 독립을 포기할게. 아니다, 우리가 만들어갈 파트너십에 나의 자유와 독립이 공존할 수 있게 해볼게. 각자의 세계를 융화시켜 혼자일 때보다 더 강인하고 살아있고 지속되는 삶에 '응'이라고 답한다는 의미였다.

와일드맨이 운전하는 차를 타고 작은 마을에 진입했다. 가게라고는 속옷 가게 하나뿐, 은행 옆에 우체국이 보이고 근처에 주

유소가 있는 게 전부였다. 어딘가에 오래된 카톨릭 교회가 있을 것이다. 고맙게도 바가 하나 보였다. 들어가 네그로니 칵테일을 시키니 땅콩 한 접시가 딸려나왔다. 그것을 들고 조용한 거리가 보이는 데크 위의 테이블에 앉았다. 땅콩을 입에 쉴새없이 넣고 쓰디쓴 네그로니를 급하게 마시고 있으니 비가 내리기 시작했다.

"결혼식 그냥 빨리하는 게 낫지 않을까?"

나는 반지 낀 손을 보며 말했다.

우리 인생의 새 막이 열렸음을 그때 처음 실감했다.

"그렇지. 심플하고 아늑하게 하자."

그가 답했다.

"이번 빈티지 끝나고 해도 되고."

우리가 나눠 쓰는 파우치를 열어 담배를 말기 시작했다.

"그쯤이면 날씨가 좋을 때겠네."

와일드맨이 불을 대주며 말했다.

빗줄기가 약해진 것을 보고 거리를 적신 비 냄새를 들이마셨다. 테이블 위로 올라오는 타바코 냄새와 뒤섞였다.

"네그로니 한 잔 더?"

"좋아."

그가 일어나 바로 향했다.

칵테일을 주문하러 안으로 들어간 그가 시야에서 사라지자 나는 다시 텅 빈 거리에 내리는 비를 바라봤다. 처음으로 비가 내 기분을 망치지 않은 순간이었다.

우리는 해가 질 때쯤 지안프랑코네 집으로 돌아갔다. 마침 헬레나와 이사코가 저녁 식사 테이블을 세팅 중이었다.

"할 얘기가 있어!"

와일드맨이 우리의 사르데냐 호스트가 반지를 볼 수 있게 내 손을 번쩍 들어 올렸다. 나는 부끄러움에 몸부림을 쳤다.

지안프랑코 가족은 우리를 축하해줬고 식사하기 위해 앉았을 때 나는 비로소 긴장이 풀렸다. 지안프랑코는 자신이 만든 풀 보디감의 리치한 칸노나우 레드 와인을 따라줬고 금세 피가 몸 안에 따뜻하게 돌았다.

와일드맨은 지안프랑코에게 호주로 와서 루시 마고에서 와인을 만들자고 제안했다. 조르지오가 지안프랑코와 이미 얘기를 한 후라 와일드맨은 유기농 재배 포도를 구하는 것이 가능하다고 덧붙였고, 그가 온다면 얼마나 VIP 대우를 받을지도 강조했다.

지안프랑코는 천천히 먹고 마시면서 이야기를 들으며 진지하게 고려하는 듯했다. 바스켓 레인지에 파네비노 와인메이커를 게스트로 초청하는 와일드맨의 아이디어와 추진력에 놀랐다. 서로를 돕는 개념을 말로만 하는 것이 아니라 실행으로 옮기고 있는 그였다.

우리는 사르데냐에서 보낸 3일이 지나고 파리로 돌아갈 준비를 했다. 지안프랑코 가족에게 감사 인사를 하고 다가오는 빈티지에 호주에서 만나길 바라겠다고도 했다. 돌아가니 벨빌에 위치한 비스트로 르 카도레 Le Cadoret 에서 〈피페트〉 론칭 이벤트가 기다리고 있다.

따뜻한 가을 저녁이었기에 나는 티셔츠처럼 루즈하게 걸쳐지는 가벼운 블랙 원피스에 부츠를 신었다. 와일드맨이 호주에서 페르세포네 와인을 몇 병 가져와줬다. 행사가 시작되자 나는 파테와 빵, 크뤼디테가 놓인 테이블 옆에 섰다. 〈피페트〉 창간호가 보기 좋게 쌓여있다. 〈피페트〉에 글과 사진을 기고해준 기자와 포토그래퍼, 그리고 독자들이 도착하자 그들의 잔에 내가 만든 가메와 산지오베제를 맛볼 수 있게 따라줬다. 수개월 전 병입하고 난 뒤 아직 맛을 보지 못한 상태다.

내추럴 와인으로 유명 인스타그램 계정을 운영 중인 스위스인 친구가 산지오베제를 한 모금 마시더니 멈췄다.

"와."

_그_ 가 말했다.

"이거… 정말 좋은데, 레이첼."

말로 내뱉지는 않았지만, 동의했다. 두 와인 모두 정말 아름다웠다. 내가 만든 거라 객관적인 평가가 어려울 수 있지만 둘 다 실크같이 부드러우면서 순수했고 가메 과실에 딱 적당한 산미가 느껴졌다. 그리고 산지오베제 특유의 바이올렛 부케 향이 탄닌과 조화를 이뤘다. 텃밭이 보이는 작은 양조장에서 바스켓 프레스의 손잡이를 온 힘을 다해 돌려 포도의 마지막 한 방울까지 짜내려 했던 기억이 새록새록 떠올랐다.

인파가 몰리자 몇 병을 더 땄다. 그런데 가바가 보이지 않았다. 아까부터 로리를 태운 유모차를 끌고 와있을 거라 생각했다. 행사가 끝나갈 때쯤 가바에게서 문자가 왔다. 지갑을 잃어버린 게 소매치기를 당한 것 같다고. 메시지상으로 정신없고 화가 나 보였다. 어쩔 수 없는 상황이지만 가바가 와줬으면 참 좋았겠다는 생각뿐이었다.

"내 와인을 맛볼 수 있는 유일한 기회였을 텐데."

비스트로 주인들에게 감사 인사를 한 뒤 근처 와인 바로 향하면서 와일드맨에게 말했다.

"실망했구나."

그가 내 볼에 키스를 했다.

"그래도 저 많은 사람들이 레이첼 와인을 맛봤잖아. 잡지는 몇 권 팔았지?"

실망감을 덜어내려 했지만 가바의 부재가 신경쓰였다. 왠지 가바는 내 페르세포네 와인을 끝끝내 맛보지 못할 것 같았다. 뉴욕에서 시작해 해외로 뻗어나간 우리의 우정이 파리 안에서만 유지될 운명으로 보였다. 손에 반지를 낀 나는 이제 가족을 일구는 쪽으로 향하기 시작했다. 아이러니하게도 이 방향으로 가기 시작하니 나의 제일 친한 친구와는 점점 멀어지는 듯했다.

그날 밤 여러 내추럴 와인 바를 전전한 뒤 새벽 1시쯤 집에 들어와 바로 잠이 들었다. 무척 피곤한 한 주였다. 사르데냐에 다녀오자마자 〈피페트〉 행사를 진행하기까지.

자고 있는데 와일드맨의 휴대폰 불빛에 깨고 말았다. 어둠 속에 비친 그의 얼굴은 근심으로 가득했다.

"왜 그래?"

그는 몇 번 눈을 깜빡였다.

"유럽 배송에 문제가 생겼어."

루시 마고 와인의 최근 빈티지 몇 팔레트가 파리 근처의 르 아브르 항구에 통관되지 못한 채 묶여 있다고 했다. 한숨을 깊게 쉬며 그는 자신이 늦게 보낸 인증서 때문에 통관이 늦어지고 있다고 설명했다. 해결하기 위해선 이메일을 여러 군데에 보내고, 인증서를 특송으로 보내야 할 것이다. 통관이 해결되지 않으면 와인이 수화물 보관 창고로 이동되고 하루에 약 500유로씩 보관료를 지불해야한다.

그의 가슴을 쓸어내렸다.

"아침에 일어나서 보내도 되잖아. 지금 스트레스받는다고 해결될 것도 아니고."

내 말이 안 들리는 듯했다. 나는 일어나 부엌으로 가서 몇 개월간 내 불면증을 해결해준 작은 위스키병을 찾았다.

침대로 돌아가 와일드맨에게 위스키가 든 잔을 건네고 나 또한 몇 모금 마셨다. 그는 한동안 휴대폰 화면을 누르고 옆으로 넘기는 행동을 하더니 짜증 내며 휴대폰을 내려놓았다.

"거기에 땅 매매가 완료되기 전까지는 이혼 절차가 마무리되지 않는대. 그래서 더 괴로워."

방금 내가 들은 말을 해석하려 했다. 와일드맨은 공식적으로 별거를 한 지 꽤 오래됐고, 진행 상황을 물을 때마다 "나 싱글이야"라고 웃으며 말하곤 했다. 그런데 법적으로 아직 이혼한 게 아니었다. 재산 분할이 완료돼야 마무리되는 것이었다.

우리는 앉아서 이 문제에 관해 얘기를 나눴고, 드디어 답답한 현 상황을 실토한 와일드맨은 후련해 하는 모습이었다. 우리는 위스키 잔을 비우고 다시 잘 준비를 했다. 그는 내 몸을 팔로 감싼 채 가볍게 쓰다듬었다.

전부터 물어보고 싶은 게 있어 작은 목소리로 물었다.

"그녀가 떠나던 순간에도 여전히 사랑했어?"

왜 그게 궁금했을까? 15년 결혼 생활의 끝을 통보받고 와일드맨이 겪어야 했을 감정적 트라우마의 정도를 확인하고 싶었다. 우리가 만나기 불과 몇 달 전에 벌어진 일이었으니. 얼마나 상처가 깊은지, 치유할 기회는 있었는지, 관계가 더 진행되기 전에 그의 마음 상태를 알아야만 했다.

솔직히 이 대화는 몇 달 전에 했어야 했다. 감정의 현실을 직면하기 싫어 이 나라 저 나라를 돌아다니고 와인을 만드는 데에 에너지를 썼다. 하루를 일과 로맨스로 채우면서 짚고 넘어가야 할 이야기는 외면했다.

정적이 흐른 뒤 그는 천장을 보며 답했다.

"응, 사랑했어. 내가 일만하고 가정생활에 신경을 못 써서 결혼 생활이 유지되지 못한 거니까. 그녀는 아무 말 없이 떠났어."

그는 몽롱한 말투로 답했다.

이 말을 내뱉으면서 긴장이 풀려 잠이 스르륵 오는 것처럼.

그가 전처와의 이별에 대해 방어적이지 않게 말을 하는 게 처음이었다. 내 감정은 오히려 복잡해졌다. 그의 마음의 상처는 실로 깊다는 깨달음과 전처와 영원히 연결된 끈 때문에 내가 늘 그녀의 그림자에 가려져 있을까봐. 그럼에도 그가 그녀를 사랑했고, 상처받았다고 솔직하게 얘기하는 것에 안도하기도 했다.

우리의 과거 연애사는 애석하게도 달라도 너무 달랐다. 그래도 둘 다 평범하지 않은 관계에서 벗어나 새로 시작하려 한 것만은 같았다. 물론 나는 뉴욕과의 자기 파괴적인 집착 관계를 말하는 거니 대상이 다르지만… 와일드맨에게 다가가 입맞춤을 했고, 그는 잠이 들려는 찰나에 나를 꼭 껴안았다.

11월 중순, 파리에게 '아 비앙토$^{\text{à bientôt}}$, 곧 다시 만나'를 외쳤다. 물론 다시는 안돌아올 때 쓰는 '오 르부아$^{\text{au revoir}}$'는 쓰지 않았다. 파리에게도, 가바에게도, 이 도시에 사는 그 누구에게도. 나는 가능한 빨리 다시 돌아올 거라고 주장했다. 이를 증명이라도 하듯 가죽 부츠와 원피스 몇 개, 메이비스 갤런트 책을 상자에 담아 가바 침대 밑에 밀어두었다. 다음에 와서 가져간다고 약속하며. 그냥 하는 행동처럼 보일 수 있지만 우리 둘에겐 의미가 있었다. 가바와 로리, 댄에게 키스로 인사를 하고 샤를 드골 공항을 향해 묵직한 트렁크를 끌고 갔다. 이제 공항 가는 길쯤은 눈 감고 갈 수 있을 정도가 됐다.

밤비행기 안에서 몇 시간 눈을 붙이고 일어나니 워싱턴 D.C.에 도착했다. 미국에 온 지 거의 1년이 다 돼갔다. 뉴스에 나오는 미국 내 벌어지는 일들은 여전히 별로였지만 가족을 다시 만난다는 생각에 마음이 뭉클해졌다. 우리 시그너 가족이 남 부럽지 않게 보내는 게 하나 있다면 바로 추수감사절 연휴다.

3일 뒤 나는 엄마와 함께 와일드맨을 픽업하러 공항에 갔다. 어찌나 긴장되던지. 백악관 근처 여성 인권 변호 사무실에서 일한 엄마가 낡은 티셔츠 차림의 농부 약혼자에 대해 어떻게 생각할까? 가족 중 누군가가 우리 둘의 나이 차이를 문제 삼으면 어쩌지?

가방을 찾아 내게 반갑게 키스를 한 와일드맨은 엄마와 악수를 했다.

"마지라고 해요. 반가워요."

엄마가 친절하게 인사했다.

"비행하는 거 힘들지 않았어요?"

다행히 집에 도착할 때까지 둘은 쉬지 않고 대화를 나눴다.

그리고 지금, 결혼할 남자가 내가 청소년 때까지 쓰던 방에 앉아있다. 고등학교 때부터 살았던 이 집을 엄마가 매물로 내놓아 이사가기 전에 정리를 해야해서 10대 때 붙여 놓았던 포스터들은 다행히 며칠 전에 떼어 놓았다. 17살의 레이첼이 좋아했던 데이브 매튜스 밴드의 앨범 포스터부터 아웃캐스트 콘서트 포스터, 그리고 그레이트풀 데드 플랜카드까지.

첫 날은 저녁을 간단히 먹고 시차 적응을 위해 와일드맨을 쉬게 해주려 했는데 그의 도착 소식을 들은 언니들과 오빠가 고교시절 인기 많았던 패스트 푸드점 캐러비안 그릴에서 음식을 테이크아웃 해 왔다. 그들은 와일드맨을 만나자마자 심문하기 시작했다.

"농장이 있다고요? 동물도 있고?"

변호사인 언니 베키가 물었다.

"남아프리카 공화국 출신이라고요? 와, 거기 사는 건 어땠어요? 아들을 아프리카에 데려가는 게 꿈인데."

변호사인 오빠 마이크가 말했다.

"이 와인 정말 만든 거예요? 엄청난데요?"

정신 건강 분야에서 일하고 있는 언니 미라가 방금 마신 피노 잔을 뚫어지게 쳐다보며 탄성을 자아냈다.

"제가 만들었어요."

와일드맨이 웃으며 답했다.

"근데 레이첼 꺼 맛보면 더 놀랄 걸요?"

그가 내 팔을 꾹 누르며 말했다.

추수감사절 식사 때 다 같이 마시자고 했다.

와일드맨은 호주에서부터 장시간 비행을 했기에 피곤함을 감출 수 없었지만, 식사가 끝나자 접시 치우는 것을 도왔다.

"억양 너무 귀엽다."

그가 빈 접시를 치우자 언니 베키가 내게 인정한다는 듯 미소를 지으며 속삭였다.

가족 모두가 그를 단번에 좋아하는 게 느껴졌다. 다음 날 아침 엄마와 와일드맨은 미국 정치에 대해 열띤 토론을 하고 있었다. 엄마가 제일 좋아하는 대화 주제인데, 나는 커피를 마시며 청소년기를 보낸 이 집에 조용히 작별 인사를 했다.

엄마와 와일드맨의 대화는 끝이 나지 않았다. 나는 엄마와 30분만 같이 있어도 티격태격하기 시작하는데, 이 둘은 참 죽이 잘 맞아 보였다. 기다리다 지쳐 나중에 더 얘기하라 하고 추수감사절 준비를 시작했다.

몇 년간 우리 집 추수감사절 식사는 언니 베키네서 했다. 할 일을 하기 위해 모두 부엌으로 모였고, 나는 캄파리 스프리츠를 만들어 한 잔씩 돌렸다. 베키가 오븐을 열어 아침부터 굽고 있는 칠면조를 보여줬다.

"와 언니…"

내가 놀라서 말했다.

미국에 너무 오랜만에 와서인지 호르몬 주사로 몸이 거대해진 이 고기 덩어리가 무척 생소했다.

엄마도 지금까지 본 것 중에 가장 몸집이 큰 칠면조라고 했다.

"사슴 고기 아니야?"

내가 주는 스프리츠를 받으며 와일드맨이 농담을 던졌다.

몇 시간 뒤 식사 시간이 왔고, 베키는 칠면조가 제대로 익었는지 확신이 없어 신경이 곤두서 있었다. 그런 그녀에게 가족 중 누군가가 몇 분 더 구워야하는지 찾아보라고 외쳤다.

"누가 그걸 몰라?"

베키가 내게 중얼거렸다.

문제는 이 칠면조 덩어리의 무게를 기억하지 못한다는 것.

"앤톤에게 물어봐, 요리 전공했대."

내가 말했다.

베키가 동공이 커지더니 제발 도와달라고 사정했다.

내 약혼자는 졸지에 막중한 임무를 맡게됐다. 나를 한 번 쩨려

보더니 오븐을 열어 칠면조의 엉덩이 부분을 찔러봤다. 핏물이 흘러나오는지 확인하는 거였다.

"다 구워졌는데요?"

모두가 박수쳤다.

나는 냉장고로 가 내 페르세포네 가메 와인을 꺼냈다. 수채화 종이로 만든 라벨의 끝부분이 들뜨기 시작한 것 말고는 문제없어 보였다.

"내가 만든 와인이야."

가족들에게 조금씩 따라주며 말했다. 보졸레 팬인 엄마가 한 모금 마시는 것을 지켜봤다. 엄마의 눈이 커지더니 "와!!!!"라고 외쳤다.

모두 내가 만든 가메를 극찬했다. 그런데 정말 내기 만들었다고 믿지 않는 것 같았다. 나도 믿기 어려웠을 정도니. 책에 코를 파묻고 때론 파티하기 좋아하던 내가, 텃밭 옆 양조장에서 포도 위를 깡총깡총 뛰었다니. 그런 내가 정말 해내고 말았다. 앞으로도 할 것이고. 언젠가 가족들이 직접 보러 올 날도 오겠지? 그때까지 일주일 뒤 돌아가는 호주의 삶은 와일드맨과 나, 우리 둘만의 비밀처럼 간직하기로 했다.

볼티모어와 뉴욕에서 이벤트를 주최하며 며칠을 보낸 뒤, 브루클린에 가기 위해 기차에 탔다. 로버타스 피자에서 나를 조지아로 초청해 와일드맨과의 인연을 만들어준 수입업자 크리스 테렐과 와인을 마시며 저녁 식사를 했다. 크리스는 우리가 만든 와인을 미국으로 수입해준 장본인이다. 모든 일정이 끝나고 우리는 멜버른을 경유해 아들레이드로 돌아왔다.

맞이하러 나올 강아지들이 나를 기억할까? 겨울이던 미국에서 돌아오면 호주는 봄에서 여름으로 향하고 있을 거다. 계절을 넘나들 수 있다는 것은 여전히 신기하다. 다시 우리의 텃밭을 가꾸고 아리스톨로지스트에서 이 지역 와인을 마시며 긴 저녁 식사를 즐길 것이다. 다시 엉망일 집으로 와 농장을 정리하고 고치고 또 심을 거다. (부엌 인테리어부터 완성할 계획이다.) 해가 질 무렵 마농 팜에서 와인을 마시며 모니크가 만든 리코타 치즈를 퍼서 갓 구운 사워도우에 올려 먹고, 사바냥으로 만든 시큼털털한 와인을 즐기는 우리의 삶으로 마침내 돌아가는 것이었다.

며칠 뒤 침실의 높은 프렌치 도어 창문 너머 안개 자욱한 유칼립투스 언덕을 보며 잠에서 깨는 삶으로 돌아왔다. 쭉 뻗은 꼬리와 날개로 하늘을 빙빙 도는 독수리 한 쌍을 바라보며 그들이 솟고 있는 태양 빛 사이로 그리는 흔적이 경이로워 보이기만 했다.

와일드맨이 알피와 루루를 데리고 들어왔다. 강아지들은 침대 위로 올라왔고 나는 좋아하는 우유 탄 커피를 건네받았다. 내가 새들을 가리켰다.

"너무 아름답지 않아?"

그가 말했다.

"독수리는 평생 한 마리의 짝과 함께 한대."

그리고 그는 뒷문으로 나가 양조장으로 향했다. 나는 떠나지 않았던 것처럼, 매일 아침 이 침대에 일어났던 것처럼, 알피와 루루를 감싸 안았다.

에필로그

2019년 빈티지 때 사르데냐의 지안프랑코와 그의 아들 이사코가 호주로 와서 와인을 만들었다. 와본 적 없는 나라의 포도밭에서 포도를 맛보고 단번에 어떻게 와인을 만들지 결정하는 지안프랑코가 나는 존경스러웠다. 수입업자 조르지오도 와서 우리가 직접 만든 토마토 퓨레를 이용해 양고기 라구 파케리 파스타를 큰 솥으로 만들어줬다. 텐 윌리엄 스트리트의 오너 지오반니는 포도 수확과 줄기 제거 작업을 도왔다. 아리스톨로지스트의 애런은 그해부터 루시 마고팀에 정식으로 합류했다.

이름이 다 'ㅈ'으로 시작하는 이탈리아 남자들 틈에서 나는 페르세포네의 두 번째 빈티지를 만들었다. 힐스 친구들이 와서 바스켓 프레스 작업을 도와줬고 그해 나는 레드 와인 다섯 종과 샤르도네 한 종, 펫낫 한 종을 만들었다. 샤르도네는 휘발성 산이 있어 망신을 좀 당하긴 했다. 내추럴 방식으로 만든 와인이라고 다 완벽한 건 아니니까.

그해 빈티지가 끝나고 결혼식이 있기 한 달 전, 앤톤(일명 와일드맨)과 나는 임신 사실을 알게 됐다. 평소 우리가 산책하고 스노클링을 즐기던 포트 윌룽가 해변에서 작은 식을 올렸을 때, 아직 하객들에게는 그 사실을 알리지 않았다.

12월에 시몬이 태어났다. 태어난 지 3개월 됐을 때, 시몬을 옆에 두고 페르세포네 와인스의 세 번째 빈티지를 만들었다. 내가 포도를 밟고 바스켓 프레스를 작동시키고 발효통을 확인하는 동안 시몬을 유모차에 태워 흔들어 줬고 어떨 때는 품에 안은 채로 작업하기도 했다. 메를로와 세미용를 함께 발효해 만든 로제의 이름을 한시도 가만히 있지 않는 아이의 이름을 따 '퀴베 시몬^{Cuvée} ^{Simone}'이라 지었다.

와인을 만드는 것은 여전히 대단한 영감의 원천이자 힘든 삶이다. 추운 계절에는 더 고되게 느껴지는데, 매해 포도나무가 맺어주는 열매양을 예측할 수 없어 우리가 만들 와인의 양을 가늠하기 어렵다. 한겨울에 하는 스파클링 와인의 침전물 제거 작업은 여전히 즐겁지 않다. 그리고 작년 여름, 호주의 자연과 포도밭을 삼켜버린 대규모 산불이 났을 때는 이곳에서 사는 것이 쉽지 않음을 느꼈다.

호주에서 처음 보낸 겨울에 잘랐던 가지와 그 다음해 양묘한 가지에 뿌리가 생겨 최근 루시 마고 농장에 심었다. 흙을 갈기 위해 트랙터로 언덕을 여러 차례 왔다 갔다 한 다음, 손으로 하나하나 심었다. 이 글을 쓰고 있을 때 앤톤과 애런은 2020년 겨울에 자란 억센 잡초를 호미로 뽑고 새로 심은 가지의 슈트닝 작업을 시작했다.

이제 봄이 와 앤톤과 나는 시몬을 애기 띠에 앉혀 농장 주변을 산책했다. 시몬은 새들의 지저귀는 소리와 거대한 유칼립투스를 신기하게 바라봤다. 텃밭으로 데려가 우리의 저녁거리를 따는 동안은 시몬이 금잔화 꽃잎을 씹어보게 두고, 잘 익은 딸기를 기어 다니며 찾아보게 뒀다.

파리 소식도 있다. 가바와 그녀의 친구 로나는 튜스데이 아담스를 열었다. 처음에는 팝업으로 시작해 가비의 시그니처 칵테일과 내추럴 와인을 잔술로 선보이고 음식으로는 탄두리 문어 요리를 제공했다. 코로나바이러스의 대유행으로 아쉽게도 튜스데이 아담스는 일찍 막을 내려야 했다. 하지만 우리가 파리로 돌아갈 수 있을 때가 되면 다시 문을 열어 성황리에 운영되고 있으리라 믿는다. 그때쯤이면 로리는 네 살일 거다. 아직 두 살이 안 됐을 시몬과 로리는 놀이터에서 같이 놀 것이고, 그 사이 가바와 나는 벤치에 앉아 청바지에 부스러기가 떨어지든 말든 크루아상을 야무지게 먹을 것이다. 아이들이 놀다 지치면 댄과 앤톤이 기다리고 있는 셉팀 라 까브로 애들을 데리고 갈 것이다. 댄과 앤톤은 성향이 굉장히 다르지만 어떻게든 대화를 이어 나가는 사이다. 아이들은 아빠들의 무릎에서 잠들 거고, 그때 우리는 와인을 병으로 시킬 것이다.

"음, 이탈리아 와인 어때? 남부 지역꺼."

가바가 말할 것이다.

"아니면 스킨 콘택트 화이트?"

내가 제안하겠지?

"라 소르가 펫낫 있다. 여기 꺼 마시지 않은 지 너무 오래됐어."

"저거 덴마크 내추럴 와인이야? 사람들이 맛있다던데."

"저기 라 가라지스타 La Garagista 와인도 보인다."

선택은 끝이 없다.

원하는 게 없다면, 그저 우리가 만들면 된다.

감사의 글

이 책의 가능성을 단번에 알아봐 주고 예측 불가한 상황 속에도 끝까지 믿어준 나의 에이전트 로라 놀란에게 감사의 말을 전하고 싶다. 내가 늘 바라던 에이전트의 역할을 해준 그녀는 친절하고 헌신적인 데다 지적인 대화를 즐기고, 비판적인 시선으로 책의 제안서를 다듬어줬다. 거기에 로라가 내추럴 와인을 좋아한다는 것은 가산점이 됐다.

아쉐트 북스의 로렌 마리노가 이 책의 편집자가 되어준 것은 행운이다. 날렵하고 확신에 찬 손으로 편집을 해줬다. 이 책의 카피를 뽑아주고 디자인 작업을 해준 아쉐트 직원들에게도 감사하다.

나를 언제나 응원해주는 남편 앤톤. 〈피페트〉를 발행하거나 이 책을 쓰는 내내 든든한 버팀목이 돼주었고, 내추럴 와인의 윤리적인 요소와 포도 농사에 대한 상세한 내용을 쓰는 데 있어 가장 믿음직스러운 팩트 체커가 돼주었다. 그리고 와인을 만들 수 있을 거라고는 생각지도 못한 내게 나만의 와인을 만들어보라고 응원해준 것도 고맙다.

〈피페트〉잡지를 구매한 모든 독자, 페르세포네 와인을 마신 소비자 덕분에 이 일들을 계속할 수 있었다. 수년간 〈피페트〉를 만드는 데 기여해준 많은 사람들에게도 감사하다.

뉴욕 시절 글 쓰는 멘토가 되어주고 무한한 지원을 해준 뉴욕 시립대 Writers' Institute Program 사람들이 있다. 특히 카렌 드 루카 스티븐이 주최한 모임에서 작가들이 서로의 글을 신랄하게 비판했던 때가 지금 나의 뼈와 살이 돼주었다. 격주 테이스팅 그룹에서 만난 내추럴 와인 애호가들도 빼놓을 수 없다. 특히 많은 와인 모임을 주최헤줬던 클라라 달젤에게.

이 책에 묘사된 순간순간 함께해준 이들에게 감사함을 전하고 싶다. 인생의 교훈을 얻게 해준 이들인 것은 물론, 수년간 자신의 집과 소파를 내어준 지인과 친구들에게 마음을 다 표현할 수 없다. 그리고 가바에게. 두려움 없는 멋진 나의 친구, 고맙다.

그리고 나의 부모님, 마조리와 로버트 시그너에게. 수많은 책에 둘러싸여 자랄 수 있는 환경을 제공해준 것과 고등학교 때 에세이를 내야 할 때 빨간 펜으로 고쳐준 것까지, 글을 쓰는 지금의 내가 될 수 있게 도와줬다. 마지막으로 나의 형제들. 미라, 베키와 마이크. 글 쓰는 나의 커리어를 지켜봐 주며 정신적 지주가 되어준 이들에게, 감사하고 또 감사하다.

한국 독자에게

책이 출간된 지 2년 반이 지난 현재, 앤톤과 나는 2023년 수확 기간을 맞이했다. 내가 와인을 홀로 만드는지는 어느덧 여섯 번째 해가 됐다. 작년에 상표권 문제로 페르세포네 와인스 이름을 '클레오파트라 와인스'로 바꾸게 되었는데 클레오파트라는 올해 세 살이 된 딸 시몬의 미들 네임이다. 시몬은 우리 와이너리 최고의 도우미라고 자랑스럽게 소개할 수 있다. 포도를 맛보는 것은 물론 호스로 바스켓 프레스를 씻어주기까지 한다. 나는 여전히 기계의 도움 없이, 그 작은 초록 양조장에서 소량으로 와인을 만들고 있다.

2019년과 2020년 사이에 어린 포도나무를 심은 덕에 가메, 소비뇽 블랑, 샤르도네, 트루쏘를 비롯해 더 다양해진 품종이 자라고 있다. 매해 겨울엔 가지치기를, 봄에는 슈트닝과 나무 사이사이의 잡초를 손으로 직접 뽑는다.

내추럴 와인은 여전히 내 열정의 상당 부분을 차지하고 있지만 힐스의 자연에서 새로운 작업들을 시작할 수 있었다. 텃밭에 달리아를 심어 키우거나 직접 도자기를 만들고, 무엇보다 소설을 쓸 수 있게 영감이 돼주었다. 엄마로서의 삶 또한 빼놓을 수 없다. 앤톤과 나는 시몬이 이런 환경에서 자라는 것에 감사할 따름이다. 드넓은 곳에서 방향만 잘 잡으면 꿈을 이루기에 더할 나위 없이 완벽한 곳이니 말이다.

《You Had Me at Pét-Nat》을 한국에 소개할 수 있어 행복하다. 이 이야기를 통해 내추럴 와인의 세계에 한 발짝 더 다가갈 수 있는 계기가 되길 바라며…

레이첼 시그너

옮긴이 신혜원

이화여자대학교에서 영어영문학을 전공했으며 15년 넘게 잡지사와 대기업에서 일한 내추럴 와인 애호가다. 번역서로는 《와인에 쓸데없는 건 넣고 싶지 않아요》가 있다.

와인이 이어준 우리

1판 1쇄 발행 | 2023년 5월 23일

지은이 레이첼 시그너
옮긴이 신혜원
디자인 정나영

펴낸곳 엔프레스
펴낸이 신혜원
출판등록 2022. 1. 11 (제2022-000007호)

이메일 contact.npress@gmail.com

인스타그램 @npress.seoul

ISBN 979-11-977748-3-6